书香政协

政协委员读书笔记

百年党史铸辉煌

政协委员学党史读书笔记

常信民　魏海生◎主编

全国政协『中共党史学习』读书群◎编

中国文史出版社

图书在版编目（CIP）数据

百年党史铸辉煌：政协委员学党史读书笔记／常信民，魏海生主编；全国政协“中共党史学习”读书群编. —北京：中国文史出版社，2022.2
（全国政协委员读书笔记／刘未鸣，段敏主编）
ISBN 978-7-5205-3477-2

Ⅰ.①百… Ⅱ.①常… ②魏… ③全… Ⅲ.①中国共产党－党史－学习参考资料 Ⅳ.①D239

中国版本图书馆 CIP 数据核字（2022）第 030238 号

责任编辑：赵姣娇
装帧设计：程　跃　王　琳

出版发行：中国文史出版社
社　　址：北京市海淀区西八里庄路 69 号　　邮编：100142
电　　话：010－81136606　81136602　81136603（发行部）
传　　真：010－81136655
印　　装：廊坊市海涛印刷有限公司
经　　销：全国新华书店
开　　本：787mm × 1092mm　1/16
印　　张：20.5
字　　数：314 千字
版　　次：2022 年 6 月北京第 1 版
印　　次：2022 年 6 月第 1 次印刷
定　　价：59.80 元

目 录

第一辑 百年光辉历程

第二辑 携手风雨同舟

第三辑　学史感悟

第一辑　百年光辉历程

2021年4—6月，全国政协“中共党史学习”读书群围绕习近平总书记在党史学习教育动员大会上明确指出的6个方面的重点内容开展线上集中学习讨论。多位党史专家针对具体问题进行深度剖析，委员们进行了热烈讨论和发言，读之让人受益匪浅。

进一步感悟思想伟力，增强用党的创新理论武装头脑的政治自觉

邓纯东 *

2021 年是中国共产党百年华诞。回顾中国共产党百年辉煌史，总结中国共产党建党百年的历史经验，很重要的一条就是中国共产党认准了马克思主义，掌握了马克思主义的精神实质，不断把马克思主义与中国具体实际结合起来，用中国化的马克思主义指导中国革命、建设、改革伟大实践。习近平总书记在党史学习教育动员大会上指明了开展党史学习教育要突出的重点，第一条就是“进一步感悟思想伟力，增强用党的创新理论武装全党的政治自觉”。今天，我将就“从党的非凡历程中‘感悟思想伟力’”这个主题，与各位委员展开交流探讨。

一、在近代中国最危急的时刻，中国共产党人找到了马克思列宁主义，并坚持把马克思列宁主义同中国实际相结合

历史发展和人类社会进步有其内在的逻辑性和规律性，人类社会形态的更替，总是伴随着对先进文明的追求和对野蛮落后的摒弃。人类社会进入近代以来，东西方社会都发生了深刻的变化。西方社会通过工业革命和资产阶级革命摆脱了传统发展方式，跃上了世界文明进程的潮头，开创了一种全新

---

* 邓纯东，第十三届全国政协委员，中国政策科学研究会副会长，中国社会科学院马克思主义研究院原院长、党委书记，研究员，博士生导师。

的文明形态——工业文明，给人类社会生活带来了巨大的影响。但是在东方社会，特别是在经历几千年漫长封建统治的中国，其维系统治运行的系统和机制已经腐朽不堪，迫切需要一场来自内部的革命性变革，以革除一切阻碍中国走向现代文明和进步的障碍，从而实现中国社会的创新发展。

（一）马克思主义与社会主义在中国的早期传播

19 世纪末正值中国现代工业的起步阶段。但是，当时的西方资本主义制度已经开始出现没落和危机，中国的部分资产阶级思想家开始看到资本主义的许多弊端，并希望能找到在资本主义条件下医治这些弊端的药方。正是在这种背景下，中国资产阶级的各个政治派别在十月革命前开始对马克思主义与各种社会主义思潮和流派进行了研究和介绍，最主要的方式就是创办刊物、翻译文章和著作、开展学术论战。

这一时期，上海《万国公报》发表的《大同学》、梁启超的《进化论革命者颉德之学说》、马君武的《社会主义与进化论比较》、《浙江潮》刊载的《最近三世纪大势变迁史》等零星介绍了社会主义思想。1905 年同盟会成立以后，在孙中山社会主义观的影响下，《民报》发表了大量介绍社会主义思想的文章。但是这些介绍只是怀着对未来社会的憧憬和迷惘，他们对马克思主义、社会主义的传播都是或各取所需地加以曲解，或随心所欲地加以附和，或试图从社会主义思潮中获得新的营养来充实自己的理论。总之，他们在介绍、阐述社会主义思想时掺杂着浓厚的主观意识和功利色彩，很多人囿于政治立场和思维习惯，没有划清资产阶级民主主义、无政府主义、空想社会主义与科学社会主义等的真正界限。

（二）“问题与主义”之争和马克思主义中国化的萌芽

五四运动前后，西方各种思潮和主义纷纷传入中国，其中以“社会主义”名义出现的就有 57 种之多，不少进步知识分子热衷于研究“社会主义”，在报刊和社团中争论不休，但究竟如何实施却无从下手。1919 年陈独秀被捕入狱，胡适接替陈独秀作为《每周评论》的主编，于 7 月 20 日发表了《多研究些问题，少谈些“主义”!》一文，引发了著名的“问题与主义”之争。针对胡适的观点，李大钊明确提出“‘问题’与‘主义’有不能分离的关系，解决问题就离不开主义，而有了主义，才能更好地解决问题”。李大钊指出，“我们的社会运动，一方面固然要研究实际的问题，一方面也要宣传理想的主义。这是交相为用的，这是并行不悖的”，“一个社会主义者，为使他的主义在世界上发生一些影响，必须要研究怎么可以把他的理想尽量应用于环绕着他的实境”。从李大钊的表述中可以看出，他已经开始意识到要把马克思主义与本国具体实际相结合，即要在马克思主义原则的指导下，根据本国的实际情况，确定革命的对象、性质和任务。

这次规模不大的“问题与主义”之争，是马克思主义在中国广泛传播以后，中国先进知识分子在探求中国出路时的理性思考和价值判断。其争论的结果是，促使早期马克思主义者思考如何使马克思主义与中国实际进行有机结合的命题，并为求解这个命题开始了艰辛而曲折的探索。

（三）对社会主义道路的选择与党的政治目标的确立

随着社会主义思想在中国获得广泛传播，“改造社会”成为中国知识界的共同呼声。为了改造社会，人们仍然在探求中国的出路，社会主义和资本主义成为中国知识分子的两个重要选项。以梁启超、张东荪为代表的一方认为，中国的现实国情是太贫穷，不适宜实行社会主义，解决贫穷的唯一办法是开发实业，而开发实业只能靠资本家来做。他们认为中国发展资本主义是不可避免的，是一种社会进步。然而，陈独秀、李大钊、毛泽东、李达等先进的中国人，则批判了资本主义的贪婪和罪恶，指出中国要发展实业，不能沿袭欧美资本主义的老路，中国要富强，但不能走资本主义道路来实现。陈独秀指出，“要想把我们的同胞从奴隶境遇中完全救出，非由生产劳动者全体结合起来，用革命的手段打倒本国、外国一切资本阶级，跟着俄国的共产党一同试验新的方法不可”。

1920 年 8 月，陈独秀、李汉俊、陈望道、李达等成立中国共产党上海发起组，并于 11 月拟定《中国共产党宣言》，明确了在经济上消灭剥削制度，在政治上废除资产阶级政权，在社会上消灭阶级的政治目标，也明确了实现这一目标的途径：“共产党将要引导革命的无产阶级去向资本家争斗，并要从资本家手里获得政权——这政权是维持资本家的国家的；并要将这政权放在工人和农人的手里，正如 1917 年俄国共产党所做的一样”。尽管这种思想并不成熟，但对于找到适合中国国情的出路，在中国生产力高度不发达的背景下把马克思主义与中国实际结合起来，具有重要的积极影响。

二、党的历史，是一部推进马克思主义中国化的历史，是一部推进理论创新、进行理论创造的历史

中国共产党的成立不仅是马克思主义中国化的伟大成果之一，也是推动马克思主义中国化的根本力量。百年来，党在探索马克思主义中国化的过程中进行了不懈的斗争，也曾犯过教条主义、冒险主义、盲动主义等错误，但在根本上坚守住了马克思主义的指导地位，并不断创新着马克思主义中国化的理论成果。

（一）在中华民族站起来的进程中形成了毛泽东思想

中国共产党诞生后，中国共产党人把马克思主义基本原理同中国革命和建设的具体实际结合起来，团结带领人民经过长期奋斗，完成新民主主义革命和社会主义革命，建立起中华人民共和国和社会主义基本制度，进行了社会主义建设的艰辛探索，实现了中华民族从“东亚病夫”到站起来的伟大飞跃。这一伟大飞跃以铁一般的事实证明，只有社会主义才能救中国。

1938 年，毛泽东在党的扩大的六届六中全会上首次向全党提出“马克思主义中国化”的号召，指出“马克思、恩格斯、列宁、斯大林的理论，是‘放之四海而皆准’的理论。不应当把他们的理论当作教条看待，而应当看作行动指南。不应当只是学习马克思列宁主义的词句，而应当把他们当成革命的科学来学习。不但应当了解马克思、恩格斯、列宁、斯大林他们研究广泛的真实生活和革命经验所得出的关于一般规律的结论，而且应当学习他们观察问题和解决问题的立场和方法”，对长期以来照搬马列“本本”的教条主义思想作出了彻底的清算。这一命题的提出和深化促进了中国共产党人的思想解放，为马克思主义在中国的发展开辟了正确的道路。随着马克思主义中国化的思想被广大中国共产党人所接受，毛泽东进一步在马克思列宁主义的指导下将中国实践经验系统化、理论化，上升为了中国化的马克思主义，形成了马克思主义中国化的第一个重大理论成果——毛泽东思想。

毛泽东思想是被实践证明了的适合中国革命和建设的正确的理论原则和

经验总结，是中国共产党人集体智慧的结晶。正是在毛泽东思想的指引下，中国共产党开辟了“农村包围城市，武装夺取政权”的中国革命道路。这条道路既不来自马克思主义的“本本”，更不同于苏联式的社会主义革命道路，而是符合我国国情、产生于中国革命实践探索、能够保障中国革命取得胜利的正确道路。也正是在毛泽东思想的指引下，中国共产党团结带领中国人民，推翻了压在中国人民头上的帝国主义、封建主义、官僚资本主义三座大山，取得了新民主主义革命的胜利，建立了新中国，确立了社会主义基本制度，推进了社会主义建设，实现了中国人民从“东亚病夫”到站起来的伟大飞跃。

（二）在中华民族富起来的实践中形成了中国特色社会主义理论体系

改革开放以来，中国共产党人把马克思主义基本原理同中国改革开放的具体实际结合起来，团结带领人民进行建设中国特色社会主义新的伟大实践，使中国大踏步赶上了时代，实现了中华民族从站起来到富起来的伟大飞跃。这一伟大飞跃以铁一般的事实证明，只有中国特色社会主义才能发展中国。

马克思主义中国化的第二个重大理论成果，就是中国特色社会主义理论体系。在这一历史时期，中国特色社会主义理论体系主要包括邓小平理论、“三个代表”重要思想和科学发展观这三大指导思想。其中，邓小平理论阐明了在中国建设社会主义、巩固和发展社会主义的基本问题；“三个代表”重要思想加深了对什么是社会主义、怎样建设社会主义和建设什么样的党、怎样建设党的认识；科学发展观深刻认识和回答了新形势下实现什么样的发展、怎样发展等重大问题。中国特色社会主义理论体系与马克思列宁主义、毛泽东思想既一脉相承，又与时俱进，紧密结合我国改革发展的实际，是指导中国特色社会主义历史进程的行动指南。

在中国特色社会主义理论体系的指引下，中国共产党团结带领中国人民，开辟了中国特色社会主义道路，确立了中国特色社会主义制度，发展了中国特色社会主义文化，推进了改革开放新的伟大革命，破除了阻碍国家和民族发展的一切思想和体制机制障碍。中国特色社会主义理论体系明确提出了“社会主义本质论”：“社会主义的本质，是解放生产力，发展生产力，消灭剥削，消除两极分化，最终达到共同富裕。”因此，我们始终以实现共同富裕为目标推进改革，坚持以经济建设为中心，大力解放和发展生产力，实现经济社会的高速发展，使我国一跃成为世界第二大经济体，国内生产总值屡创新高，居民收入不断增加，人民生活显著改善，实现了中华民族从站起来到富起来的伟大飞跃。

（三）在中华民族强起来的征程中形成了习近平新时代中国特色社会主义思想

在新时代，中国共产党人把马克思主义基本原理同新时代中国具体实际结合起来，团结带领人民进行伟大斗争、建设伟大工程、推进伟大事业、实现伟大梦想，推动党和国家事业取得全方位、开创性历史成就，发生深层次、根本性历史变革，中华民族迎来了从富起来到强起来的伟大飞跃。这一伟大飞跃以铁一般的事实证明，只有坚持和发展中国特色社会主义才能实现中华民族伟大复兴。

习近平新时代中国特色社会主义思想是这一时期马克思主义中国化的最新理论成果，同时也是中国特色社会主义理论体系的重要组成部分。习近平新时代中国特色社会主义思想顺应时代发展，从理论和实践结合上系统回答了新时代坚持和发展什么样的中国特色社会主义、怎样坚持和发展中国特色社会主义这个重大时代课题。

党的十八大以来，以习近平同志为核心的党中央明确提出了“中国梦”的奋斗目标，并指出：“实现中华民族伟大复兴，就是中华民族近代以来最伟大的梦想。”只有实现了中华民族的伟大复兴，中华民族才能真正地强起来，真正地自立于世界民族之林。而要实现民族复兴的伟大梦想，就必须进行具有许多新的历史特点的伟大斗争，推进党的建设新的伟大工程，推进中国特色社会主义伟大事业。党的十九大报告用“八个明确”和“十四个坚持”全面阐述了习近平新时代中国特色社会主义思想科学内涵和实践要求，是我们为实现中华民族伟大复兴而奋斗的行动指南。

实践证明，在习近平新时代中国特色社会主义思想的指引下，我们已经取得了全方位、开创性的历史成就，发生了深层次、根本性的历史变革，即将实现全面建成小康社会的历史目标。实践也终将证明，有习近平新时代中国特色社会主义思想的指引，中国共产党必将完成全面建成社会主义现代化强国、实现中华民族伟大复兴的中国梦的历史使命，中华民族必将在强起来的伟大飞跃中继续前进。

三、深刻学习领会新时代党的创新理论，坚持不懈用党的创新理论最新成果武装头脑、指导实践、推动工作

百年来，中国共产党深刻把握马克思主义科学性、人民性、实践性、开放性的理论品格，在推进马克思主义中国化时代化大众化的进程中赋予了马克思主义蓬勃发展的不竭动力。在“两个一百年”奋斗目标历史交汇的关键节点，我们要持续从马克思主义理论中汲取智慧和力量，用习近平新时代中国特色社会主义思想这一马克思主义中国化的最新理论成果武装头脑、指导实践、推动工作，以昂扬姿态和优异成绩迎接建党 100 周年。

（一）以习近平新时代中国特色社会主义思想为指导，把握历史大势、抓住历史机遇

习近平新时代中国特色社会主义思想进一步深化了对人类社会发展规律，以及人类社会最终走向共产主义的必然趋势的认识；深化了对生产力与生产关系、经济基础与上层建筑之间相互作用、相互制约的辩证关系的认识；深化了对人民民主的思想、文化建设的思想、社会建设的思想、人与自然关系的思想，以及社会主义社会建设规律的认识；深化了对马克思主义政党建设及其执政规律的认识。进入新时代、站在新起点、开启新征程，我们要在学懂弄通做实习近平新时代中国特色社会主义思想中，深刻把握马克思主义揭示的共产党执政规律、社会主义建设规律和人类社会发展规律，从历史长河、时代大潮、全球风云中分析演变机理、探究历史规律，提出相应的战略策略，增强工作的系统性、预见性、创造性，从而更好地统筹中华民族伟大复兴战略全局和世界百年未有之大变局，坚定道路自信、理论自信、制度自信、文化自信，不惧风险、不畏干扰。

（二）以习近平新时代中国特色社会主义思想为指导，站稳人民立场、践行初心使命

习近平总书记指出：“马克思主义博大精深，归根到底就是一句话，为

人类求解放。”人民性是马克思主义最鲜明的特征，也是习近平新时代中国特色社会主义思想最崇高的品格。习近平新时代中国特色社会主义思想继承和发展了中国共产党始终把人民立场作为根本立场、把为人民谋幸福作为根本使命、坚持全心全意为人民服务的根本宗旨、贯彻群众路线、尊重人民主体地位、发挥人民首创精神、始终保持同人民群众的血肉联系等优良传统和政治优势，并创造性地提出了以人民为中心的发展思想，把人民对美好生活的向往作为奋斗目标，让改革发展成果更多更公平惠及人民群众。开启新征程，我们要一如既往地坚守人民立场，更加切实践行为人民谋幸福的初心使命，坚持一切为了人民、一切依靠人民，始终把人民放在心中最高位置，不断增强人民群众的获得感、幸福感、安全感，推动共同富裕取得更为明显的实质性进展。

（三）以习近平新时代中国特色社会主义思想为指导，解决实际问题、应对重大挑战

坚持问题导向是习近平新时代中国特色社会主义思想的又一鲜明特征。纵观其形成和发展的脉络，可以发现它不是书斋中的学问，不是理论家的“思想独白”，而是对马克思主义实践品格的坚持和弘扬，是我们改造客观世界和主观世界的锐利思想武器。党的十八大以来，在以习近平同志为核心的党中央坚强领导下，党和国家事业取得历史性成就、发生历史性变革，中华民族迎来了从站起来、富起来到强起来的伟大飞跃。中国共产党已经发展成为一个走过百年光辉历程、在最大的社会主义国家执政 70 多年、拥有 9100 多万党员（截至 2019 年底）的世界上最大的马克思主义执政党。当前，党和国家事业发展面临新机遇新挑战，我们要不断提高运用马克思主义分析解决实际问题的能力，不断提高应对重大挑战、抵御重大风险、克服重大阻力、化解重大矛盾、解决重大问题的能力，不断提高治国理政能力和水平，不断谱写新时代中国特色社会主义发展的新篇章。

2021 年 4 月 9 日

进一步把握历史发展规律和大势，始终掌握党和国家事业发展的历史主动

满开宏[*]

习近平总书记在党史学习教育动员大会上强调，开展党史学习教育要突出重点，做到“学史明理、学史增信、学史崇德、学史力行”。习近平总书记明确了六个方面的重点：第一，进一步感悟思想伟力，增强用党的创新理论武装全党的政治自觉。第二，进一步把握历史发展规律和大势，始终掌握党和国家事业发展的历史主动。第三，进一步深化对党的性质宗旨的认识，始终保持马克思主义政党的鲜明本色。第四，进一步总结历史经验，不断提高应对风险挑战的能力水平。第五，进一步发扬革命精神，始终保持艰苦奋斗的昂扬精神。第六，进一步增强党的团结和集中统一，确保全党步调一致向前进。今天我们一起就第二个问题进行学习讨论，即：“进一步把握历史发展规律和大势，始终掌握党和国家事业发展的历史主动。”

一、深刻把握历史发展规律和大势是学好百年党史的金钥匙

习近平总书记在党史学习教育动员大会上强调，要教育引导全党胸怀中华民族伟大复兴战略全局和世界百年未有之大变局，树立大历史观，从历史长河、时代大潮、全球风云中分析演变机理、探究历史规律，提出因应的战

---

* 满开宏，第十三届全国政协委员，陆军装甲兵学院军政基础系政治理论教研室教授，专业技术少将。

略策略，增强工作的系统性、预见性、创造性。毛泽东在延安整风时期就指出：“如果不把党的历史搞清楚，不把党在历史上所走的路搞清楚，便不能把事情办得更好。”延安整风学习的重要内容就是对党的历史的学习。党的历史是最生动、最有说服力的教科书。对历史的学习研究有微观、宏观两种思路。党史不是一般意义上的历史学科，是具有突出政治性和鲜明党性的历史学科，对于党史的学习研究一定要微观宏观相结合，发挥以古鉴今、资政育人的作用。革命导师马克思、列宁、毛泽东同志历来重视从研究历史和现状中找出规律性的东西来指导革命。邓小平同志讲宜粗不宜细，也是这个道理。这个粗更多的是不纠缠琐碎的细节，而是抓住本质和规律。中国共产党已经走过百年光辉历程。在百年接续奋斗中，党团结带领人民开辟了伟大道路，建立了伟大功业，铸就了伟大精神，积累了宝贵经验，创造了中华民族发展史、人类社会进步史上令人刮目相看的奇迹。认识理解伟大道路、伟大功业、伟大精神和宝贵经验，都必须从对历史规律和发展大势的梳理中得到启发。

比如：如何理解“中国共产党的诞生，是近代中国历史发展的必然产物”。曾几何时，历史虚无主义者在网上网下鼓噪：马克思主义产生在欧洲、共产党执政产生在俄国，不是中国固有的，是外来的、强加的。怎样才能把这个必然性讲清，只有从历史发展规律大势中找到答案。就必须从近代中国社会的大变化和世界发展的大变局中梳理出必然性。就必须从中国近代各阶级的救国道路的一次次失败中，人们对真正能带领中国人民走出黑暗的政党、主义、道路的渴望中找到必然性。

毛泽东在纪念建党 28 周年时讲道：“多次奋斗，包括辛亥革命那样全国规模的运动，都失败了。国家的情况一天一天坏，环境迫使人们活不下去。怀疑产生了，增长了，发展了。”有两首诗最能代表当时中国人的心境：“世间无物抵春愁，合向苍冥一哭休。四万万人齐落泪，天涯何处是神州?”“落落何人报大仇，沉沉往事泪长流。凄凉读尽支那史，几个男儿非马牛?!”这种哀叹更是渴望，渴望能有“报大仇”的领路人出现，这就是时代的呼唤、历史发展的必然。帝国主义一次次的侵略，带给中国人民一次比一次沉重的负担，积贫积弱；中国人民一次次尝试救国，林则徐、洪秀全、李鸿章、康有为、孙中山，都没能完成历史任务。只有中国共产党的成立，才带领中国人民走出了黑暗。所以说：中国共产党的成立是开天辟地的大事件。

习近平总书记在庆祝中国共产党成立95周年大会上的讲话中指出，中国共产党的成立，深刻改变了近代以后中华民族发展的方向和进程，深刻改变了中国人民和中华民族的前途和命运，深刻改变了世界发展的趋势和格局。所以说，只有从近代中国社会的大变化和世界发展的大变局中梳理出必然性。始终站在时代潮流最前列、站在攻坚克难最前沿、站在最广大人民之中，永远立于不败之地。是我们百年风华正茂的秘诀。所以说，深刻把握历史发展规律和大势是学好百年党史的金钥匙。

二、深刻把握历史发展规律和大势是百年党史的主要内容

百年党史就是一部我们党把握历史发展规律和大势、争取历史主动的历史。我们党是在认识时代趋势、把握历史规律中走在前列引领发展的。在一百年的奋斗中，党始终坚持正确处理中国和世界的关系，善于抓住和用好各种历史机遇，始终掌握了事业发展的历史主动。举个现实的例子：比如，习总书记提出构建新发展格局，就是把握国内国际大势作出的战略决策。2020年3月，习近平总书记在浙江考察时发现，在疫情冲击下，全球产业链、供应链发生局部断裂，国外材料来不了，人员进不来，产品出不去，当地不少企业不得不停工停产。习总书记提出构建以国内大循环为主体、国内国际双循环相互促进的新发展格局，这是我们党把握未来发展主动权的战略性布局和先手棋。在这一战略引领下，2020年我国成为全球唯一的实现经济正增长的主要经济体。党史上的例子更多了，可以说，中国共产党的诞生、成长、成功都是掌握历史主动的结果。党成立后，主动投身大革命洪流是顺应当时革命形势的历史主动；上井冈山，武装斗争、开辟农村根据地、走农村包围城市的道路是历史主动；建立抗日民族统一战线，捐弃前嫌、忍辱负重联蒋抗日是历史主动；面对抗战后两个前途、两种命运，率领中国人民推翻国民党反动统治，是历史主动；中华人民共和国成立后，果断出兵抗美援朝，是历史主动；以苏为戒，走中国风格中国气派的建设之路，是历史

主动；改革开放，大踏步赶上世界，是历史主动。中国共产党为什么能？能就能在把握历史发展大势，把握历史主动。今天，进一步把握历史发展规律和大势，就要观察大势、把握大局，善于从历史长河、时代大潮、全球风云中研机析理；就要立足两个大局，对“国之大者”心中有数，提高政治判断力、政治领悟力、政治执行力。

三、实现中华民族伟大复兴，需要我们把握历史发展规律和大势，始终掌握历史主动

习近平总书记强调：对“国之大者”要心中有数。就是要立足两个大局观察大势、把握大局，善于从历史长河、时代大潮、全球风云中研机析理。党的争取历史主动的经验是在历经艰辛、饱经风雨的长期摸索中积累下来的，饱含着成败和得失，凝结着鲜血和汗水，充满着智慧和勇毅，是我们应对风险、迎接挑战的制胜法宝。我们从历史中获得启迪、智慧，才能增强斗争意识、丰富斗争经验、提升斗争本领。争取人心就是争取最大的历史主动。西方国家在做争夺人心文章，我们凝聚人心很重要的是学好、宣传好百年党史。中国共产党学现在成为显学，是一个大好的现象。永远站立在最广大人民之中，我们就无往而不胜。

中国共产党始终站在时代潮流最前列、站在攻坚克难最前沿、站在最广大人民之中，永远立于不败之地。

2021 年 4 月 23 日

剖析中国共产党创建的历史背景，始终不忘初心和使命

邵维正 *

中国有治史的习惯，很多家庭都有家谱，很多地方都有地方志。过去毛主席到每一个地方，第一件事情就是把地方志调来，了解这个地区的历史、现状和人物的情况。

近现代中国，每一个政党都有它自己的历史，但是中国共产党的历史有很多特殊的价值。一般政党的党史就在本党范围内传授，可是中国共产党的党史已经突破了本党的范围，成为全国关注的重点，现在也成了全世界热门的话题。这个情况在世界所有的政党当中是少有的，为什么会出现这个情况？我想，这是由中国共产党的地位、特点决定的。

大家都知道，中国共产党是一个百年大党，是世界第一大党，大到什么程度？1990 年，东欧剧变之前，全世界共产党员有 1.1 亿，中国共产党党员 5100 万，占全世界共产党员的 46%。可是，时至今日，情况发生了很大的变化，全世界的共产党从 200 多个降到现在的 130 多个，现在全世界的共产党员大概有 1.08 亿人。当前中国共产党党员有 9500 多万，占全世界共产党员的 88%。也就是说，全世界的共产党员 88% 在中国共产党的党内，所以世界第一大党是名副其实的。中国共产党不仅是历史长，也不仅是体量大，更重要的是中国共产党在这么一个受尽屈辱、积贫积弱的中国，发挥

* 邵维正，解放军原后勤指挥学院一级教授，专业技术少将。本文根据讲座录音整理。

了不可替代的作用。中国共产党建党初期的情况，是我下面要重点讲到的。一百年以后的今天，中国共产党领导全国各族人民从站起来、富起来到强起来的三大飞跃，使一个内忧外患的中国，正在走向世界舞台中央。这一百年中国发生的变化举世瞩目，不仅我们有亲身的体会，就是敌对势力也不能不承认中国这一百年的巨大成就。

中国这个翻天覆地的变化当然离不开中国共产党的领导，或者说中国共产党在中华民族的伟大复兴进程中起到了不可替代的作用。正由于这样，中国共产党的党史现在为全国人民，也为世界各方面人士所关注。据我所知，俄罗斯、日本、美国、英国都有专门机构和专家研究中国的问题，特别是研究中国共产党的历史。我也接触过好几位外国的专家，他们说，只有读懂中国共产党的历史，才能够更深刻地理解近现代的中国。外国的专家为什么那么投入来研究中国共产党的党史，就是有这个理念。正由于这样，中共党史现在成为世界的热门课题，当然在我们国内更成为学习的主要内容。

习近平总书记在庆祝建党 95 周年时说过一段话，这段话不长，但是问题说得非常深刻。他说："一切向前走，都不能忘记走过的路；走得再远、走到再光辉的未来，也不能忘记走过的过去，不能忘记为什么出发。"短短几行字就三个不能忘记，不能忘记走过的路、不能忘记走过的过去，更不能忘记为什么出发。

为什么出发，我的理解是中国共产党建立起来是干什么的、是怎么走过来的、承担着什么样的使命和任务。而且他特别强调"面向未来、面对挑战，全党同志一定要不忘初心、继续前进"。三个不能忘记聚焦到不忘初心，在后来的一些讲话中，习近平总书记概括为："不忘初心、牢记使命"。

"不忘初心、牢记使命"这个词汇现在已经成为新闻媒体，也成为我们学习当中使用频率很高的词汇。虽然只有 8 个字，但是内涵非常丰富。我们都在学习习近平《论中国共产党历史》那本书，书中有几十次谈到"不忘初心、牢记使命"。怎么领会习近平总书记反复强调的不忘初心、牢记使命？我个人认为"不忘初心、牢记使命"实际上就是讲了中国共产党的性质宗旨。水有源、树有根，我们党一百年的历程怎么走过来，要从党的源头上来理解不忘初心、牢记使命，来理解我们党性质宗旨的深刻内涵。

百年征程话源头，从我们党的起源、党的建设过程中来理解总书记这个重要的论断。从党的起源、党的创建过程这个角度来看，实际上也会带给我们很多深刻的思考，特别是对党的初心使命，对我们党的性质和宗旨的深刻理解和认识会有很大的帮助。

要讲中国共产党的创建，只从党的本身讲还不行。毛主席 1942 年在延安时说过，讲我们党的建立，要从辛亥革命、五四运动讲起。这也就告诉我们讲建党要联系近现代中国的历史。

一、近代中国的屈辱与反抗

中国有着辉煌的历史，比如在唐朝，是世界上非常强盛的国家，就是到清朝初期，康乾盛世的 134 年，中国也还是比较强盛的。康乾盛世到了乾隆年间，人口占世界的 1/4，那时候没有 GDP 的概念，这是现在才有的概念，据估算当时的生产总值大概占世界的 1/3。但是到了嘉庆、道光年间开始走下坡路。我们现在提出中华民族的伟大复兴，“复兴”这个词它有特殊的含义，因为过去兴盛过，中间衰落了，现在才是复兴。中华民族没有过去的辉煌就谈不到复兴，这个词的内涵是非常丰富的。过去有过历史上的辉煌，到了近代衰落下去了，在中国共产党的领导之下又走上了中华民族伟大复兴的路程，这个路程尽管很漫长、很曲折，但是一百年来走到现在，我觉得非常不容易。

要讲建党，首先要从近代的屈辱讲起。近代中国从 1840 年鸦片战争到 1900 年这 60 年间，外国侵略者发动了 5 次大规模的侵略战争，分别是：鸦片战争、英法联军侵华、中法战争、中日甲午战争、八国联军侵华。5 次侵华战争加在一起打了 10 年多时间，也就是说，在 19 世纪后半段，60 年间有 1/6 的时间在挨打中度过。特别是英法联军侵华打了 4 年，火烧圆明园的就是这一次战争。除了这 5 次大规模的战争之外，还有更多的边防、海防的争端和侵略事件，有几百次之多。另外，还有 1874 年日本侵占台湾的战争、1888 年英国侵略西藏的战争。现在西藏问题那么复杂，就是英国侵略造成的。实际上有很多是英国殖民地埋下的祸根，到现在问题也都没有办法得到很好的解决。还有 1900 年，沙俄侵略东北的战争。还有 1904 年日俄战争，日俄战争是很特殊的，是日本和沙俄之间的战争，但是这个战争发生在中国的土地上，是为了争夺中国东北的权益而发生的战争。仗又在中国的领土上打，倒霉的还是中国人民。

清王朝的衰落从嘉庆开始，道光年间一步一步衰落下来。衰落到什么程度？这几次战争打败了，签订不平等条约，这是没有办法的。有几次我们打胜了，打胜仗还要签订不平等条约，这就是中华民族很大的耻辱。比如 1883 年 12 月到 1885 年 4 月，中法战争中国没有打败，中国打了胜仗，1883 年 5 月，刘永福和黑旗军在河内大量歼灭法军，特别是 1885 年清军老将 70 多岁的冯子材带领官兵把法国军队打得一败涂地，消灭法军 1000 多人。因为这几次战争的失败，法国的茹费理内阁都被迫倒台了，本来是中国胜利了，但最后清政府还要签订了不平等条约，还要给人家割地赔款。

现在回想起来那段历史，觉得太不可思议了，但是历史已经是这样摆着的。战败的结果，那就是签订不平等条约，现在最新的统计，中国近代以来签订不平等条约 1175 个，不仅是这 5 次战争，还有边界的几百次冲突，每次战争都有好几个条约，里面还有很多专条、补充协议，等等。孙中山是一个爱国的先驱，他说，这些不平等的条约就是中华民族的卖身契。旧社会穷人把小孩卖给人家要写一个卖身契，生死都不能追究了。这 1000 多个不平等条约就是中华民族的卖身契，所以孙中山对此也是深恶痛绝的。这 1000 多个条约，最主要的内容是割地赔款，割了多少地？侵占的土地 173.9 万平方公里，相当于现在 3 个法国、7 个英国的本土。再看看清初的地图，一块一块割出去了。赔款加在一起十几亿两白银，光是八国联军的赔款就是 4.5 亿两银子，那时候银子很珍贵，清政府一年的收入才 8000 万两银子，清政府不开支，赔款也得赔几十年，还有利息，拿不出钱来，往后还要给帝国主义补利息。所以，当时中华民族的屈辱到了一个相当严重的程度。

北京有 3000 多年的建城史，有 800 多年的建都史，是五朝古都。可是在近代，北京三次被外敌入侵，一次是 1860 年，就是英法联军侵华战争，火烧圆明园。第二次是 1900 年八国联军打到了北京城。第三次是 1937 年，日本侵略中国，卢沟桥事变以后占领了北京。一个五朝古都，被外敌占领了三次，这真是很大的民族屈辱、民族悲哀。一般世界上发生战争，首都让人家占领，就意味着这个国家失败了，而北京三次被外敌占领。中国近代的屈辱，是每一个中国人都很难接受的。我们建党初期的革命者、革命先驱，那么投入、那么执着地要挽救中国的危亡，就是因为中国的衰弱、中国的失败，太悲惨了。

军事入侵仅仅是一个方面。随着军事入侵到来的是划分势力范围，是经济掠夺、政治控制、文化渗透。把中国打到了一个亡国灭种的危险境地。经济掠夺，有的专家统计过，我们赔款是一部分，帝国主义在中国经济掠夺占领市场，大概掠夺了 1000 亿两白银以上，这比战争赔款还要多。政治控制，最后清政府都成为洋人的朝廷了，慈禧太后说了一句非常悲哀的话，她说“量中华之物力，结与国之欢心”。就是用中国人民丰富的资源、物力去取得外国人的欢心。至于划分势力范围，曾经有一幅《时局图》，用动物来表示，熊就是沙俄占领了东北，蛇代表德国占领了山东半岛，虎代表英国在长江流域，蛤蟆代表法国在两广和云南，太阳旗代表日本主要是台湾和福建，后来又把侵略的魔爪伸到了东北。当时爱国人士画的这张图，说明中国已经被肢解得四分五裂。美国在哪里？鹰代表美国，美国发展比较晚，和英国、沙俄的情况不一样，进入中国晚，但是美国提出了一个口号，叫作“门户开放、利益均沾”。其他帝国主义国家得到的利益美国都有一份，更厉害，他不是在哪个地区，是整个中国。

还有一个是大家知道的租界。现在一讲到建党就知道有法租界，全国一共有多少租界？我查了一下，全国有 27 个租界，主要在上海、北京、武汉、广州、天津这几个城市。第一个租界是英国在上海开的，以英国侨民没有居住地为名义，采取了各种手段，在上海划出了 2820 亩土地，很大的一片地方。英国一搞租界，法国、沙俄、日本都跟着来了。27 个租界就是国中之国，不仅是政治管理，他们犯的罪他们自己处理，不受中国法律的制裁。所以，中华民族近代以来遭受到的屈辱是难以想象的。

讲到这个问题，我觉得还有一个问题需要讲一下。帝国主义对中国的侵略是外因，按照辩证唯物主义的理论，外因是条件，内因是根本，外因是通过内因起作用的。如果中国很强大，中国的政府是明智的、中国的军队是强大的、中国的民众是团结的，外敌要侵略也不能得逞。问题就在于中国这时候的清政府衰弱得非常严重，严重到什么程度，我讲两个小故事。

一个是林则徐禁烟，林则徐这些爱国人士看到鸦片在中国盛行，把中国的经济掠夺了不说，把整个中华民族的体魄、精神都腐蚀了。所以 1838 年他上了禁烟的奏折给皇上，道光皇帝 1839 年 3 月任命林则徐为钦差大臣到广州去禁烟。但是仅仅一年之后，周围很多官员就把道光皇帝包围起来了，这些官员都从鸦片贸易中得到了很大的利益，一禁烟，他们的利益就受到损失。这些官员诬告，因为林则徐的措施失当，导致了鸦片战争的爆发。所以一年之后道光皇帝就把林则徐革职查办，并且把他流放到新疆伊犁。当然，林则徐到新疆又做了很多事，开发建设新疆。就这么一个禁烟的问题，作为最高统治者的道光皇帝出尔反尔，是他接受了禁烟，也任命林则徐为钦差大臣，但是林则徐真正一禁烟，他又动摇了。这样一个王朝怎么能不受西方列强的欺辱呢？

1840 年鸦片战争爆发以后，1841 年 1 月，道光皇帝下令对英国宣战。当时湖南提督杨芳听信方士的话，说为什么英国船坚炮利，因为他有妖法，怎么打败他的妖法呢？到民间收集了几百个马桶丢到海里，让它漂流过去，用马桶去镇住它的妖气，我们就能胜利。这简直是笑话，这样的皇帝、这样的将军，怎么能够把中国的危亡挽救过来？

所以，近代中国的危机到了亡国灭种的程度，一方面是帝国主义的侵略，再一方面是当时中国统治者本身的衰弱、腐败、无能、昏庸。

中国人民是不甘愿长期受帝国主义压迫的，所以近代以来发生了多次斗争。比如，1851 年的太平天国起义仅仅用了 3 年多时间就打下了半个中国，到 1856 年在南京建立了太平天国政权，这是中国农民运动的高峰。当然，农民运动没有先进理论的指导，只不过是改朝换代，很快就失败了。它的失败主要不是外力造成的，而是内部发生了内讧，争权夺利，互相残杀。这说明农民运动有很大的局限性，不可能承担起挽救中国的使命。

1861 年的洋务运动和 1898 年的戊戌变法。洋务运动实际上是清朝统治阶级内部一些开明的官僚想挽回清王朝的衰落。它的口号是“中学为体、西学为用”。“中学为体”就是维持清王朝的统治秩序不变，“西学为用”就是把先进技术拿来为我们所用。听起来很好，也搞了一些引进的技术、搞了一些资金，建立了一部分工厂，但是要靠洋务运动挽回中国的命运是不可能的。洋务运动一个很重要的标志是建立了北洋舰队，李鸿章搞的，花了很多钱。到了 1894 年中日甲午战争，投入很大的北洋舰队一败涂地，宣告了洋务运动的失败。

1898 年的戊戌变法，效仿英国君主立宪制，英国有女王，中国封建统治的体制不动，要搞立宪。戊戌变法依靠光绪皇帝来搞改良，但是当时清王朝的实权掌握在慈禧太后手中，她发起宫廷政变，囚禁光绪皇帝，戊戌变法宣告失败。洋务运动搞了 30 多年，戊戌变法只搞了 103 天就失败了。

这里有一个小插曲，现在尚在进一步考证中。光绪皇帝比慈禧太后小 36 岁，可他死在慈禧太后的前一天。当时，包括那个时代就有很多怀疑，光绪 30 多岁就去世了，这里面有没有什么阴谋？后来把光绪皇帝的头发拿来，做科学试验，检查出那里面有砒霜的成分，也不是一下毒死他，而是慢慢地加大药量，慈禧太后是很险恶的，她绝不能让光绪死在她后面。如果慈禧太后死了，光绪还活着，他又要搞改革，所以到慈禧太后死的前一天，光绪也中毒身亡。可以看出宫廷里面的斗争，清王朝封建统治的钩心斗角，这样的政府、这样的朝廷怎么能把中国搞好？

辛亥革命是孙中山领导的。辛亥革命是伟大的，辛亥革命最大的功劳就是把持续 2000 多年的君主专制制度推翻了，建立了共和制。今天中华人民共和国就是共和制，所以每当国庆庆典的时候，天安门广场上都会竖立孙中山的大幅画像，他是中国民主革命的先行者。能把清政府给推翻了，这个事情了不起。如果说辛亥革命失败了，这个说法不是很准确。辛亥革命是成功的，但是辛亥革命的成果没有巩固住，被袁世凯篡夺了。要讲两句话，讲一句话不是唯物主义的态度。辛亥革命的成功，推翻了封建帝制，建立了共和制。过去简单说是民族资产阶级软弱造成的，也不是这样。民族资产阶级的软弱性，没有充分发动群众是一个重要原因，还有一个根本性原因，是实力的对比。孙中山的力量和袁世凯的力量没有办法对抗，换其他人来也没有办法，孙中山当了三个月的大总统就宣布辞职了，他不是自愿辞职，是被迫的，没有办法。袁世凯是近代一个典型的两面派，一方面，他逼着清帝退位，把皇上拉下来。另外一方面，他对革命派进行压制，他一边说赞成共和，一边又派了强大的队伍南下到长江边，威胁孙中山的新政府。开始孙中山让黄兴组织军队对抗袁世凯的威胁，但是黄兴和孙中山都是从海外回来的，在国内没有经济和军事基础，他就找了一些南方的军阀和袁世凯的新军去对抗。这些军阀一上来就要钱、要军饷，你让我打仗，就要给我军饷、枪炮，开了很大的数目，黄兴两手空空，根本没有办法筹措。而袁世凯积累了那么多的资源，小站练兵，威逼清帝下台，当了内阁总理大臣，经济力量、军事力量都掌握在他的手里。最后孙中山是被迫让位。向袁世凯提出一个条件，就是要坚持共和。袁世凯阳奉阴违，实际上还是想复辟帝制。所以资产阶级革命，在这么一个封建力量特别强大的国家也难以有所作为。

还要特别讲一讲北洋军阀的统治，中国共产党的诞生是在北洋军阀统治时期，不是清王朝时期。1916 年袁世凯病故，袁世凯病故和他要当皇帝的美梦破灭有很大关系。从 1912 年袁世凯当了大总统，到 1928 年南京政府建立一共 16 年，这 16 年是中国近代历史上一个特殊时期。皇帝赶跑了，但是政权掌握在北洋军阀手里，北洋军阀对外投靠帝国主义，对内代表地主资产阶级的利益。袁世凯本身就是个大地主，他在河南有几万亩土地，他就是这么一个结合体。军阀混战，特别是袁世凯去世以后，打得不可开交。1914 年，袁世凯掌握的新军是 45 万人，到 1918 年变成了 85 万人，1919 年扩展到 138 万人，扩军备战成倍增长。扩军备战、军阀混战，当时北洋政府的财政 70% 用于扩军备战。军阀打内战，口号就是“有枪有兵就有权，有了地盘就有钱”。政治上，政府到了可笑的程度，北洋军阀统治时期是 16 年，换了 46 届内阁，平均一年换了 3 次内阁，内阁总理就相当于我们的国务院总理，最短的一次只当了一个礼拜就下台了。后来人家形容像走马灯一样换内阁。这样的北洋军阀统治，怎么能够把国家搞好？

还有一个特殊情况，这和我们建党有关系。从 1917 年开始军阀混战，孙中山在广州建立护法政府，孙中山当了大元帅。一个国家两个政府，北边有北洋政府，南边有孙中山领导的政府相对立，中国共产党就是在这么一个环境之下建立起来的。这个背景和我们讲的初心使命，和我们党的性质宗旨有着密切的联系。

近代的历史已经表明，没有革命理论指导，没有先进政党引领，中国人民就无法打败压在自己头上的反动势力，这个反动势力包括帝国主义势力，也包括北洋军阀为代表的封建统治，中华民族也无法改变被欺辱的命运。历史发展到这个时候，农民的斗争不行了，改良的洋务运动、戊戌变法也失败了，孙中山领导的革命开始胜利了，最后还是被袁世凯所篡夺了。历史呼唤着新兴的无产阶级政党来担负起挽救民族危亡的历史重任。

中国共产党就是在这样一个历史环境下诞生的，肩负着挽救民族危亡的责任。所以中国共产党的诞生不是简单陈独秀、李大钊号召一下就成立起来的，而是在那样一个特定的历史条件下创建的。这就是中国共产党诞生的历史必然性，也是人民的选择。

二、五四运动开启了新民主主义革命

新文化运动喊出了民主、科学两大口号。新文化运动在中国由旧民主主义革命向新民主主义革命的转变，发挥了启蒙作用。每个民族、每个国家要搞革命斗争都要先造舆论。新文化运动是 1915 年开始，离五四运动还有 4 年，五四运动后才开始有新民主主义革命。

讲到这里，插一段欧洲革命历史。欧洲资产阶级革命在爆发前的很长一段时间，欧洲先发起了文艺复兴运动。文艺复兴运动从意大利佛罗伦萨开始发起，后来以法国为中心又得到进一步发展，实际上就是为资产阶级革命大造舆论。资产阶级革命还要造舆论，所以无产阶级革命更要造舆论。我国的改革开放也是先造舆论。1978 年 5 月展开的真理标准的讨论，使人们的思想得到了解放，然后才推出改革开放的一系列政策。

新文化运动是民主、科学两大口号，为什么要民主？民主就针对专制，封建势力专制，它搞民主。科学就针对封建的愚昧。所以这两个问题是当时中国很有针对性的问题。

新文化运动实际上是对着封建意识、封建传统，打倒孔家店，把封建意识、封建思想传统推倒了，才能搞新民主主义革命。我们不能设想无产阶级革命在封建意识统治下发动，它总要有一个过渡，新文化运动就是旧民主主义革命向新民主主义革命的过度。

第一次世界大战1918年结束，1919年1月召开巴黎和会，当时中国人民期待着通过巴黎和会来改变中国受屈辱、受压迫的状况。因为第一次世界大战中国是战胜国，战胜国当然就要把过去的屈辱取消完了。中国代表在巴黎和会上首先提出一个问题，废除日本二十一条，结果巴黎和会拒绝讨论，说二十一条是中国和日本之间的事儿，和巴黎和会没有关系，不列入议程。然后中国代表又提出要把德国在山东的特权收回来，因为山东是德国的势力范围。德国在第一次世界大战失败了，德国是战败国，中国是战胜国，当然应该把其占领中国的权益归还给中国。但是巴黎和会上，在英国、法国、美国的操纵之下，把德国在山东的权益转让给了日本。

这一下子中国人民接受不了了，巴黎和会的外交失败就是指上面两件正当要求都被否定了。5月初消息传到北京，蔡元培知道的比较早，他就找一些比较进步的爱国学生透露给他们。这些青年学生一听，怒火中烧，5月3日晚上就在北大法科大礼堂召开紧急会议，由邵飘萍介绍巴黎和会中国外交失败的经过。说了以后，1000多名学生，以北大的为主，还有其他学校的代表，非常激动。有个16岁的学生拿了一把刀冲上台，说如果政府签订巴黎和会条约，我当场就自杀。还有谢绍敏，他是青岛人，青岛是德国殖民地，这回要转让给日本了，他特别激愤，冲上台去，把自己的白衬衣撕下来，咬破中指，用鲜血写了四个字："还我青岛"，高高举起。这一来，全场群情激愤，原来决定5月7日国耻日游行集会，大家等不到了，说还有那么多天，明天就上天安门游行集会，五四运动就这么爆发了。

五四运动爆发不光是在北京，很快传到全国100多个城市，上百万人都起来反帝爱国救亡，把全国人民反帝爱国的激情提到了前所未有的新高度。

五四运动期间那些革命青年爱国的激情相当高涨，这种非常可贵的激情，尤其是马克思主义的传播为后来我们建党奠定了思想基础。五四运动还不是无产阶级领导的运动，而是反帝反封建的爱国运动，启发了人的一种思潮，打开了人们的思想闸门，让各种新的思想都汹涌澎湃起来。

新思潮在中国迅速涌起，有两个数据很说明问题。五四运动以后的一段时间，先后组织了 200 多个进步社团，毛泽东等发起了新民学会，周恩来等发起了觉悟社。五四运动以后还兴办了 400 多种进步的报纸杂志。通过进步报刊大造反帝爱国的舆论，唤起民族的觉醒，把广大人民群众充分发动起来。正因如此，可以说五四运动标志着新民主主义革命的开端。

1942 年毛主席在延安时的一个内部讲话中提出，共产党的成立不能不讲前面一段的历史，是与辛亥革命、五四运动紧密相关的，应该从辛亥革命讲起，从五四运动讲起更好。所以现在所有的党史读本，讲党的成立都是从五四运动讲起。要没有五四运动这一段，党的成立就有些讲不清。

三、马克思主义在中国的传播

要建立中国共产党就要首先传播马克思主义。马克思主义传播在中国，特别是在建党活动当中是最重要的。中国共产党是无产阶级政党，无产阶级政党就必须要用马克思主义武装起来。

讲到马克思主义传播，曾经有一个倾向，好像马克思主义在中国的传播越早越好。有的追溯到 19 世纪末，《万国公报》提到马克思这个名字，那时候马克思主义就开始传播了。我不同意这个看法，马克思主义是战斗武器，它的传播是要为无产阶级服务的。马克思主义传播要把马克思主义的精华理论传播开来。19 世纪末到 20 世纪初，那个时期刊物上讲马克思主义就是一两句话，我查过当时的报刊，比如“麦客士，社会主义之泰斗也”。那时候的马克思不是这三个字，是“麦客士”，连翻译都不一样。谁在传播呢？那时候没有共产党，也没有马克思主义信奉者。一个是梁启超，搞戊戌变法的积极分子，后来变成保皇派。还有一个是国民党的朱执信。他们只是把马克思主义作为理论动态来介绍，比如马克思是德国人，提出了一些什么观点。我认为这都称不上马克思主义传播。

马克思主义传播什么时候开始的？应该说是从李大钊发表《我的马克思主义观》开始的，这是一个标志，标志着马克思主义在中国传播。李大钊是具有共产主义思想的革命先驱，他传播马克思主义是为了指导革命，不是像梁启超、朱执信那样作为学术动态来研究。

李大钊这篇文章我简单说说。在上海的时候《新青年》是陈独秀一个人编的，蔡元培聘任陈独秀当北大文科学长。陈独秀不愿离开上海，因为他舍不得放弃《新青年》杂志。蔡元培对陈独秀说，你把《新青年》带到北京来吧。《新青年》到北京就成立了编辑部，新文化运动的主要骨干都成为热情的支持者，有李大钊、胡适、陈独秀、鲁迅等人，办成了具有全国影响力的思想阵地。1919 年 5 月，李大钊轮值编辑《新青年》，李大钊就把《新青年》第六卷第五号编成了马克思研究专号，共十几篇文章达到 20 多万字。其中就有李大钊撰写的《我的马克思主义观》，这篇文章长达 26000 字，一期登不完，分两期上下刊登完。这篇文章把马克思主义的三个重要组成部分——唯物史观、政治经济学、科学社会主义都讲全了。最后他还作出一个结论：阶级竞争说，犹如一条金线，把三大原理从根本上联结起来。

无政府主义者赞成社会主义，但是反对阶级斗争。李大钊旗帜鲜明地指出阶级斗争学说，把三大原理从根本上联系起来。这篇文章把马克思主义的基本观点和阶级斗争、无产阶级专政的理论都讲了。我认为李大钊这篇《我的马克思主义观》是中国传播马克思主义的代表作，所以李大钊也成为在中国传播马克思主义的第一人。

与此同时，北京有个《晨报》，在李大钊的指导下，1919 年 5 月 5 日开始开辟了“马克思研究专栏”。为什么在 5 月 5 日？因为 5 月 5 日是马克思的诞辰日。马克思是 1818 年 5 月 5 日诞生，1919 年是马克思 101 年诞辰。在这一天《晨报》开辟了马克思研究专栏。这个专栏开到 11 月 11 日，整整半年时间每天一期。这在北洋军阀高压统治之下，能公开的传播马克思主义是非常了不起的。

再就是陈望道翻译第一本中译本的《共产党宣言》。1848 年马克思、恩格斯共同完成的著作《共产党宣言》，是马克思主义产生的标志。《共产党宣言》很长一段时间没有中文版本，外文版只能在高级知识分子当中传播，一般的群众、工人、农民看不懂外文，没有办法在群众当中普及。陈望道把《共产党宣言》翻译成中文，印了几十次。习近平总书记把陈望道翻译《共产党宣言》的故事讲了很多次，说真理的味道是甜的。陈望道全心投入《共产党宣言》的翻译工作中，把墨汁当成了红糖吃到了嘴里，问他甜不甜，他还说很甜。总书记很感动，说真理的味道是甜的，这个真理就是《共产党宣言》。

1920 年 3 月，五四运动第二年，北京成立了马克思学说研究会，这是一个标志。原来先进分子都是以个体的方式在学习马克思主义理论，1920 年 3 月，在李大钊的引导下，19 个北京大学的学生组织了马克思学说研究会。首次有组织地开展马克思主义的学习和传播，还建立了共产主义图书馆。北京大学带头，各地也都纷纷成立马克思主义学习组织。

这几个重要事件，标志着马克思主义在中国的广泛传播，马克思主义在中国的传播为中国共产党的创建奠定了思想理论基础。

四、中国工人阶级登上政治舞台

讲建立中国共产党，还应该讲党的阶级基础。工人阶级作为共产党的阶级基础，主要表现在工人阶级登上政治舞台。中国工人运动早就有，1871 年开始就有工人运动，到 1911 年工人运动已经很多。但是这些工人运动并不是标志着工人阶级登上政治舞台。怎么标志工人阶级登上政治舞台？他要把罢工运动从经济斗争转向政治斗争，这是关键性的。

过去很长时期的工人运动，都是以经济斗争为目标的，罢工要增加工资、缩短工时、改善福利，达到这个目的就结束了，该上工就上工。这时候的工人运动不能产生政治上的愿望。而且那时候搞工人运动最早的是封建帮会，如青帮、红帮、哥老会等。

但是新型的工人运动性质不一样，从经济斗争转向政治斗争，标志是 1919 年 6 月 5 日上海工人为了支援北京的五四运动举行的“六五”政治大罢工。首先从日资工厂开始，日本人在上海投资的纱厂有十几个，从这里爆发了工人运动，当时口号是“不为仇人做工”。巴黎和会以后日本把德国在山东的权益抢夺过去了，那是我们的仇人，过去就侵略过我们，巴黎和会以后还要侵略我们。从纱厂工人发展到机器工人、铁路工人、印刷工人，等等，各行各业都动了，上海出现了总同盟罢工。这个罢工没有任何经济的要求，就是以反帝爱国为目的。这个运动开展起来以后它就有一种政治上的要求，要为工人阶级，要为中国人民求解放。

政治要求怎么实现呢？就要通过代表自己利益的政党来实现阶级愿望。新型工人运动在共产党早期组织的领导下开展起来了。1920 年，北京的长辛店、上海的机器工会在共产党早期组织领导下搞起来了。工人阶级登上政治舞台，为共产党建立奠定了阶级基础。马克思主义传播有了思想基础，工人阶级登上政治舞台有了阶级基础。有了思想基础和阶级基础，中国共产党的诞生就有了基本条件。中国共产党就是马克思主义与中国工人运动相结合的产物。

五、建党的酝酿和早期组织的建立

建党的酝酿，最早是李大钊和陈独秀开始的。现在好多影视作品和文章都讲李大钊护送陈独秀从北京到天津的骡车上，三天里酝酿了建党问题，这个过程很感人。到 1920 年初，李大钊、陈独秀为什么考虑建党呢？这和五四运动有关系。

1979 年五四运动 60 周年的时候，我访问过那时候还健在的五四老人。他们回忆当年的情景，青年学生发动起来，热情非常高，爱国反帝，而中国代表拒签和约以后，就退潮了，感到五四运动就是反对巴黎和会的。中国代表已经在巴黎和会上拒签和约，那我们的任务就完成了。罢课的复课，罢工的复工。这时候李大钊、陈独秀深刻意识到，中国的革命光凭年轻人的热情是不可能成功的，必须要有一个党，这个党要像俄国布尔什维克这样的党领导中国革命，中国的彻底改造才能有希望。

五四运动的时候没有党，就是靠热情，把青年组织起来。从五四运动结束以后，李大钊、陈独秀就讲中国要根本的改造，要彻底的改造，必须要有一个无产阶级的政党。他们是 2 月讨论要建党，而且两个人相约，陈独秀到上海发动，李大钊在北京发动，南北相互呼应，把党建立起来。

1920 年 4 月，维经斯基来华，一行共 5 人，有他的夫人，秘书马迈耶夫也是两口子，还有杨明斋，是华工的代表，山东人，他的俄语、中文都非常好，他当翻译。先找李大钊，就在北大红楼李大钊办公室两个人见面了，谈了好几次，也开了座谈会。后来维经斯基说中国需要建党，而且建党的条件也成熟了。当时李大钊就说，如果要建立共产党还要到上海去找陈独秀。为什么李大钊不先在北京发动？有两个原因：第一个原因，北京是北洋军阀统治的中心，在这里建立共产党风险太大。第二个原因，陈独秀这个人很有魄力，煽动性很强。最近播放的电视剧《觉醒时代》，就把他的性格表达得很充分。

可以说，在中国传播马克思主义贡献最大的是李大钊，在中国建党活动贡献最大的是陈独秀。这两个人有不同的性格。李大钊从照片上可以看出来，很儒雅，他率先传播马克思主义。陈独秀这个人个性非常鲜明，很有魄力，号召力很强。经过二人的努力，先后在上海和北京建立了党的早期组织，影响和带动了全国各地早期党组织的建立。

六、一大召开标志着中国共产党的正式成立

关于中共一大的召开，影视作品、新闻媒体、党史书籍都讲得很充分，大家也都很熟悉了，这里就不展开讲了。

各地党的早期组织建立了以后，开展了多方面的工作，正式成立中国共产党的条件日益成熟。1921 年 6 月初，共产国际代表马林和尼克尔斯基来到上海，促进了一大的召开。

中共一大召开的日期由于原始文献没有保存下来，很长时间没有确定。40 年前，经过多方考证，中共一大是 1921 年 7 月 23 日召开的。那时，我访问过包惠僧、刘仁静、王会悟。王会悟是李达的夫人，对建党很有贡献的，上海的会务工作、开会地点都是王会悟联系的。最后一天转移到南湖开会，也是王会悟的建议。在上海的最后一次会议，被法租界巡捕房包围、搜查。代表们撤出来，到李达家里碰头，大家一致认为会不能在上海继续开了，法租界巡捕房盯上我们，把李汉俊的家里都搜了一遍。但是会议尚未通过党的纲领和决议，中央机构也没有选举，因此还要寻找安全的地方继续进行。当时有人提出到杭州开，王会悟说不行，杭州很繁华，军阀统治很严密。我是嘉兴人，那里有一个南湖，游人很少，离上海也很近，我们可以租

一艘游船把会议开完。后来代表们就转移到嘉兴南湖，完成了中共一大的全部议程。

中共一大的召开标志着中国共产党的正式成立。中国有了共产党，中国革命斗争就有了坚强的领导核心，灾难深重的中国人民就有了可以信赖的领导者和组织者，中华民族的复兴就有了希望。

建党时期的响亮口号是“救国救民，救亡图存”。八个字里有三个“救”，当时国家面临着亡国灭种的危险，当时人们要救国、要救民、要救亡图存。这是最初共产党人的愿望，也是党的初心和使命。

十九大站在历史的高度，把我们党的初心使命概括为“为中国人民谋幸福、为中华民族谋复兴”。这两个提法是一致的，十九大的概括更全面更深刻。

习近平总书记讲共产党为什么要建立起来？建立起来干什么？我们为什么要出发？就是为中国人民谋幸福、为中华民族谋复兴。我们非常庆幸，党走过了一百年艰难而又辉煌的历程，有成功也有失误，最终没有忘记党的初心和使命，所以我们才走到了今天。我们回顾建党历程，特别是建党的历史背景，就可以看到我们党的初心和使命。

2005 年，习近平同志担任浙江省委书记，多次到嘉兴南湖考察，他在《光明日报》上发表了一篇重要文章，把“红船精神”概括为三句话：第一句话“开天辟地、敢为人先的首创精神”，第二句话“坚定理想、百折不挠的奋斗精神”，第三句话“立党为公、忠诚为民的奉献精神”。这个概括非常精辟，我们党的性质宗旨、党的初心使命都包括在里面了。后来他又将红船精神升华为伟大的建党精神。

红船精神当中充分体现了我们党的初心使命，也充分反映了中国共产党的性质宗旨。毛泽东概括为“全心全意为人民服务”，概括的语言不一样，精神是一样的。为什么要全心全意？不能半心半意，也不能虚心假意，一定要全心全意为中国人民谋幸福、为中华民族谋复兴。

现在再来看，中国共产党一百年历程培育了许多独具特色的革命精神，比如井冈山精神、苏区精神、长征精神、延安精神、西柏坡精神、雷锋精神、焦裕禄精神、“两弹一星”精神、脱贫攻坚精神、探月精神，形成了中国共产党人的精神谱系，其源头就是伟大的建党精神。

习近平总书记精辟指出："一个忘记来路的民族必定是没有出路的民族；一个忘记初心的政党必定是没有未来的政党。"从党创建的过程，特别是联系当时的历史背景和社会环境看，我们可以更深刻的理解党的初心和使命。这个初心和使命历经百年而不衰，在第二个一百年的奋斗中必将更加光彩夺目。

2021 年 5 月 10 日

进一步总结党的历史经验，不断提高应对风险挑战的能力水平

张树军 *

习近平总书记指出：“我们党在领导革命、建设、改革的进程中，一贯重视学习和总结历史，一贯重视借鉴和运用历史经验。”他还指出，我们党一步步走过来，很重要的一条就是不断总结经验、提高本领，不断提高应对风险、迎接挑战、化险为夷的能力水平。党的经验不是从天上掉下来的，也不是从书本上抄来的，而是我们党在历经艰辛、饱经风雨的长期摸索中积累下来的，饱含着成败和得失，凝结着鲜血和汗水，充满着智慧和勇毅。

一、中国共产党百年历史是一部战胜风险挑战不断前进的历史

“艰难困苦，玉汝于成”，这是一切正义事业胜利的逻辑，也是中国共产党人作出伟大历史贡献的真实写照。纵观 100 年党的历史，中国共产党团结带领人民在前进道路上所遇到的艰难险阻是世界上其他任何政党所不能比拟的，但总是以“狭路相逢勇者胜”的大无畏精神，屡克艰险、战胜挑战、奋勇前进。

新民主主义革命时期，中国共产党曾遭遇大革命的失败，但中国共产党人“并没有被吓倒、被征服、被杀绝。他们从地下爬起来，揩干身上的血

---

* 张树军，第十三届全国政协委员，中共中央党史和文献研究院原院务委员、研究员。

迹，掩埋好同伴的尸首，他们又继续战斗了”，很快掀起土地革命战争的风暴；正当工农武装割据的星星之火形成燎原之势时，第五次反“围剿”遭到失败，各路红军被迫实行战略转移。在巨大伤亡面前，红军以“雄关漫道真如铁，而今迈步从头越”的豪迈气概，甩掉几十万围追堵截的敌军，战胜极端险恶的自然环境，并同张国焘的分裂活动进行坚决斗争，取得了长征的伟大胜利。就在这时，亡国灭种的民族危机日益严重，面对武装到牙齿的日本侵略者，中国共产党振臂高呼，浴血奋战，充分发挥中流砥柱作用，广泛团结全国抗日力量，积极争取反法西斯国家和人士的支持，同仇敌忾，打败了日本侵略者。抗日战争成为近代以来反抗外敌入侵第一次取得完全胜利的民族解放战争，为中华民族由近代以来陷入严重危机走向伟大复兴确立了历史转折点。抗日战争胜利后，饱受战乱之苦的广大人民期盼和平，实现和平成为中国共产党人的最大愿望，但“树欲静而风不止”，国民党悍然发动全面内战。怎样看待当时的形势，毛泽东同志在 1946 年底说了这样一句话，“我们只要熬过明年一年，后年就会好转”。不出所料，1947 年成为人民解放军转入战略进攻的转折之年，而 1948 年、1949 年则成为人民解放军进行战略决战、战略追击的大反攻之年和大胜利之年。中国共产党领导中国人民推翻国民党反动统治，建立中华人民共和国，实现了近代以来中国人民必须完成的争取民族独立、人民解放的历史任务。

新中国成立后，中国共产党成为掌握全国政权的执政党，人民成为新国家、新社会和自己命运的主人。这时，国际上两大阵营严重对立。一方面，世界社会主义方兴未艾，民族解放运动此起彼伏；另一方面，以美国为首的西方阵营对新中国实行政治孤立、经济封锁和军事包围。在国内，面临着维护国家主权和安全、巩固新生人民政权、迅速恢复国民经济等一系列新的严峻挑战。在经济文化十分落后的基础上进行社会主义革命和建设，没有现成经验可以借鉴，新矛盾新问题层出不穷，面临的严重困难和需要解决的紧迫问题前所未有。以毛泽东同志为核心的党的第一代中央领导集体，就是在这样的历史条件下，紧紧依靠和紧密团结全国各族人民，开始了为实现国家富强、人民幸福这一历史任务而奋斗的伟大征程。其间，党经历了两次重大历史关头的考验。

第一次考验，是能否巩固新生人民政权和建立社会主义基本制度。新中国成立初期，百废待兴，百业待举，巩固新生人民政权的艰巨任务摆在中国共产党面前。这是被毛泽东同志比喻为“进京赶考”的一个严峻考验。这种考验表现在多个方面，总的来说，就是政治上军事上能否巩固起来，经济上能否稳定下来，外交上能否真正站立起来。就政治和军事而言，新中国成立时，解放全中国的任务还没有完成，国民党撤离大陆时留下的100多万军队还在负隅顽抗，还有200多万土匪及60多万特务分子在兴风作浪，另外还有一大批反动会道门和传统黑恶势力严重危害着人民的生命财产安全。1950年春季至秋季，仅半年时间，新解放区就有4万多干部和群众积极分子被杀害。就经济而言，新中国接收过来的是一个烂摊子，工厂倒闭、工人失业，物资匮乏、投机猖獗，通货膨胀、物价飞涨，人民群众生活极为困难。同历史上最高水平的1936年相比，1949年工业总产值减少一半，粮食产量减少约四分之一。在这种背景下，有人断言共产党“军事一百分，政治八十分，经济零分”，一些反动资本家也叫嚣“解放军进得了上海，人民币进不了上海”。就外交而言，新中国的诞生，打破了帝国主义在东方划定的势力范围，以美国为首的西方阵营企图通过政治上孤立、经济上封锁、军事上威胁，从根本上搞垮新中国。就中国共产党而言，能不能经受住执政的考验，继续保持谦虚、谨慎、不骄、不躁的作风和艰苦奋斗的作风，还有待于实践的检验。如果不能经受住上述考验，新生人民政权就有可能被扼杀或夭折在摇篮里。

为了解决面临的迫切问题，党和政府有条不紊地推进各项工作。军事上，人民解放军继续进军，基本上肃清了国民党留在大陆的反动势力。经济上，开展土地制度改革，恢复国民经济。没收官僚资本，使新生人民政权有了国营经济的坚强支柱；通过被毛泽东同志称为“不亚于一场淮海战役”的“银圆之战”和“米棉之战”，平抑了物价，治愈了旧中国无法医治的恶性通货膨胀顽症，解除了人民痛苦；通过统一财经工作，建立起全国集中的财政管理体制，使新生人民政权有了调度全国财力物力、集中力量办大事的能力。到1952年底，国民经济得到全面恢复和初步发展，超过历史上最高发展水平。外交上，巩固民族独立，维护国家主权和安全。新中国一成立，就收回外国列强在中国的兵营，驻扎在中国领土上的一切外国军队全部撤走；

收回海关治权，中国人民重新掌握国门的钥匙，从根本上改变了旧中国“跪倒在地上办外交”的局面。针对美国等国家封锁、遏制新中国的情况，中国共产党确立“另起炉灶”（不承认国民政府建立的一切旧的屈辱的外交关系，同各国另行建立新的平等的外交关系）、“打扫干净屋子再请客”（首先是清除帝国主义在我国的残余势力，取缔帝国主义在华的一切特权，然后再考虑与西方国家建立外交关系的问题）、“一边倒”（中国政府在外交上坚定地站在社会主义阵营一边、坚决倒向社会主义一边）的外交方针。党的自身建设上，在党和政府机关工作人员中开展了反贪污、反浪费、反官僚主义的“三反”运动，处决了犯有严重贪污罪行的刘青山、张子善，使全党震动，全国人民振奋。新中国政府工作人员和解放军指战员纪律严明、清正廉洁，同国民党官员的腐败风气和旧军队欺压百姓的行为形成鲜明对照，从而赢得了人民的广泛赞誉。

面对国民党残留下来的反动势力，面对接管大城市之后的一系列难题，面对帝国主义的经济封锁和军事威胁，经过不懈努力，党和国家经受住考验，使局面很快得到控制，经济迅速得到恢复。

新中国成立初期国防外交方面还有一个重大事件，就是进行抗美援朝、保家卫国的战争。抗美援朝是我国被迫进行自卫的正义战争。这场战争最终以美国代表被迫在《朝鲜停战协定》上签字而告结束。抗美援朝战争的胜利雄辩地证明了彭德怀同志的一句话，这就是：“西方侵略者几百年来只要在东方一个海岸上架起几尊大炮就可霸占一个国家的时代一去不复返了。”抗美援朝战争打出了中国国威，从此，国际社会对新中国刮目相看。正是通过打赢朝鲜战争，国内经济建设和社会改革赢得了一个相对稳定的和平环境。

对于新中国来说，走向社会主义是必然选择。1953 年 6 月，党中央正式制定过渡时期总路线。毛泽东同志提出：“党的任务是在十年到十五年或者更多一些时间内，基本完成国家工业化和对农业、手工业和资本主义工商业的社会主义改造。”这个“一化三改造”，意味着从原来设想的先建设后改造，转变为建设与改造同时并举。

对资本主义工商业的改造，党和政府创造了委托加工、计划订货、统购包销、委托经销代销、公私合营、全行业公私合营等一系列由低级到高级的国家资本主义形式，并成功实现了马克思和列宁曾经设想过的对资产阶级的和平赎买。

社会主义改造于 1956 年基本完成。在这场涉及几亿人的翻天覆地的社会变革中，社会生产力不仅没有出现倒退或停滞，而且经济还得到持续高速增长。1956 年的工农业总产值比 1955 年增加 16.5%，很快显示出社会主义基本制度在中国确立对推动生产力发展的巨大作用。

在成功实现这场中国历史上最深刻最伟大的社会变革进程中，党中央和毛泽东同志解决了由新民主主义向社会主义过渡的许多棘手问题，开创了一条适合中国国情的社会主义改造道路。从此，社会主义制度在中国落地生根。社会主义基本制度的建立，奠定了当代中国一切发展进步的制度基础。

在此基础上，中国共产党又面临着如何探索适合中国国情的建设社会主义道路的考验。早在党的八大召开前，毛泽东同志就提出把马克思列宁主义基本原理同中国实际进行第二次结合的重要思想，要以苏为鉴，探索自己的道路。党在探索建设社会主义道路过程中，形成了一系列重要的实践成果、理论成果和制度成果。以毛泽东同志发表《论十大关系》的重要讲话为契机，掀起了党第一次探索适合中国国情的建设社会主义道路的高潮。探索中取得的重要成果具有长远的指导意义。正因为如此，在改革开放新时期，邓小平同志强调："现在我们还是把毛泽东同志已经提出、但是没有做的事情做起来，把他反对错了的改正过来，把他没有做好的事情做好。今后相当长的时期，还是做这件事。"

这一时期，在中国共产党领导下，全国各族人民万众一心，进行全面的大规模社会主义建设，建立了独立的比较完整的工业体系和国民经济体系，极大地改变了旧中国积贫积弱的面貌。按照不变价格计算，我国国内生产总值 1956 年为 1029 亿元，1976 年增加到 2943.7 亿元，增加将近两倍。

在探索中，中国共产党经历了失误和曲折。尽管探索艰辛坎坷，但取得的积极成果是极其宝贵的，为新的历史时期开创中国特色社会主义提供了宝贵经验、理论准备、物质基础。

进入改革开放和社会主义现代化建设新时期，中国共产党仍然面临一系列风险挑战，经受了诸多考验。比较大的考验有三次。

第一次考验是在改革开放启动前后。“文化大革命”结束后，党和国家面临向何处去的重大历史关头。当时，摆在中国共产党面前的难题，一是既要从“文化大革命”的灾难性后果中走出来，又要正确评价对发动“文化大革命”负有主要责任的毛泽东同志；二是既要以巨大的勇气和智慧探索新的发展道路，又要保证党和国家不改变颜色。这是党面临的新考验。以邓小平同志为核心的党的第二代中央领导集体团结带领人民经受住了这种考验。

第一个问题，就是既要彻底否定“文化大革命”，又要正确评价毛泽东同志和毛泽东思想的问题。粉碎“四人帮”的胜利，从危难中挽救了党和国家，但“文化大革命”遗留下来的政治上、思想上、组织上、经济上的混乱还相当严重。当时，基本上还是在“以阶级斗争为纲”的框架内“抓纲治国”，“两个凡是”还禁锢着人们的思想，拨乱反正每前进一步都十分艰难，平反冤假错案一遇到毛泽东同志批准、过问或者评价过的案子，便不准触动。党和国家在前进道路上出现了两年徘徊的局面。事实表明，不从“左”的束缚中解放出来，不从对毛泽东思想的教条化理解中摆脱出来，中国就没有光明的发展前途。在这样一个重大历史关头，1977 年上半年，尚未复出的邓小平同志置个人安危和进退于不顾，勇敢地向“两个凡是”提出挑战，要求用准确的完整的毛泽东思想来指导全党、全军和全国人民。邓小平同志采取了一个充满智慧的方法，即把毛泽东同志晚年所犯的错误同毛泽东思想区别开来，强调“无产阶级专政下继续革命理论”等错误理论不属于毛泽东思想，强调只有实事求是等才是“准确的完整的毛泽东思想”的内容。邓小平同志恢复工作后，在千头万绪中抓住决定性环节，从看似比较“虚”的端正思想路线入手进行拨乱反正，领导和支持了关于实践是检验真理唯一标准的大讨论，为党的十一届三中全会做了必要的思想准备。1978 年底召开的党的十一届三中全会提出，要历史地、科学地认识毛泽东同志的伟大功绩，完整地、准确地掌握毛泽东思想的科学体系。1981 年党的十一届六中全会作出《关于建国以来党的若干历史问题的决议》，彻底否定“文化大革命”的错误理论和实践，充分肯定毛泽东同志的历史地位和毛泽东思想科学体系，强调毛泽东同志的功绩是第一位的，错误是第二位的。这就从根本上分清了是非，在事关党和国家前途命运的重大问题上统一了全党全国人民的思想，维护了全党全国人民的团结。邓小平同志当年作出这个重大决策，充分表现了一个伟大政治家的胸怀、魄力和远见，随着时间的推移，其深远历史意义越来越凸显出来。

第二个问题，就是探索中国发展新道路的问题。党的十一届三中全会作出把党和国家工作重心转移到经济建设上来、实行改革开放的历史性决策。在这个重大历史转折关头，党内外许多同志都在反思新中国成立以来正反两方面经验，思考如何更好地在中国推进社会主义建设这个重大问题。邓小平同志反复强调要坚持解放思想、实事求是的思想路线，以巨大政治勇气和理论勇气提出进行改革开放，并明确提出必须搞清楚什么是社会主义、怎样建设社会主义这个重大理论和实际问题。正因为尖锐地提出这个问题，才有了邓小平同志对这些重大问题开创性的科学回答，才有了中国特色社会主义道路的成功开创。1981 年党的十一届六中全会作出的《关于建国以来党的若干历史问题的决议》，从 10 个方面对党的十一届三中全会以来逐步确立的适合我国情况的社会主义现代化道路作了初步概括。1982 年，邓小平同志在党的十二大上发出响亮号召："把马克思主义的普遍真理同我国的具体实际结合起来，走自己的道路，建设有中国特色的社会主义。"经过实践探索，中国共产党提出了社会主义初级阶段理论，确立了党在社会主义初级阶段的基本路线。邓小平同志还深刻揭示了社会主义的本质。1992 年党的十四大对邓小平同志建设有中国特色社会主义理论作了系统概括。1997 年党的十五大进一步阐述了邓小平理论的历史地位和指导意义。党的十六大、十七大、十八大都对邓小平同志的重大贡献和中国特色社会主义作出了深刻阐述，强调邓小平同志开创了中国特色社会主义。

从上述可以看出，是邓小平同志正确解决了科学评价毛泽东同志的历史地位和毛泽东思想科学体系、根据新的实际和发展要求确立中国社会主义现代化建设正确道路这样两个相互联系的重大历史课题，为党和国家事业发展确定了正确方向。这个方向，就是中国特色社会主义。正如习近平总书记所指出的："为什么说邓小平同志开创了中国特色社会主义？关键就在于，邓小平同志第一次比较系统地初步回答了在中国这样经济文化比较落后的国家如何建设社会主义、如何巩固和发展社会主义的一系列基本问题，用新的思想观点，继承和发展了马克思主义，开拓了马克思主义新境界，把对社会主义的认识提高到新的科学水平。开创就开创在这里。当然，邓小平理论是马克思列宁主义基本原理同当代中国实际和时代特征相结合的产物，是毛泽东思想的继承和发展，是全党智慧的结晶。”

第二次考验是在 20 世纪 80 年代末 90 年代初。这个时候党和国家面临又一个重大历史关头。国际国内发生严重政治风波，世界社会主义运动出现严重曲折，我国社会主义事业发展面临新的巨大困难和压力。以江泽民同志为核心的党的第三代中央领导集体团结带领人民成功经受住这一考验。

在西方敌对势力加紧推行“和平演变”战略的背景下，从 1989 年开始，我国国内发生政治风波，东欧剧变和苏联解体接踵而至。平息国内政治风波本来是中国的内政，却引起西方国家的指责。美国总统布什、英国首相撒切尔夫人、法国总统密特朗、德国总理科尔，都公开严厉“谴责”中国。西方国家借机纷纷“制裁”中国。美国国会参众两院分别通过关于“制裁”中国的修正案。美国、法国、英国、联邦德国、日本、意大利、加拿大七国首脑和欧共体主席在法国巴黎举行会议，宣称要对中国采取中止高层政治接触及延缓世界银行贷款等“制裁”措施。在政治风波过后的一段时间里，中国同西方国家的官方交往几乎中断。邓小平同志曾说过，一提到这些国家的联合“制裁”，就想起 90 年前八国联军联合侵华的行动。

国际方面形势严峻，国内情况也不容乐观。当时正在对经济进行必要的治理整顿，通货膨胀刚刚抑制住，但经济结构失调等矛盾继续困扰着国民经济的正常运行，经济秩序混乱、经济供需总量失衡的局面没有根本改变。政治风波也暴露出邓小平同志所说的“这个党该抓了，不抓不行了”的问题。在面临巨大困难和压力的情况下，以江泽民同志为核心的党的第三代中央领导集体“受命于危难之际”，作出一系列重大决策，采取了一系列重大举措。主要有：首先，继续坚决贯彻执行党的十一届三中全会以来的路线方针政策，强调四项基本原则是立国之本，必须毫不动摇、始终一贯地加以坚持；改革开放是强国之路，必须坚定不移、一如既往地贯彻执行。20 世纪 90 年代初，党中央作出开发开放浦东和创立上海、深圳证券交易所两项重大决策，向世界宣示继续推进改革开放的坚强决心；继 1985 年和 1988 年出现吸收外商直接投资的两次高潮之后，在 1991 年又出现第三次外商投资高潮。其次，为打破西方国家的对华“制裁”，中国政府既坚持原则、顶住压力，又利用矛盾、多做工作，积极开展睦邻外交，稳定同周边国家的关系，加强同第三世界国家的友好合作，继续改善和发展同西方发达国家的关系。到 1992 年，中国已同 154 个国家建立外交关系，韩国、新加坡等周边重要国家都在这一时期同我国建交。我国还同 200 多个国家和地区发展了贸易、科技、文化交流与合作。这样，不仅打破了西方国家的“制裁”，还使我国赢得了更加有利的国际环境和周边环境。第三，坚持党要管党、从严治党方针，扎实推进党的建设新的伟大工程。从 1989 年 7 月开始，党中央作出《关于近期做几件群众关心的事的决定》，发出《关于加强党的建设的通知》，要求各级党组织聚精会神抓党的建设，下决心解决好当前党的建设中的迫切问题。党的十三届六中全会通过的《关于加强党同人民群众联系的决定》，提出在党内普遍深入地进行马克思主义群众观点和群众路线的再教育，克服党内存在的各种腐败现象。在严峻考验面前，党依靠人民成功捍卫了中国特色社会主义。

在稳住改革发展稳定大局基础上，中国共产党团结带领人民高举邓小平理论伟大旗帜，坚持党的基本理论、基本路线，依据新的实践确立党的基本纲领、基本经验，确立社会主义市场经济体制的改革目标和基本框架，确立社会主义初级阶段的基本经济制度和分配制度，推进党的建设新的伟大工程，创立“三个代表”重要思想，开创全面改革开放新局面，成功把中国特色社会主义推向 21 世纪。党还团结带领人民妥善处置政治领域的重大事件（如“法轮功”事件），战胜 1997 年下半年爆发的亚洲金融危机、1998 年特大洪涝灾害等经济领域和自然界出现的风险挑战，从容应对一系列关系我国主权和安全的国际突发事件（如以美国为首的北约部队轰炸中国驻南联盟大使馆事件、南海撞机事件），经受住一次又一次考验，保证了改革开放和社会主义现代化建设的航船始终沿着正确方向破浪前进。

第三次考验是在 21 世纪。进入新世纪新阶段，以胡锦涛同志为总书记的党中央，紧紧抓住和用好重要战略机遇期，在全面建设小康社会进程中推进实践创新、理论创新、制度创新，强调坚持以人为本、全面协调可持续发展，提出构建社会主义和谐社会、加快生态文明建设，形成中国特色社会主义事业总体布局，着力保障和改善民生，促进社会公平正义，推动建设和谐世界，推进党的执政能力建设和先进性建设，形成了科学发展观，成功在新的形势下坚持和发展了中国特色社会主义。在这一历史进程中，中国共产党团结带领全国各族人民办成了一系列大事，办好了一系列喜事，办妥了一系列难事。其中，成功应对国际金融危机，更是一次严峻考验。

2007 年开始的美国次贷危机，到 2008 年演化成一场全球性的金融危机。这一危机迅速从局部地区发展到全球，从发达国家传导到新兴市场国家和发展中国家，从金融领域扩散到实体经济领域，酿成了一场百年罕见、冲击力极强、波及范围很广的国际金融危机。这场被认为严重程度可以与 1929 年至 1933 年国际经济危机（那场经济危机是导致第二次世界大战爆发的重要原因）相比的国际金融危机，给世界经济带来严重灾难，同时也给中国带来了前所未有的困难和挑战。以胡锦涛同志为总书记的党中央团结带领人民正确应对危机，成功经受住了考验。

第一，正确认识国际金融危机对我国的冲击。经过 30 年改革开放，到 2008 年，中国已是一个高外向度的国家，前所未有地参与到全球化大生产和分工之中，其中进出口依存度高达 59.8%，远远高于美、日、欧等国家和地区。正因为如此，国际金融危机可以说是我国改革开放后经历的最严重的外部冲击。从 2008 年底到 2009 年上半年，我国出口大幅下滑，国际贸易额下降 26%。经济增速放缓，2008 年第四季度国民经济增速由第三季度增长 9.0% 下滑到 6.8%，2009 年第一季度进一步下滑到 6.2%。不少企业停业，大批农民工返乡，就业压力迅速加大，一些长期未化解的矛盾更加突出。面对国际金融危机的严重冲击，党中央作出了三个方面的重要判断：一是国际金融危机冲击使 2009 年成为新世纪以来我国经济社会发展最为困难的一年；二是国际金融危机没有根本改变世界经济中长期发展趋势；三是必须把保持我国经济当前平稳较快发展和为长远发展营造良好条件有机结合起来。实践证明，这些判断是中国共产党制定正确应对措施的前提，为应对国际金融危机奠定了重要认识基础。

第二，及时出台一系列应对措施，扭转经济增长速度下滑局面。面对国际金融危机冲击，从 2008 年 6 月开始，党中央、国务院全面分析、准确判断、果断决策、从容应对，把宏观调控的着力点转到防止经济增速过快下滑上来，实施积极的财政政策和适度宽松的货币政策，很快形成有效应对国际金融危机冲击的一揽子计划。全党全国各族人民坚定信心、迎难而上、共克时艰，全力做好保增长、保民生、保稳定各项工作，取得重大成就。有效应对国际金融危机冲击，避免了经济衰退，在全球率先实现经济回升向好，显著提升了我国在世界经济中的地位。按国际货币基金组织的数据计算，2008—2011 年，美国、德国、法国的国内生产总值 4 年累计仅分别增长 0.82%、2.1% 和 0.21%；日本、英国、意大利 4 年累计则分别下降 3.1%、2.8% 和 4.5%。而 2008—2011 年，我国国内生产总值累计增长 44.4%，年均增长 9.6%。

第三，兼顾当前和长远，把危机转化为长远发展的契机。在全面实施应对国际金融危机冲击的一揽子计划时，大范围实施重点产业调整振兴规划，大力推进自主创新和加强科技支撑，大幅度提高社会保障水平，着力保障和改善民生。坚持扩大内需战略方针，采取鼓励消费的一系列政策措施，增加城乡居民特别是低收入群众收入。在此基础上，针对国际金融危机暴露的弊端，面对世界各国抓紧调整经济结构的大背景，在制定和实施“十二五”规划时，立足当前、着眼长远，坚持以科学发展为主题，以加快转变经济发展方式为主线，把经济增长建立在主要依靠扩大内需、结构优化和科技创新的基础上，力争在激烈的国际竞争中把握主动权。

党的十八大以来，中国特色社会主义进入新时代。以习近平同志为核心的党中央，以伟大的历史主动精神、巨大的政治勇气、强烈的责任担当，统筹把握中华民族伟大复兴战略全局和世界百年未有之大变局，统筹国内国际两个大局，贯彻党的基本理论、基本路线、基本方略，统揽伟大斗争、伟大工程、伟大事业、伟大梦想，坚持稳中求进工作总基调，出台一系列重大方针政策，推出一系列重大举措，推进一系列重大工作，战胜一系列重大风险挑战，解决了许多长期想解决而没有解决的难题，办成了许多过去想办而没有办成的大事，推动党和国家事业取得历史性成就、发生历史性变革。在习近平新时代中国特色社会主义思想科学指引下，中国共产党团结带领全国各族人民披荆斩棘、攻坚克难，勇于进行具有许多新的历史特点的伟大斗争，成功应对前进道路上的各种风险挑战。以习近平同志为核心的党中央，科学把握国际国内形势发生的深刻复杂变化，坚持底线思维，增强忧患意识，统筹发展和安全两件大事，把防范化解重大风险摆在更加突出位置，有效化解了经济、科技、社会、网络、外交等领域的风险挑战，在中美经贸摩擦、钓鱼岛主权争议、中印边境冲突、南海主权和权益维护以及涉港、涉台、涉疆、涉藏、人权等一系列重大问题上敢于斗争、善于斗争，有力维护了我国主权、安全、发展利益，赢得了战略主动。在极不平凡的2020年，新冠肺炎疫情突如其来，洪涝灾害多地发生，经济发展备受冲击，外部环境风急浪高，来自政治、经济、文化、军事、社会、国际、自然等领域的挑战纷至沓来。在泰山压顶的危难时刻，以习近平同志为核心的党中央高瞻远瞩、审时度势，准确研判、精心部署，果断采取行动，带领全党全军全国各族人民众志成城、迎难而上，进行了一场场惊心动魄的艰巨斗争，经受了一次次惊涛骇浪的严峻考验，在这极不寻常的年份创造了极不寻常的辉煌，交出了一份人民满意、世界瞩目、彪炳史册的答卷。

事实雄辩地证明，中国共产党团结带领人民经受住了战争年代、执政、改革开放和市场经济环境下的一系列重大考验，驾驭了政治、经济、文化、外交和自然界的一系列风险挑战。100年来，中国共产党领导人民所取得的伟大成就是举世瞩目的，所遇到的艰难险阻是世界上任何政党所不能比拟的。在各种困难和风险面前，党和人民饱受磨难而自强不息，历经曲折而愈挫愈勇，倍尝艰辛而愈加成熟。每每遇到困难和风险，都能遇变不惊、知难而进，勇敢正视、正确应对，攻坚克难、化险为夷，充分反映了中国共产党能够不为一切困难所吓倒、不为一切风险所征服，而终能不断地开创出一个又一个胜利局面的历史逻辑。

二、当前我国发展面临着前所未有的风险挑战

习近平总书记指出：当前，我国发展面临着前所未有的风险挑战，既有国内的也有国际的，既有政治、经济、文化、社会等领域的也有来自自然界的，既有传统的也有非传统的，“黑天鹅”“灰犀牛”还会不期而至。

从世情看，世界多极化、经济全球化仍是时代的主要特征。一方面，和平与发展的时代主题没有变，世界多极化、经济全球化、文化多样化、社会信息化深入发展，新的更多的发展机遇摆在我们面前；另一方面，国际金融危机深层次影响在相当长时期依然存在，地缘政治关系复杂变化，日趋激烈的经济竞争、从未消停过的对我国进行西化、分化的图谋也摆在面前。正如习近平总书记指出的，“国际上很多风浪都与一些西方国家策动的‘颜色革命’不无干系”，外部环境不稳定不确定因素增多。

从国情看，21 世纪的第一、第二个十年交替之际，也是中外经济发展“大分流”之时。世界主要经济体增长明显放缓甚至面临衰退，中国经济则依然保持相当高的增速并率先回升，成为带动世界经济复苏的重要引擎。经济总量实现历史性跨越。在 21 世纪第二个十年开启之前的 2010 年，中国国内生产总值就超过日本居世界第二位。经济社会发展的态势良好，但也须直面各种问题。一方面，中国物质基础雄厚、人力资源丰富、市场空间广阔、发展潜力巨大，经济长期向好基本面没有改变，“我们比历史上任何时期都更接近中华民族伟大复兴的目标，比历史上任何时期都更有信心、有能力实现这个目标”；另一方面，中国仍处于社会主义初级阶段的基本国情没有变，发展不平衡、不可持续问题仍然突出，国民素质和社会文明程度有待提高，法治建设有待加强，网络舆论环境需进一步重视。中国特色社会主义取得重大成就，也面临着经济转型升级、社会转型发展、改革攻坚克难等新形势新任务。

从党情看，一方面，通过 100 年的锻造锤炼，中国共产党更加坚强有力、更加深得人心，更加证明它是一个始终坚持马克思主义政党理想、性质、宗旨和奋斗目标的党，是一个团结带领人民不懈奋斗，取得革命、建设、改革巨大成就的党，是一个不断推进理论创新、理论武装的党，是一个高度重视党的自身建设、经受得住各种考验、坚强成熟有力的党，始终是领导中国特色社会主义事业的核心力量。另一方面，如何保持生机活力、如何保持先进性纯洁性的问题十分现实，如何确保党的团结统一、步调一致的问题十分紧要。“全面从严治党永远在路上”，党面临的诸多危险和诸多考验说明，“党风廉政建设取得的成效只是初步的、阶段性的”，不可能毕其功于一役。党的自身建设和自我革命任重道远。

要更好应对前进道路上各种可以预见和难以预见的风险挑战，必须从历史中获得启迪，从历史经验中提炼出克敌制胜的法宝。习近平总书记指出：当年，毛泽东同志总结革命斗争经验，把统一战线、武装斗争、党的建设概括为克敌制胜的“三大法宝”，为我们党取得新民主主义革命胜利发挥了重要作用，至今依然发挥着重要作用。我们要抓住建党 100 年这个重要节点，从具有许多新的历史特点的伟大斗争出发，总结运用党在不同历史时期成功应对风险挑战的丰富经验，做好较长时间应对外部环境变化的思想准备和工作准备，不断增强斗争意识、丰富斗争经验、提升斗争本领，不断提高治国理政能力和水平，从最坏处着眼，做最充分的准备，朝好的方向努力，争取最好的结果。

三、提升斗争本领，应对风险挑战

中国共产党如何应对风险挑战，总结为一句话，就是习近平总书记所指出的：“我们必须准备进行具有许多新的历史特点的伟大斗争。”这场斗争之所以称为“伟大斗争”，既是因为这场斗争具有伟大的意义、伟大的内容，同时也是因为这场斗争具有长期性、复杂性、艰巨性。对于中国共产党来说，只有增强进行伟大斗争的自觉性，更加积极主动地投身这场斗争，才能不断夺取伟大斗争新胜利。

斗争不是光喊口号，而是要有实实在在的行动，斗争能不能取胜，最终要靠斗争的本事来说话。而本领不足、本领恐慌、本领落后在党内相当一个范围、相当一个时期都是存在的。对此，习近平总书记曾重提毛泽东 1939 年在延安的讲话：“我们队伍里边有一种恐慌，不是经济恐慌，也不是政治恐慌，而是本领恐慌！”他告诫全党：“全党同志特别是各级领导干部，都要有本领不够的危机感，都要努力增强本领，都要一刻不停地增强本领。只有全党本领不断增强了，‘两个一百年’的奋斗目标才能实现，中华民族伟大复兴的‘中国梦’才能梦想成真。”因此，要抓住干部能力素质提高这个本质问题，围绕“为什么要斗争、如何进行斗争”，有针对性地填补自身能力上的“短板”，在斗争实践中优化能力结构、丰富能力储备，确保中国共产党永葆旺盛生命力和强大战斗力。

如何领导和开展伟大斗争本身是一个现实的重大问题。有没有解决问题的能力是对党员干部素质的最好检验。党员干部特别是领导干部要以开展伟大斗争为出发点，把问题意识转化为问题导向，以解决问题为己任，对照新时代的新要求和人民群众的新需要，抓紧解决长远发展的重大问题、影响改革发展稳定的突出问题、思想作风方面存在的倾向性苗头性问题，努力在解决问题中集聚事业发展的正能量。要善于运用马克思主义立场观点方法，为认识问题、分析问题、解决问题提供科学的思想方法和工作方法，坚持说实话、谋实事、出实招、求实效，把雷厉风行和久久为功有机结合起来，勇于攻坚克难、化解矛盾、驾驭复杂局面，更好把伟大斗争推向前进。

增强斗争本领，应对风险挑战，决不能忽视党的自身建设。中国共产党的百年历史，也是一部不断防范被瓦解、被腐化的危险的历史，是不断保持先进性和纯洁性的历史。对此，习近平总书记深刻指出：堡垒最容易从内部被攻破。从某种意义上说，自从党成立以来，我们党面临的最大风险是内部变质、变色、变味，丧失马克思主义政党的政治本色，背离党的宗旨而失去最广大人民支持和拥护。为此，要通过总结历史经验教训，着眼于解决党的建设的现实问题，不断提高党的领导水平和执政水平、增强拒腐防变和抵御风险能力，确保我们党在世界形势深刻变化的历史进程中始终走在时代前列，在应对国内外各种风险挑战的历史进程中始终成为全国人民的主心骨，在坚持和发展中国特色社会主义的历史进程中始终成为坚强领导核心。

居安而念危，则终不危；操治而虑乱，则终不乱。我们要按照习近平总书记的要求，在党史学习教育过程中系统学习、认真研讨、深入思考，通过总结历史经验教训，着眼于解决党的事业和党的建设中的现实问题，着力提高战略思维、历史思维、辩证思维、创新思维、法治思维、底线思维能力，进一步增强责任感、使命感、紧迫感，提高政治判断力、政治领悟力、政治执行力，在全面建设社会主义现代化新征程中夺取防范化解重大风险挑战的一个又一个胜利，续写中华民族伟大复兴新的辉煌。

2021 年 5 月 21 日

进一步弘扬革命精神，始终保持艰苦奋斗的昂扬精神

吴德刚 *

毛泽东同志指出：“人是要有一点精神的。”邓小平曾说过：“共产党人干事业，一靠真理的力量，二靠人格的力量。”习近平总书记强调：“国无精神不强，人无精神不立”，“我们党作为马克思主义执政党，不但要有强大的真理力量，而且要有强大的人格力量”。

一、深刻领会习近平总书记关于进一步发扬革命精神、保持艰苦奋斗昂扬精神的重大意义

无论是一个国家、一个政党、一个民族，还是一个人，丢了精神，就丢了一切。一个人如果精神颓废、不思进取，失去了追求和动力，必将一事无成。一个民族如果失去了精神，就会失去凝聚力。一个国家如果没有精神的支撑，那将是一盘散沙。一个共产党员如果没有精神和理想信念，就会得软骨病，就会失去先进性，最终失去战斗力。

一个政党的历史高度，取决于其精神世界的高度，其道德品格水准决定党在全社会和人民心中的历史地位。唯有真理和人格的力量和高度才能使党永远站在人民幸福、民族伟大复兴、人类和平进步的珠穆朗玛峰的制

* 吴德刚，第十三届全国政协委员，中共中央党史和文献研究院原副院长、研究员。

高点上。

习近平总书记指出："在一百年的非凡奋斗历程中，一代又一代中国共产党人顽强拼搏、不懈奋斗，涌现了一大批视死如归的革命烈士、一大批顽强奋斗的英雄人物、一大批忘我奉献的先进模范，形成了井冈山精神、长征精神、遵义会议精神、延安精神、西柏坡精神、红岩精神、抗美援朝精神、'两弹一星'精神、特区精神、抗洪精神、抗震救灾精神、抗疫精神等伟大精神，构筑起了中国共产党人的精神谱系。"

在新民主主义革命时期，形成有井冈山精神、苏区精神、长征精神、抗战精神、延安精神、红岩精神、沂蒙精神、西柏坡精神以及以人物为代表的张思德精神，等等。

在社会主义革命和建设时期，形成了抗美援朝精神、大庆精神、红旗渠精神、塞罕坝精神、"两弹一星"精神以及雷锋精神、铁人精神、焦裕禄精神、王杰精神，等等。

改革开放以来，有改革开放精神、抗洪精神、载人航天精神、抗震救灾精神、抗击"非典"精神、劳模精神，等等。

进入新时代，形成了"三牛精神"、抗疫精神、探月精神、脱贫攻坚精神，等等。特别是在火热的实践中形成的抗疫精神和脱贫攻坚精神，都具有强大的生命力和感召力。

历史证明，我们党之所以历经百年而风华正茂、饱经磨难而生生不息，就是凭着那么一股革命加拼命的强大精神。这些宝贵精神财富跨越时空、历久弥新，集中体现了党的坚定信念、根本宗旨、优良作风，凝聚着中国共产党人艰苦奋斗、牺牲奉献、开拓进取的伟大品格，深深融入我们党、国家、民族、人民的血脉之中，为我们立党兴党强党提供了丰厚滋养。

展望未来，实现社会主义现代化目标和中华民族伟大复兴的光明前景，我们任重道远，必须教育引导全党大力发扬红色传统、传承红色基因，赓续共产党人精神血脉，始终保持革命者的大无畏奋斗精神，鼓起迈进新征程、奋进新时代的精气神。

二、深刻认识中国共产党革命精神是党的宝贵财富

（一）党的革命精神是中国共产党人的灵魂和根脉，是党与生俱来的红色基因

党的革命精神是党的理想信念、性质宗旨的外化，是党的思想理论、理想信念、道德追求、工作作风、精神风貌的综合体现，始终决定着党的性质。它既是党在长期艰辛奋斗中的实践产物，同时也是党在长期理论探索中的思想结晶。2016 年 10 月，为纪念红军长征胜利 80 周年拍摄的大型政论片中有这样一个镜头，当采访一位老红军为什么能够走完二万五千里长征时，老红军回答道："跟着真理走。"这句话言简意赅，但非常打动人心，跟着真理走，自然有光明。革命烈士夏明翰的临别诗更是广为流传："砍头不要紧，只要主义真。杀了我一个，自有后来人。"习近平总书记曾经讲过"真理的味道"的故事，讲述了陈望道为翻译《共产党宣言》所付出的艰辛。真理的味道是甜的，凝结着真理的革命精神同样也是甜的。党的革命精神已经锻造形成了一种革命文化、一份红色基因，深深融入中国共产党人的血脉之中，成为中国特色社会主义先进文化的重要来源和重要组成部分，滋养着共产党人和广大人民群众的精神世界，促进着党的理论不断守正创新。

（二）党的革命精神是党的历史的生动写照，是学习党史、新中国史、改革开放史、社会主义发展史的重要内容

党的革命精神是党的历史发展的映射。革命精神不断充实的过程，也就是党的历史不断发展的过程。习近平总书记强调，要深入开展党史、新中国史、改革开放史、社会主义发展史学习教育。党的革命精神就是这"四史"精华的高度凝练和鲜活体现。比如：石库门和红船开启的建党精神，深刻见证了建党初期共产党人的艰辛探索，记忆了开天辟地的建党历史时刻；铁人精神，深深记忆着社会主义建设时期那种热火朝天的场景，"宁可少活 20 年，也要拿下大油田"的豪言壮语言犹在耳；特区精神，记忆着改革开放给中国带来的欣欣向荣的巨大变化；伟大抗疫精神和脱贫攻坚精神，真实记录了新时代中华民族共同经历的难忘岁月和不懈奋斗历程。毋庸置疑，中国共

产党的革命精神已与党的历史融为一体，既是党的历史的重要组成部分，同时也是党的历史名片，通过这一张张的历史名片，我们能够清晰看到党的艰辛奋斗的脉络，能够从“精神的历史”中领会到“历史的精神”。

（三）党的革命精神是党的传家宝，是激励中国共产党人不断前进的强大精神动力

习近平总书记强调，我们党在长期革命斗争实践中形成发展的优良传统和革命精神，是克敌制胜的力量源泉和有效法宝，是我们党立党、兴党、强党的宝贵精神财富和丰厚政治资源。不论是革命战争年代，还是社会主义建设时期、改革开放新时期，乃至于中国特色社会主义新时代，党的革命精神都是加强和改进党的自身建设的有力武器，都激励和鞭策着一代又一代的中国共产党人不忘初心、牢记使命，前赴后继、英勇前进。正是有着这样的革命精神，我们党才能在异常艰险的情况下，经历了新民主主义革命的艰苦卓绝奋斗，度过无数个历史的紧要关头和一次又一次危难时刻。从五四运动到上海工人大罢工，从第一次大革命失败，到第五次反“围剿”斗争的失利，从湘江战役到过雪山草地，从北上抗日战争到南方三年游击战争，从解放战争到抗美援朝，无一不是严峻的挑战，无一不是用汗水、泪水、鲜血乃至生命铸就，最终才取得新民主主义革命的胜利，建立了新中国。也正是有着这样的革命精神，我们党才能在一穷二白的基础上，取得新中国建设的一个又一个辉煌成就，创造了一个又一个的人间奇迹。今天，我们站在新的历史起跑线上，取得的成就前所未有，遇到的挑战也前所未有，这更加呼唤革命精神的发扬光大，更加需要革命精神这个传家宝为党的自身建设增强内动力。

以去年以来开展的抗击新冠肺炎疫情的伟大斗争为例，460 多万个基层党组织冲锋陷阵，400 多万名社区工作者在全国 65 万个城乡社区日夜值守，各类民营企业、民办医院、慈善机构、养老院、福利院等积极出力，广大党员、干部带头拼搏，人民解放军指战员、武警部队官兵、公安民警奋勇当先，广大科研人员奋力攻关，数万名快递员冒疫奔忙，180 万名环卫工人起早贪黑，新闻工作者深入一线，千千万万志愿者默默奉献……这些都是对“生命至上、举国同心、舍生忘死、尊重科学、命运与共”伟大抗疫精神的写照。事实证明，壮观的抗疫场景，如果没有长期传承下来的革命精神做支撑，是很难解释得通的。

再以刚刚完成的脱贫攻坚战为例，有 1800 多名共产党员在工作一线倒下，为了人民幸福付出生命的代价。正如习近平总书记所说“脱贫攻坚伟大斗争，锻造成了‘上下同心、尽锐出战、精准务实、开拓创新、攻坚克难、不负人民’的脱贫攻坚精神。脱贫攻坚精神，是中国共产党性质宗旨、中国人民意志品质、中华民族精神的生动写照，是爱国主义、集体主义、社会主义思想的集中体现，是中国精神、中国价值、中国力量的充分彰显，赓续传承了伟大民族精神和时代精神。”

三、深刻认识革命精神的内在品格，大力弘扬党的革命精神和艰苦奋斗精神具有鲜明的时代意义

在党的革命精神谱系中，虽然不同时期、不同领域的革命精神都有自己的鲜明特色和特定内涵，但各种精神也都蕴含着不变的“内核”和“基因”，蕴含着党的坚定信念、根本宗旨、优良作风，凝聚着中国共产党人艰苦奋斗、牺牲奉献、开拓进取的伟大品格。这些不变的“内核”和“基因”，是党的革命精神的内在品质，是中国共产党人的“基因密码”。学习党的历史，坚守革命精神的内在品格，大力弘扬党的革命精神和艰苦奋斗精神具有鲜明的时代意义。

（一）要坚守崇高的初心使命

中国共产党人的初心和使命就是为人民谋幸福、为民族谋复兴。在不同时期形成的革命精神，都无一例外地把最广大人民的根本利益放在第一位，始终坚持全心全意为人民服务的宗旨。在革命战争年代，毛泽东同志曾为辽西战役时不拿老乡苹果的战士们所感动，认为“无产阶级的革命精神就是由这里头出来的”。从延安时期强调“为人民服务”，到改革开放新时期强调“以人为本”，再到中国特色社会主义新时代，习近平总书记提出“人民群众对美好生活的向往，就是我们的奋斗目标”，我们党的革命精神，无一例外都深刻体现了坚定的人民性，生动见证了党的初心和使命。

（二）要坚守崇高的理想信念

中国共产党从诞生之日起就把马克思主义写在自己的旗帜上，把实现共产主义确立为最高理想。习近平总书记指出，“革命理想高于天”。在我们党90多年的历史中，无数共产党人不惜流血牺牲，靠的就是这种信念，为的就是这个理想。正是因为有了坚定的理想信念，才凝聚起中华民族的磅礴力量，才能取得令世人惊叹的伟大成就。历史已经证明，理想信念是党的革命精神能够经受长期考验而屹立不倒的“顶梁柱”。

（三）要坚守实事求是的思想作风

党的革命精神都是以科学理论为指导，以社会实践为基础，它既仰望星空更关注脚下，体现着正确的世界观和科学的方法论，具有鲜明的科学特质和现实指向。比如，井冈山精神、长征精神、延安精神等都强调“从实际出发”，大庆精神突出“讲求科学”，抗震救灾精神、伟大抗疫精神都要求“尊重科学”。这都充分彰显了党的革命精神所蕴含的马克思主义的科学精神。习近平总书记指出，一切伟大事业都需要在承前启后、继往开来中推进。弘扬党的革命精神，就必须准确把握其实事求是、与时俱进的科学品质。

（四）要坚守敢于斗争的自我革命精神

勇于自我革命是马克思主义政党的本质要求，是我们党最鲜明的品格，也是我们党最大的优势。习近平总书记指出，“我们党为什么能够在现代中国各种政治力量的反复较量中脱颖而出？为什么能够始终走在时代前列、成为中国人民和中华民族的主心骨？根本原因在于我们党始终保持了自我革命精神，保持了承认并改正错误的勇气，一次次拿起手术刀来革除自身的病症，一次次靠自己解决了自身问题。”

中国特色社会主义进入新时代，我们党作为百年大党，如何永葆先进性和纯洁性、永葆青春活力，如何永远得到人民拥护和支持，如何实现长期执政，是我们必须回答好、解决好的一个根本性问题。对这一问题最有力的回答仍然是以强烈的自我革命精神把党的自我革命不断推向深入。越是长期执政，越不能丢掉马克思主义政党的本色，越不能忘记党的初心使命，越不能丧失自我革命精神，对于可能动摇党的根基、阻碍党的事业的问题，必须以彻底的自我革命精神加以解决。

（五）要坚守艰苦奋斗的精神

艰苦奋斗，体现了自强不息、坚韧不拔的精神品格，是中华民族的优良传统，是中国共产党革命精神的基本特征。

毛泽东同志在新中国成立前夕就告诫全党：“中国的革命是伟大的，但革命以后的路程更长，工作更伟大、更艰苦。这一点现在就必须向党内讲明白，务必使同志们继续地保持谦虚、谨慎、不骄、不躁的作风，务必使同志们继续地保持艰苦奋斗的作风。”

习近平总书记深刻指出，“成由勤俭败由奢”。艰苦奋斗是中华民族的伟大精神财富，是我们党的光荣传统。不同时期，艰苦奋斗有不同的表现形式和要求，居安思危、永不止步，励精图治、知难而进，勤俭节约、清正廉洁，等等，是一直不变的内容。“一切伟大成就都是接续奋斗的结果，一切伟大事业都需要在继往开来中推进。”“世界上没有哪个党像我们这样，遭遇过如此多的艰难险阻，经历过如此多的生死考验，付出过如此多的惨烈牺牲。一百年来，在应对各种困难挑战中，我们党锤炼了不畏强敌、不惧风险、敢于斗争、勇于胜利的风骨和品质。这是我们党最鲜明的特质和特点。”

回顾历史，我们党的百年伟业就是在艰苦奋斗中干出来的；展望未来，实现“两个一百年”奋斗目标、实现中华民族伟大复兴的中国梦，同样要以永不懈怠的精神状态继续艰苦奋斗。要继续在全社会倡导和树立艰苦奋斗的精神，倡导廉政为民、艰苦创业的作风，增进党员干部群众的事业心、进取心和责任感。

2021 年 6 月 4 日

进一步增强党的团结和集中统一，确保全党步调一致向前进

张占斌*

习近平总书记强调，旗帜鲜明讲政治、保证党的团结和集中统一是党的生命，也是我们党能成为百年大党、创造世纪伟业的关键所在。党的历史经验充分表明，维护党中央权威和集中统一领导，确保全党步调一致，是经典作家关于马克思主义执政党建设的重大原则，是我国革命、建设、改革的重要经验，是新时代新使命新征程克服各种复杂风险挑战的重要保障，是从党史学习教育中汲取智慧和力量的重要切入点。凡是党中央权威和集中统一领导坚持得好，党的事业就兴旺发达；反之，党的事业就遭受挫折。因此，各地区各部门各单位要坚决维护习近平总书记党中央的核心、全党的核心地位，坚决维护党中央权威和集中统一领导，教育引导党员干部从党史中汲取正反两方面历史经验，不断提高政治判断力、政治领悟力、政治执行力，自觉在思想上政治上行动上同以习近平同志为核心的党中央保持高度一致。

* 张占斌，第十三届全国政协委员，中央党校（国家行政学院）马克思主义学院院长、教授。

一、维护党中央权威和集中统一领导，确保全党步调一致，是经典作家关于马克思主义执政党建设的重大原则

维护中央权威和集中统一是经典作家在总结革命斗争和执政党建设实践经验后得出的科学结论。恩格斯认为，任何社会组织的存在和公共事务的管理都需要一定的权威。在原始社会中就已经存在自治和权威。恩格斯的《论权威》是马克思主义权威理论的经典之作，对于马克思主义政党建设有着十分重大的意义。恩格斯认为，权威是一种客观的社会现象和社会关系，由联合性活动代替分散性活动的趋势是普遍规律，联合性活动的组织就不能没有权威；革命是天下最权威的东西，取得胜利的政党要想捍卫自己的成果，就必须通过权威以武力来维护统治。领袖权威作为权威的一种重要形式，对于任何一个政党和国家都起着至关重要的作用，也是马克思主义政党始终牢牢坚持的重要原则。恩格斯还重视权威的作用。他指出："没有权威，就不可能有任何的一致行动……没有这种统一的和指导性的意志，要进行任何合作都是不可能的。""巴黎公社遭到灭亡，就是由于缺乏集中和权威。"法国巴黎公社失败后，马克思撰写《法兰西内战》，总结了巴黎公社的经验教训，对革命胜利后仍需要权威做了众多阐述。马克思、恩格斯还深刻阐述了权威和自治的辩证关系，强调权威的行使要以自治为基础并通过自治来实现，无产阶级专政是权威和自治的统一。恩格斯的党建思想强调理论与实践的统一，特别是强调思想和行动的统一，强调严格的纪律和严肃地执行。恩格斯指出：无产阶级"胜利的首要条件是严格遵守法律"，"这种纪律是一个有成效的和坚强的组织的首要条件，是资产阶级最害怕的"。有纪律和制度来规范和约束，党员就可以养成雷厉风行的战斗风格。

列宁在创建俄国新型政党和加强执政党建设方面对维护党中央权威，保证党的团结统一作了重要论述。他特别强调，工人阶级"无条件服从统一的意志是绝对必要的"，任何派别活动"都是不允许的"。在建党初期，列宁从俄国党内组织涣散的现状出发，认为必须树立政党权威，建立一个"集中制的党"。而建党的首要任务就是要彻底批判俄国的经济派，在思想上同其

划清界限。对此，列宁写作《怎么办》并指出，经济派的革命组织方式是一种落后的“手工业方式”，要进行真正的“阶级斗争”就必须要建立“一个能使政治斗争具有力量、具有稳定性和继承性的革命家组织”，这种革命家组织要专业化，但“必须以集中化为前提，并且绝对需要有集中化”，这里明确论述了建立集中统一的权威政党的重要性。在《进一步，退两步》一书中，列宁指出，党应该具有严密的组织、统一的意志和行动，只有按照集中制原则建立起来的党才是一个“真正钢铁般的组织”。无产阶级之所以不可战胜就是“因为它根据马克思主义原则形成的思想一致是用组织的物质统一来巩固的”。他先后提出“继续更全面和更严格地贯彻集中制”，“无产阶级实现无条件的集中和极严格的纪律，是战胜资产阶级的基本条件之一”，始终按照集中制的组织原则来强化政党权威，通过强化政党权威来不断增强政党的战斗力和凝聚力。列宁还强调维护领袖权威，指出无产阶级要进行革命和建设必须要尊重和维护领袖权威。领袖是由最有威信和最有经验的人所组成的领导集团，无产阶级要获得彻底解放必须服从领袖权威。领袖是革命阶级的“权威”，如果无产阶级没有“一批领袖”的领导，就犹如群龙无首，是不可能完成自己的历史使命的。针对党内出现的派别活动，列宁认为，在党和国家面临严重危机的情况下，进行无休止的争论“是一种过分的奢侈行为”。俄共（布）在发扬党内民主的同时也要坚决维护党中央权威，“取缔一切派别活动以求得最大程度的统一”。

二、加强党的团结和集中统一，确保全党步调一致，是我国革命、建设、改革的重要经验

习近平总书记深刻指出：思想上的统一、政治上的团结、行动上的一致是党的事业不断发展壮大的根本所在。我们党创立之初就致力于建设组织严密的无产阶级政党，坚持党中央集中统一领导是党与生俱来的政治基因。1921 年党的一大纲领规定“本党采用苏维埃的形式”。1922 年党的第一部党章明确全国代表大会及中央执行委员会为本党最高机关，规定“全国代表大会及中央执行委员会之决议，本党党员皆须绝对服从之”。1925 年党的四

大建立总书记制。1927 年大革命失败后，党的五大、六大及中央政治局会议研究革命领导权问题，明确民主集中制为党的组织原则，健全党的中央机关，强化党的集体领导。党早期的这些制度和规定，对在当时极其严酷的环境下维护党的团结统一发挥了积极作用。党的历史经验充分表明，凡是党中央权威和集中统一领导坚持得好，党的事业就兴旺发达；反之，党的事业就遭受挫折。

新中国成立后，我们党加强在全国执政后的自身建设，成为一个坚强团结的党，一个为党所确定的正确目标而一致行动、努力奋斗的党，为新中国成立初期我们各项工作顺利推进提供了最重要的保证。建国之初即全面推行党组制度，理顺国家工作中的领导关系，实现党对国家工作的集中统一领导。1951 年整党运动强调“党员的斗争和工作必须在党的统一领导下进行”。1954 年党的七届四中全会通过《关于增强党的团结的决议》，明确规定“党的团结的唯一中心是党的中央”。1956 年党的八大突出强调加强执政党建设，指出必须努力在国家生活的各个方面发挥党的正确的领导作用和核心作用，用党章形式把党的集体领导制度确定下来，明确“维护党的团结、巩固党的统一”为党员一项新的义务。这一时期，党的团结统一得以巩固。但由于缺乏经验，集体领导等制度没有始终很好地贯彻执行，也经历了曲折和损失。

进入历史新时期，我们党胜利召开十一届三中全会，作出实行改革开放的历史性决策，这一新的伟大革命孕育了我们党从理论到实践的伟大创造，推动了中国特色社会主义事业的伟大飞跃。党的十一届三中全会形成以邓小平同志为核心的第二代中央领导集体，党中央集中统一领导得到进一步加强和改善。1980 年党的十一届五中全会通过《关于党内政治生活的若干准则》，强调坚持集体领导，维护党的集中统一。1982 年党的十二大修订党章，更加全面、具体、深刻地规定了民主集中制六条基本原则。在推进改革开放特别是应对国内政治风波过程中，邓小平同志多次强调维护党的领导核心的极端重要性，指出“任何一个领导集体都要有一个核心，没有核心的领导是靠不住的”。党的十三届四中全会之后，在以江泽民同志为核心的第三代中央领导集体和以胡锦涛同志为总书记的党中央领导下，我们党高举中国特色社会主义伟大旗帜，不断推进党的建设新的伟大工程，制定的一系列党内法规制度都强调维护党中央权威，保证了政令畅通。这一实践也充分证明，只要全党团结成“一块坚硬的钢铁”，就能够把全国各族人民团结起来，形成万众一心、无坚不摧的磅礴力量，战胜一切强大敌人、一切艰难险阻。

三、新时代新使命新征程，面临复杂严峻的风险考验，必须保证党的团结和集中统一，确保全党步调一致

党的十八大以来，党和国家事业之所以能够取得历史性成就、发生历史性变革，最根本的就是形成和确立了习近平总书记党中央的核心、全党的核心地位，坚持了党中央权威和集中统一领导。正因为全党上下团结一心、步调一致，我们党领导人民进行伟大社会革命，涵盖领域的广泛性、触及利益格局调整的深刻性、涉及矛盾和问题的尖锐性、突破体制机制障碍的艰巨性、进行伟大斗争形势的复杂性，都是前所未有的。面对新形势新任务，坚定维护党中央权威和集中统一领导必须作为党的领导的最高原则，贯彻到全党的一切工作和活动中，我们党就能团结带领人民进行伟大斗争、建设伟大工程、推进伟大事业、实现伟大梦想，不断战胜前进道路上的艰难险阻，顺利完成党的历史使命。

党的十八大以来，以习近平同志为核心的党中央全面加强党的领导和党的建设，形成习近平新时代中国特色社会主义思想，开辟了马克思主义新境界、中国特色社会主义新境界、治国理政新境界和管党治党新境界，取得全方位、开创性的成就和深层次、根本性的变革，党的创造力、凝聚力、战斗力显著增强。党和国家事业之所以发生历史性变革，最重要的是以习近平同志为核心的党中央的坚强领导，最关键的是有习近平总书记的领航掌舵。随着向党中央看齐、增进全党团结统一达到新高度，维护党中央权威的制度进一步健全完善。中央制定、修订 90 多部党内法规，把坚持党中央集中统一领导贯穿党的领导和党的建设各方面、全过程。制定《关于新形势下党内政治生活的若干准则》，增强全党“四个意识”，旗帜鲜明维护党中央权威，严

明党的政治纪律和政治规矩，清除重大政治隐患，党内政治生活气象更新，政治生态明显好转，党的团结统一更加巩固。进入新时代、迈上新征程，以习近平同志为核心的党中央必将聚合全党和全体中华儿女的磅礴力量，使我们党在世界形势深刻变化的历史进程中始终走在时代前列，在应对国内外各种风险和考验的历史进程中始终成为全国人民的主心骨，在坚持和发展中国特色社会主义的历史进程中始终成为坚强领导核心，引领中华巨轮乘风破浪，夺取新时代中国特色社会主义伟大胜利、实现中华民族伟大复兴的中国梦，创造新的人间奇迹。

过去的一年，在新中国历史上极不平凡，世纪疫情和百年变局交织，严峻挑战和重大困难并存，以习近平同志为核心的党中央团结带领全党全国各族人民披荆斩棘、攻坚克难，取得抗疫斗争重大战略成果，创造了人类同疾病斗争史上又一个英勇壮举；率先控制疫情，率先复工复产，率先实现经济增长由负转正，成为全球唯一实现经济正增长的主要经济体；一鼓作气，决战决胜，如期完成新时代脱贫攻坚目标任务，历史性解决困扰中华民族几千年的绝对贫困问题，创造了人类减贫史上的奇迹……实践再次证明，党中央权威是危难时刻全党全国各族人民迎难而上的根本依靠，重大历史关头、重大考验面前，党中央的判断力、决策力、行动力具有决定性作用。在前进道路上我们面临的风险考验只会越来越复杂，甚至会遇到难以想象的惊涛骇浪。越是接近目标，越是形势复杂，越是任务艰巨，越要发挥党中央集中统一领导的定海神针作用。新时代新任务需要进一步增强党的团结和集中统一，确保全党步调一致向前进。

四、从党史学习教育中汲取智慧和力量，坚决维护党中央权威和集中统一领导，确保全党步调一致向前进

习近平总书记强调，我们这么大一个党、一个国家，没有集中统一，没有党中央坚强领导，没有强有力的中央权威，是不行的、不可想象的。坚决维护党中央权威和集中统一领导，确保全党步调一致不是空洞的口号，是具体的不是抽象的，不能只停留在口头表态上，要落实到行动上，体现在党

员、干部的日常言行上。2021年是建党100周年，是全党从党史学习教育中汲取智慧和力量的重要时机，要通过党史学习教育，广大党员、干部要把讲政治从外部要求转化为内在主动，经常同党中央精神对表对标，切实做到党中央提倡的坚决响应，党中央决定的坚决执行，党中央禁止的坚决不做，坚决维护党中央权威和集中统一领导，不断提高政治判断力、政治领悟力、政治执行力，自觉在思想上政治上行动上同党中央保持高度一致，确保全党上下拧成一股绳，心往一处想、劲往一处使。

（一）要学史明理，从党史学习教育中深刻理解维护党中央权威和集中统一领导的道理

我们党的历史，就是一部不断推进马克思主义中国化的历史，就是一部不断推进理论创新、进行理论创造的历史，也是维护党的权威和集中统一、保持步调一致的奋斗历史。而坚持用马克思主义理论武装全党，巩固全党全国人民团结奋斗的共同思想基础，就是维护中央权威的思想保证。一百年来，我们党坚持解放思想和实事求是相统一、培元固本和守正创新相统一，不断开辟马克思主义新境界，产生了毛泽东思想、邓小平理论、“三个代表”重要思想、科学发展观，产生了习近平新时代中国特色社会主义思想，为党和人民事业发展提供了科学理论指导，指导中国革命、建设、改革事业取得一个又一个胜利。习近平总书记指出：“只有全党思想和意志统一了，才能统一全国各族人民思想和意志，才能形成推进改革的强大合力。”

（二）要学史增信，从党史学习教育中深刻理解维护党中央权威和集中统一是道路自信、理论自信、制度自信和文化自信的体现

学习党史要深入了解中华民族从站起来、富起来到强起来的历史逻辑、理论逻辑和实践逻辑，深刻理解中国共产党为什么“能”？马克思主义为什么“行”？中国特色社会主义为什么“好”？进一步坚定“四个自信”。部分党员干部思想蜕变，信念缺失，对马克思主义产生怀疑。有的党员干部“姓马”不“信马”，甚至不信马列信鬼神，在涉及原则性问题的挑衅面前态度暧昧，不敢举旗亮剑，这些党员的行事作为严重弱化了马克思主义的理论权威，动摇了党中央权威的理论根基。对此，习近平强调要加强理论学习，他指出，“领导干部特别是高级干部要把系统掌握马克思主义基本理论作为看家本领，老老实实、原原本本学习马克思列宁主义、毛泽东思想特别是邓小平理论、'三个代表'重要思想、科学发展观"。只有坚定"四个自信"，在思想上确立马克思主义的理论指导地位，才能保证全党在行动上同心同行，在目标上同心同向，才能为维护中央权威筑牢思想基础。

（三）要学史崇德，从党史学习教育中深刻理解维护党中央权威和集中统一是信守政治纪律、修养政德的体现

列宁在创建新型政党和执政党建设实践中始终强调纪律的重要性，要求党员要严守党的纪律，执行党的决议，反对派别活动。新时期要维护中央权威同样要坚决遵守政治纪律和政治规矩。习近平指出："我们党是靠革命理想和铁的纪律组织起来的马克思主义政党，纪律严明是党的光荣传统和独特优势。党面临的形势越复杂、肩负的任务越艰巨，就越要加强纪律建设，越要维护党的团结统一，确保全党统一意志、统一行动、步调一致前进。"党员干部要遵守党章，严守党纪，时刻绷紧纪律之弦，紧握纪律"戒尺"，坚决反对不讲纪律、不守规矩，坚决反对搞团团伙伙、目无组织的政治现象。只有严明党纪和规矩，才能增强党的凝聚力和战斗力，才能为维护中央权威奠定政治保证。党的百年历史表明，无数的共产党人用他们的人格力量和道德操守，维护了党中央的权威和集中统一，锻造了强大的政治组织，感召亿万人民群众跟党走，万众一心为中国革命、建设、改革而团结奋斗。始终把人民放在心中最高位置、把人民对美好生活的向往作为奋斗目标，把 14 亿中国人民凝聚成推动中华民族伟大复兴的磅礴力量。

（四）要学史力行，从党史学习教育中深刻理解维护党中央权威和集中统一是知行合一、践行党性原则的体现

我们党领导人民干革命、搞建设、搞改革，从来都是为了解决中国的现实问题。我们党一步步走过来，很重要的一条就是不断总结经验、提高本领，不断提高应对风险、迎接挑战、化险为夷的能力水平。维护中央权威和集中统一，就是中国共产党人在总结革命斗争和执政党建设实践经验后得出的科学结论。我们要抓住建党 100 年这个重要节点，从具有许多新的历史特点的伟大斗争出发，总结运用党在不同历史时期成功应对风险挑战的丰富经验，从历史中获得启迪，从历史经验中提炼出克敌制胜的法宝，不断增强斗争意识、丰富斗争经验、提升斗争本领，更好应对前进道路上各种可以预见和难以预见的风险挑战，把党和国家事业不断推向前进。要把学习党史同总结经验、观照现实、推动工作结合起来，同解决实际问题结合起来，开展好“我为群众办实事”的实践活动，把学习成效转化为工作动力和成效，转化为实现“十四五”规划、开启全面建设社会主义现代化国家新征程开好局、起好步的实际行动，以优异成绩庆祝建党 100 周年。

2021 年 6 月 18 日

第二辑　携手风雨同舟

中国共产党领导的统一战线到今天已经走过了近百年的光辉历程，贯穿了党领导人民从站起来、富起来到强起来的全过程。学习中国共产党统一战线史和人民政协史，回顾参加人民政协的各民主党派和无党派人士同中国共产党团结奋斗、风雨同舟的光辉历程，发扬光荣传统，坚守合作初心，在迈进新时代、奋进新征程的今天意义重大。

重温历史　砥砺前行

刘家强 *

“五一口号”的发布

中共中央发布“五一口号”是中国共产党历史上的一件大事。1948 年 4 月 30 日，中共中央发布了纪念“五一”劳动节口号，提出召开没有反动分子参加的新政协会议，迅速得到各民主党派、无党派人士和社会各界普遍而热烈的响应。在毛泽东、周恩来等中共领导人的运筹和部署下，各民主党派负责人、无党派人士接受中共的邀请，冲破重重阻挠，克服种种困难，义无反顾地从香港、上海、北平、天津及海外到达解放区，参与协商建国，并推动了新政治协商会议筹备会的成立和中国人民政治协商会议第一届全体会议的召开，为新中国的建立作出了积极贡献。

习近平总书记指出：“学习党的历史，是坚持和发展中国特色社会主义、把党和国家各项事业继续推向前进的必修课，这门功课不仅必修，而且必须修好。”今天我们共同学习“五一口号”发布这段历史，就是要以习近平新时代中国特色社会主义思想为指导，在重温党史、国史和多党合作历史中汲取砥砺前行的力量，不忘合作初心，继续携手前进，更好地把握今天，更坚

* 刘家强，第十一届全国政协委员，第十二、十三届全国政协常委、副秘书长，民革中央副主席。

定地走向未来。

一、1948 年前后的国内形势

1947 年下半年，国内形势发生了根本性变化。刘邓大军跃进大别山，拉开了人民解放军由战略防御转入战略进攻的序幕；国统区的爱国民主运动日益高涨，反对国民党独裁统治的第二条战线已经形成；解放区的土地改革运动方兴未艾。进入 1948 年后，解放军在各个战场捷报频传。召开新政协、成立民主联合政府的时机日趋成熟。

1947 年 12 月 25—28 日，中共中央在陕北米脂县杨家沟召开扩大会议，史称“十二月会议”。毛泽东在《目前形势和我们的任务》报告中对国内形势作出重要判断：“这是一个历史的转折点。这是蒋介石的二十年反革命统治由发展到消灭的转折点。这是一百多年以来帝国主义在中国的统治由发展到消灭的转折点。”

二、毛泽东对“五一口号”的修改

1948 年 3 月 23 日，毛泽东、周恩来、任弼时率中共中央结束转战陕北的征程，从吴堡川口东渡黄河，前往晋察冀解放区。4 月 13 日，毛泽东到达河北省阜平县城南庄。随着时局的进展，中共中央在“五一”节前着手起草《中共中央纪念“五一”劳动节口号》，毛泽东对“五一口号”作了重要修改。

其中，将第五条“工人阶级是中国人民革命的领导者，解放区的工人阶级是新中国的主人翁，更加积极地行动起来，更早地实现中国革命的最后胜利”修改为“各民主党派、各人民团体、各社会贤达迅速召开政治协商会议，讨论并实现召集人民代表大会，成立民主联合政府”。

三、“五一口号”发布经过

1948 年 4 月 30 日—5 月 6 日，中共中央书记处扩大会议在城南庄召开，史称“城南庄会议”。会议第一天讨论并通过了经毛泽东修改的《中共中央纪念“五一”劳动节口号》，由新华社正式对外发布。5 月 1 日，《晋察冀日报》头版全文刊发“五一口号”。5 月 2 日，《人民日报》等解放区各大报纸也在头版刊发“五一口号”。

据时任晋察冀日报社编委陈春森回忆：“1948 年 4 月 30 日，快到中午的时候，报社接到上级任务，中央要求‘五一口号’一定要保证在 5 月 1 日当天见报。由于这个任务特别重要，社长邓拓也来到编辑部和我一起值班。晚上 10 点刚过，毛主席审定的稿子终于送到了，能看到其中第五条‘各民主党派、各人民团体、各社会贤达迅速召开政治协商会议，讨论并实现召集人民代表大会，成立民主联合政府’这段话是毛主席亲笔写在原稿上的。‘五一口号’被安排在报纸的头版头条发布，文前标的是‘新华社陕北三十日电’。其实，当时新华社已经随中央到达晋察冀解放区，这样做完全是因为战争需要。5 月 1 日凌晨，刊登着中共中央‘五一口号’的《晋察冀日报》在印刷厂开机印刷，待报纸印刷完毕已是东方大亮。我们按照党中央的要求，在当天迅速将刊有‘五一口号’的《晋察冀日报》发放出去。”

四、各界对“五一口号”的响应

“五一口号”发布后，立即在海内外引起热烈反响。各民主党派、无党派民主人士、人民团体、海外华侨等组织和个人纷纷发表宣言、通电、声明、文章，拥护中国共产党的政治主张，希望早日召开新政协，成立民主联合政府。

12 位民主人士联名致电毛泽东。1948 年 5 月 5 日，李济深、何香凝、沈钧儒、章伯钧、马叙伦、王绍鏊、陈其尤、彭泽民、李章达、蔡廷锴、谭平山、郭沫若等 12 位民主人士联名致电毛泽东和全国同胞，响应中共

“五一口号”。

各民主党派纷纷响应。“五一口号”发布后，台盟、民建、民进、致公党、民盟、农工民主党、民革、九三学社及民联、民促、救国会等民主党派以及海内外各界、各阶层人士纷纷举行会议，发表声明、通电、宣言，支持和响应中共“五一口号”。

海外华侨积极响应。1948 年 5 月 4 日，陈嘉庚在新加坡主持召开侨团大会，支持中国共产党的政治主张，并代表 120 个华侨团体致电毛泽东，响应“五一口号”。随后马来西亚、印尼、菲律宾、加拿大、古巴等海外侨团纷纷电函响应。

五、香港的“新政协运动”

中共“五一口号”得到在香港的各民主党派、无党派民主人士的热烈拥护。在中国共产党的推动和领导下，迅速掀起了一场以香港为中心，主要由各民主党派和无党派民主人士参加，以筹备新政协会议为核心内容，以推翻国民党统治、建立新中国为目的的“新政协运动”。

（一）民主力量在香港重新集结

全面内战爆发后，国民党当局进一步打压进步民主力量，各民主党派和无党派民主人士不得不转入地下，或转移到政治环境相对宽松的香港，继续从事民主活动。到 1947 年底，除民主建国会和九三学社总部仍留在内地坚持斗争外，其他民主党派总部及其主要领导人先后转移到了香港。旅港的各民主党派、无党派民主人士在中国共产党的帮助下，重新组织起来，公开和国民党统治集团彻底决裂，明确表示加入人民民主统一战线，为香港“新政协运动”的兴起打下坚实基础。

1948 年 1 月 1 日，中国国民党革命委员会在香港宣告成立，宣布“脱离蒋介石劫持下的反动中央，集中党内忠于总理忠于革命之同志，为实现革命的三民主义而奋斗”，并愿与全国各民主党派、民主人士携手，建立独立、民主、幸福之新中国。

1948 年 1 月 5—19 日，中国民主同盟在香港召开一届三中全会，宣布不承认蒋介石政府宣布民盟为非法团体，不接受解散民盟的任何决定，制定了“联共反蒋”的政治路线，主张彻底推翻国民党反动政府，建立民主联合政府，标志着民盟转向了新民主主义革命的立场。

（二）中共推动“新政协运动”兴起

“五一口号”发布后，聚集香港的各民主党派、无党派民主人士在中国共产党的领导、推动和组织下，多次召开座谈会，围绕新政协的性质、影响、任务以及召集者、召开时间、召开地点等问题展开热烈讨论，充分发表意见和建议，掀起了一场颇具声势的“新政协运动”。

中共中央及时指示香港分局及香港工委，要正确掌握和领导“新政协运动”，大力推动这场运动沿着健康的轨道发展。据此，香港分局的领导成员利用党在香港的宣传阵地，积极宣传中共中央“五一口号”，阐述党的有关方针、政策。

中共香港分局主办的《群众》周刊，发表了大量具有很强引导力的文章。

为了征求各民主党派对召开新政协的时间、地点、召集人以及北上交通等问题的意见，中共香港分局和香港工委主持召开了多次座谈会。

（三）为新政协建言献策

在“新政协运动”中，各民主党派、人民团体、无党派民主人士对召开新政协表现出空前热情，积极踊跃地提出主张和建议，将运动推向高潮。

北　　上

在中共中央的运筹和部署下，大批民主人士和文化界精英冲破重重阻挠，克服种种困难，义无反顾地从香港、上海、北平、天津及海外秘密奔赴东北、华北解放区。

限于当年秘密护送的保密要求，这中间有很多精彩的历史片段，曲折的历史故事，复杂的历史背景，长期以来鲜为公众所知。全国政协从 2016 年启动“民主人士北上，新政协筹备会及政协第一届全体会议”文史研究项目

（简称“北上”项目），对这段历史进行深入、系统的梳理和研究，填补国史、党史、人民政协史研究中的若干重要空白。

一、民主人士从香港北上解放区

（一）中共中央的决策和部署

“五一口号”发布后，邀请和组织民主人士北上解放区、筹备新政协，成为中共中央的一项重点工作。毛泽东亲自致信邀请李济深、沈钧儒等人北上；周恩来则坐镇指挥，亲拟邀请名单和相关电函，制定接待方案；位于平山县李家庄的中共中央城市工作部于 1948 年 9 月更名为中共中央统一战线工作部；中共香港分局成立五人小组，具体实施接送民主人士北上的任务。

1. 毛泽东致信李济深、沈钧儒

“五一口号”发布前，毛泽东和中共中央便着手部署邀请民主人士到解放区的工作。

1948 年 4 月 25 日，毛泽东在致刘少奇、朱德、周恩来、任弼时的一封电报中提出：“邀请港、沪、平、津等各地中间党派及民众团体的代表人物到解放区，商讨关于召开人民代表大会并成立临时中央政府问题。”27 日，毛泽东致信晋察冀中央局城工部（1948 年 5 月 9 日更名为华北局城工部）部长刘仁：“请你经过妥善办法告诉张符（张东荪、符定一）两先生，我党准备邀请他们两位及许德珩、吴晗、曾昭抡及其他民主人士来解放区开各民主党派各人民团体的代表会议……”

1948 年 5 月 1 日，毛泽东致信在香港的李济深和沈钧儒，就召开新政协、成立民主联合政府提出明确建议，并就新政协的代表组成、会议地点和时间、三党发表联合声明等事项提出具体建议。信中写道：“在目前形势下，召集人民代表大会，成立民主联合政府，加强各民主党派、各人民团体的相互合作，并拟订民主联合政府的施政纲领，业已成为必要，时机亦已成熟……但欲实现这一步骤，必须先邀集各民主党派、各人民团体的代表开一个会议。在这个会议上，讨论并决定上述问题。此项会议似宜定名为政治协商会议。”

2. 中共中央发出邀请

1948 年 5 月 1 日，中共中央向中共上海局、香港分局发出邀请民主人士来解放区的指示，提出一份 29 人名单和需要合作、协商的有关问题。这封电报是中共中央为召开新政协向各民主党派、人民团体和无党派人士发出的第一封“邀请函”。

9 月 20 日，中共中央分别致电中共香港分局和中共华北局，提出邀请在香港和江南地区的李济深等 77 人和在平津地区的张东荪等 24 人前往解放区。后来又反复斟酌邀请名单并增加邀请人数。按照中共中央的指示，中共上海局、香港分局、华北局城工部立即行动，向民主人士发出邀请，并制定周密路线和措施，护送民主人士前往解放区。

3. 周恩来坐镇指挥

中共中央作出邀请民主人士北上解放区的决策后，周恩来亲自坐镇指挥，草拟邀请名单，制定具体路线和措施，甚至亲自安排和确定接待方案。中共香港分局制定的所有北上行动计划都报经周恩来批准实施。

1948 年下半年，周恩来多次为中共中央起草给中共上海局和香港分局的电报，要求尽力邀请在港、沪及南洋的民主人士和文化界人士来解放区，并为他们筹划安全的道路。

因香港与解放区的陆上和空中交通当时都已中断，周恩来起初考虑开辟香港—英国—苏联—哈尔滨的专门线路，潘汉年布置萨空了找香港大学副校长史乐斯，请其向港督葛量洪说明，李济深、沈钧儒等想经伦敦去苏联转赴东北解放区。葛量洪表示，此事要请示英国政府，不可能很快答复。周恩来决定放弃这一设想，改取从香港坐船到大连或营口进入解放区的海上通道。

1948 年 9 月 7 日，周恩来获悉冯玉祥在黑海遇难的消息后，立即致电潘汉年并中共香港分局：民主人士乘轮北上事，望慎重处理。并根据不同情况提出具体措施，以确保民主人士的安全。

中共中央对邀请及护送民主人士来解放区高度重视，要求每次护送均有中共党员陪同，要严守秘密并确保安全。方方接到中央指示后，深感任务既光荣又艰巨，写了这样一句话：“兴奋与担心交并。”为做好民主人士的接送工作，中共香港分局、香港工委专门成立五人接送小组，成员分工为：潘汉年负责全面工作，夏衍、连贯负责与各民主党派负责人联络，许涤新负责筹措经费，饶彰风负责接送的具体工作。

4. 中共中央城工部更名为中共中央统战部

1948 年 4 月，中共中央城市工作部从山西临县王家沟迁至河北平山县李家庄。5 月，李维汉任中央城工部部长。“五一口号”发布后，中央城市工作部面临新的工作形势和工作任务。

1948 年 8 月 24 日，刘少奇在写给毛泽东的报告中说：“在中央汇报时大家意见将城工部改为统战部，以便能管政协、海外及国统区工作，而将解放区城市政策及工人运动归彭真及政策研究室管。此点你的意见如何？请决定！”毛泽东批示：“同意这种改变。”

1948 年 9 月 26 日，中共中央城市工作部更名为中共中央统一战线工作部，李维汉任部长，高文华任副部长，齐燕铭、童小鹏任正、副秘书长。中央统战部自成立之日起，即承担筹备新政协的重任，立即投入邀请、安排和护送民主人士前往解放区的工作。

（二）沈钧儒等抵达哈尔滨

1948 年 8 月下旬，护送第一批民主人士北上的准备工作已经就绪。按照计划，民主人士将乘坐钱之光来港时所乘的苏联“波尔塔瓦号”货轮，经台湾海峡、朝鲜海峡至朝鲜罗津登陆。钱之光将这一方案电告周恩来，8 月 30 日收到周恩来同意的复电。

第一批秘密北上的民主人士最终确定为沈钧儒、谭平山、蔡廷锴、章伯钧，以及蔡廷锴的秘书林一元。中共香港工委书记章汉夫、香港分局李嘉人担任陪同，钱之光派祝华、徐德明随船护送。

第一批民主人士北上，各个环节都经过反复斟酌、周密布置。大件行李事先搬运上船，人员化装并分头行动。1948 年 9 月 12 日傍晚，蔡廷锴和林一元先到中共香港分局统战委员会委员谭天度家；其他几人则在位于天后庙道的统战委员会集中，与潘汉年、连贯等道别后，由统战委员罗培元护送，在铜锣湾与蔡廷锴等会齐，乘小艇划往“波尔塔瓦号”登船。登船前，民主人士都做了乔装打扮：沈钧儒、谭平山扮作老太爷；章伯钧扮成长袍瓜皮帽的老板；蔡廷锴穿褐色薯莨绸，扮作运货员。

“波尔塔瓦号”过台湾海峡时遇到强台风，失去控制，被冲到澎湖列岛一带，几致触礁。全体船员投入抢险，蔡廷锴等乘客也披挂上阵，浑身湿透。经船员和乘客奋力抢拼，才摆脱险境。面对强风巨浪，民主人士显示出超常定力和北上的坚定信念。钱之光回忆：“当时在船上的几位老先生镇定自若，还像平时一样，做着健身体操。”9 月 18 日是中秋节，苏联船主入乡随俗，杀猪加菜。蔡廷锴、林一元自告奋勇，下厨帮工。他们把苏联人准备抛入大海的猪肚猪肠捡起，洗净后烧出两盘地道的粤菜。大家边吃边赞，有人还请他们传授厨艺。

9 月 27 日上午，“波尔塔瓦号”货轮到达朝鲜罗津港，李富春专程前往迎接。民主人士一行略作休息，乘火车从朝鲜入境，当晚驶入吉林图们，留宿车中。9 月 29 日，民主人士一行乘火车抵达哈尔滨，受到高岗、林枫等东北局负责人欢迎，随后下榻马迭尔宾馆。当晚，东北行政委员会设宴为民主人士一行洗尘。

10 月 2 日，沈钧儒、章伯钧从哈尔滨致电毛泽东、朱德、周恩来：“愿竭所能，借效绵薄，今后一切，期待明教。”10 月 3 日，毛泽东、朱德、周恩来复电沈钧儒等：“诸先生平安抵哈，极为欣慰……”

（三）马叙伦、郭沫若等抵达沈阳

马叙伦、郭沫若等第二批北上民主人士原计划 1948 年 10 月中旬从香港起程，在大连登陆。因从大连租用的苏联货轮到港时与一艘英国轮船发生碰撞，不得不另觅挂葡萄牙（一说挪威）国旗的“华中号”货轮，故推迟至 11 月 23 日深夜成行。此批民主人士的出行、途中和登陆，都出现一些麻烦或变故，但他们北上的决心从未动摇，在经历一场一波三折的旅程后，最终成功到达目的地——沈阳。

自 1948 年 8 月 25 日起，郭沫若在《华商报・茶亭》连载《抗日战争回忆录》。为掩人耳目，他在北上前三天赶写了七八篇文章，预先交给报社，以给人没有离开香港的错觉。12 月 5 日文章连载完毕时，郭沫若已平安抵达东北解放区。

周海婴随母亲许广平北上前，特地在香港选购了一架“禄莱”照相机，一路拍摄了大量照片，如今都成为记录民主人士北上进程的珍贵历史资料。

北上人士中不乏诗人，海上长途旅行是吟诗作赋的天赐良机，郭沫若北上期间写了 50 多首诗歌，并与马叙伦、丘哲等一路唱和。这些诗歌抒发了民主人士对新时代的强烈渴望和憧憬。

“华中号”过台湾海峡时，遭遇强台风，在富有经验的船长驾驶下，有惊无险地闯了过去。周海婴后来回忆：“这晚我们所遇到的危险还不止是风浪。那是事后船长告诉我的，他说如果那晚的风力再增强一级，这船必须靠岸躲避，硬顶是绝对顶不住的。而这时我们的船正行驶在台湾岛的边缘，即是说只能靠拢到‘虎口’上去。幸而半夜过后，台风转移，风浪逐渐减弱，船才得以恢复正常航行，否则结局会怎样，谁也难以预测。”

第二批北上民主人士原定在大连登陆，换乘“华中号”后，因大连港处在苏军管辖下，外国货船不准进港卸货，只能继续驶往丹东（时称安东）。“华中号”于 12 月 3 日上午在大东沟附近的大王岛抛锚，民主人士换乘小船上岸。此时中共中央东北局已迁至解放不久的沈阳，有关负责人前往迎接民主人士一行。

与第二批民主人士几乎同时到达东北的，还有胡绳和沙千里。他们原定与第二批民主人士一同北上，行期推迟后，连贯提出胡绳和沙千里乘公开营业的外国客货轮先到韩国仁川，然后搭乘走私机动帆船到大连。

胡绳和沙千里 1948 年 10 月下旬到达仁川，当地商人怕遭海上打劫，不敢再冒险走私货物到东北各地。胡、沙滞留仁川一个多月，才搭乘一艘走私布匹的商船前往大连。这艘船在海上漂泊数日，接近大连的时候，船主用望远镜发现左前方有一艘大船，料是国民党船只，急忙驶往一荒岛躲避一夜，直至次日大船远去才驶往大连。胡绳、沙千里上岸后，方知他们躲避的大船是第二批北上民主人士所乘的“华中号”。沙千里到沈阳与民主人士会合，胡绳则与韩练成、翦伯赞、连贯等经山东前往西柏坡。

（四）李济深等抵达大连

周恩来为李济深等人北上制定了极其细致的接待方案，钱之光回忆：“他事前给在大连的冯铉、刘昂同志拍电报说：这一批民主人士北上，要与苏联驻大连的有关部门交涉，租用他们的轮船，而且这次一定要在大连港靠岸；到达后，要安排在大连最好的旅馆，民主党派领导人要住单间，确保安全；要举行欢迎宴会，并请大连市委协助做好接待工作。就连宴会的席位、座次都有明确指示。还说，北方天气寒冷，要为他们准备好皮大衣、皮帽子、皮靴，等等。”

李济深的北上，由于受到各种因素干扰，迟迟未能成行。宋子文曾亲往香港会晤李济深，提议李出面组织“和平民主大同盟”；白崇禧也派人携亲笔信前往香港拜访李济深，“敦请任公到武汉主持大计”。香港特工更是在李济深寓所对面租了一层楼，名为“保护”，实则监视。这些都增加了李济深秘密离港的难度。

1948 年 12 月 23 日，潘汉年、饶彰风约执行护送李济深上船任务的《华商报》经理杨奇到皇后大道中华百货公司的寰翠阁咖啡厅见面，布置接送方案。饶彰风让杨奇牢记时间、地点和接送程序，潘汉年再三叮嘱杨奇，不能出现任何失误。

1948 年 12 月 26 日晚，李济深在家大宴宾客，中间离席去洗手间，外套还挂在衣架上。随后他悄然离开寓所，上车直奔邓文钊的“红屋”。在此与前来送行的何香凝及同行的朱蕴山等共进晚餐后前往码头，乘“阿尔丹号”货轮起程北上。

李济深登船后，在日记中写道：“望罗便臣道的家，依稀莫辨，不无惆怅。”

李济深北上，意味着国民党内的民主派与蒋介石政权从此分道扬镳、彻底决裂，也是中国共产党团结一切民主力量的重大胜利。

李济深等民主人士在海上航行 12 天，其间或谈古说今，或吟诗作词，内心充满对解放区和新中国的向往。起程后第六天，民主人士在船上迎来 1949 年新年。李济深当天在茅盾的一本手册上写下这样一段“新年献词”：“同舟共济，一心一意，为了一件大事，一件为着参与共同建立一个独立、民主、和平、统一、康乐的新中国的大事……前进，前进。努力，努力。”

朱蕴山以“赴东北解放区舟中杂写”为总题吟诗三首，并写了一段题记：“1948 年 12 月 26 日，我和李济深等 19 人秘密乘船去东北解放区，参加筹备新的人民政治协商会议，讨论成立民主联合政府。历时 12 昼夜，到达大连下岸，时在 1949 年元月 7 日。”

李济深留下了12天海上行程的完整日记，当中多次出现“船行甚慢，每小时三浬，三日二百余浬”“船每小时行二海浬”“船行甚缓，日走不过百浬”的记录，足见第三批北上人士的旅途并不顺畅，时有阻力，但大家依然情绪高涨。

1949年1月7日上午，李济深一行抵达大连港。茅盾后来这样描述当时场景和心情：“大家蜂拥到甲板上贪婪地眺望这片神圣的自由的土地。啊，我们来到了！我们终于胜利地来到了！在码头上欢迎的人群中，我看见了张闻天颀长的身影，他正挥舞着双手在向我们致意！”

东北局负责人李富春、张闻天以及朱学范专程到大连迎接民主人士。李济深一行在大连休整数日，参加一些欢迎活动，随后前往沈阳，与前两批北上的民主人士在沈阳铁路宾馆相聚。

（五）“知北游”穿行山东解放区

北平、天津解放后，更多的民主人士加入“北上”队伍，目的地也从哈尔滨、沈阳改为北平。“知北游”即为其中重要一批。

“知北游”一行共27人，包括柳亚子夫妇、陈叔通、马寅初、叶圣陶夫妇、郑振铎及其女儿、宋云彬、包达三及其女儿、张䌹伯、曹禺夫妇、徐铸成、张志让、刘尊棋、沈体兰、赵超构、郭秀莹、冯光灌、邓裕志、王芸生、傅彬然，胡绳夫人吴全衡作为香港分局派出的随行人员，携两个年幼的孩子同船。

“知北游”与前三批民主人士北上一样，也是秘密出行。民主人士分头集中，化装后夜间登船。陈叔通、柳亚子、马寅初、包达三等年长者扮作商人，郑振铎扮作押货员，叶圣陶扮作管舱员，宋云彬扮作庶务员，张志让扮作会计员……中共香港分局罗理实负责安排协调，并护送民主人士上船。2月27日晚，所有乘客登船入舱。2月28日中午，“华中号”起航。

“华中号”航行五天，一路风平浪静。“华中号”的乘客每天自发举办晚会，各显身手。柳亚子3月2日日记写道：“黄昏开晚会，陈叔老讲古，述民元议和秘史、英帝国主义者代表朱尔典操纵甚烈，闻所未闻也。邓女士唱民歌及昆曲，郑小姐和包小姐唱西洋歌。云彬、圣陶唱昆曲。徐铸成讲豆皮笑话，有趣之至。王芸生讲宋子文，完全洋奴态度，荒唐不成体统。”叶圣陶同一天日记则记："晚会结束时，谋全体唱歌，无他歌可唱，仍唱《义勇军进行曲》。"半年后，这首大家在"华中号"上合唱的歌曲被确定为新中国的代国歌。

"知北游"一路，柳亚子吟诗30多首，尤以一首七绝最能表达他的心声："六十三龄万里程，前途真喜向光明。乘风破浪平生意，席卷南溟下北溟。"

宋云彬在3月1日晚会上猜中叶圣陶的谜语，向叶索诗以代奖品。叶圣陶吟七律一首，题为《应云彬命赋一律兼呈同舟诸公》，随后柳亚子、陈叔通、张志让、宋云彬纷纷作和。从民主人士的日记和诗词唱和中，可以感受到他们的愉悦心情，以及对新中国的憧憬。

3月5日下午，"华中号"在烟台靠岸。"知北游"一行受到胶东军区参谋长贾若瑜和烟台市长徐中夫的热情接待。叶圣陶当天在日记中写道："徐贾二君态度极自然，无官僚风，初入解放区，即觉印象甚佳。"第二天，中共华东局秘书长郭子化、宣传部副部长匡亚明从青州华东局驻地赶到烟台迎接民主人士。"知北游"一行在烟台出席了当地党政军举行的欢迎宴会、欢迎大会，观看了京剧演出，游览了烟台市容。

"知北游"一行3月7日从烟台起程，在山东解放区穿行10天，交替乘坐汽车和火车，行经莱阳、潍坊、青州、济南、德州等地，一路沐浴着解放区的春风。这是此前和此后北上的民主人士所不曾有的经历。

叶圣陶在日记中记下不少对解放区的直观印象，如："余思共党从生活中教育人，实深得教育之精意。""听吴仲超君谈收藏保管文物之情形，头头是道，至为心折。诬共党者往往谓不要旧文化，安知其胜于笃旧文人多多耶。""来解放区后，始见具有伟大力量之人民，为最大规模之教育功课，所有之人皆从其中改变气质，翻过身来，获得新的人生观也。"

柳亚子夫妇曾借宿莱西市三里庄村的军属马俊英家，赋诗七绝两首《赠军属马大姐》表示谢意："人民救主推毛氏，鬻国元凶恨蒋酋。漫道陌头杨柳绿，参军原不问封侯。""不修云鬓不梳妆，英绝眉痕表健康。但愿大军驰捷报，夫君早日返莱阳。"

徐铸成晚年所写的回忆录，也记下了当年初入解放区的感受："连日所见、所闻，意识到我们已由旧世界、旧时代开始走进一新天地、新社会矣。”

3月11日，“知北游”一行在青州闵家庄出席中共华东局、华东军区举行的欢迎民主人士大会。因华东局主要负责人前往西柏坡出席中共七届二中全会，欢迎大会由华东军区政治部主任舒同主持，山东军区司令员许世友致欢迎词。

3月12日下午，民主人士一行由舒同陪同，到青州萧庄参观收容国民党被俘高级军官的解放军官教导团，与在济南战役中被俘的原国民党山东省政府主席、第二绥靖区司令长官王耀武等进行了座谈。叶圣陶当天在日记中写道：“王耀武先发言，自谓始臻光明正路，知忠于一人之非。又谓在此学习，读书讨论，大有兴味。”宋云彬在日记中记下了王耀武撰写的一副对联：“早进来，晚进来，早晚要进来；先出去，后出去，先后都出去。”

3月13日下午，原国民党徐州“剿总”副总司令杜聿明被带到民主人士住地接受质问。叶圣陶日记记：杜“颜色红润，服装整洁，殊不类阶下囚。诸君发问，渠皆言不知其详。亚老、䌹老愤甚，发言叱骂一顿，渠笑而受之。”

3月16日晚，“知北游”一行抵达河北沧州，邓颖超和杨之华专程从石家庄到沧州迎接。3月18日上午，“知北游”一行抵达北平。北平市长叶剑英、中央统战部部长李维汉和先期北上的沈钧儒、郭沫若、马叙伦、胡愈之等几十位民主人士到车站迎接。

（六）黄炎培一行在天津登陆

“五一口号”发布时，黄炎培尚在上海从事民主活动。1949年2月14日，黄炎培在中共地下党帮助下脱离虎口，2月19日抵达香港。3月14日晚，黄炎培和夫人姚维钧及女儿从香港乘挂挪威国旗帜的DAVION号轮船起程，同行者有盛丕华、盛康年父子，俞寰澄夫妇等，华润公司派刘恕随行，香港分局罗理实护送黄炎培等上船。3月23日，黄炎培一行在天津第二码头登陆，受到黄敬市长的接待。3月25日，黄炎培一行抵达北平，董必武、李维汉等前往车站迎接。

黄炎培在《新居八绝句》跋语中说：“上海新居以1948年9月29日迁入，时特工已严密监伺，来客必抄车号，出入潜尾我后，弄门口一号屋，即居特工，形势一天天险恶，乃以友好助力，于 1949 年 2 月 14 日猝然化装走香港，寓一月，转天津，赴北京。初离香港三日，新居每夜犹灯火辉煌，车辆盈门，特工们安之若素，而不知主人早就出走了。”

3 月 20 日清晨，黄炎培在北上轮船上写下《海行——香港天津途中》一诗，抒发激动和兴奋的心情：“看哪，海浪那么汹涌！他在憧憬了，张开着有力的翅膀，从阴沉沉雾罩下，几时迎取一轮新的太阳，红！红！”

（七）250 人同舟北上

1949 年 3 月 21 日，载有 250 多人的“宝通号”货轮驶离香港。乘客中包括民主人士、文艺界人士、出席全国妇代会的代表和香港达德学院 50 多名学生，是历次“北上”中人数最多的。民主人士有周新民、刘王立明、杨玉恒、曾昭抡、李伯球、罗子为、谭惕吾、黄鼎臣、费振东、严济慈、杜惠君、周鲸文等；文化界人士有阳翰笙、史东山、臧克家、张瑞芳、丁聪、特伟、李凌、于伶、黎国荃、黎澍、徐伯昕、薛迪畅、胡耐秋、狄超白等。中共香港工委文委副书记冯乃超带队，邵荃麟派香港三联书店曹健飞、郑树惠随行护送。

“宝通号”航行 7 天，一路热闹非凡。乘客中有不少才艺人士，开讲座，开联欢会，还办了一份油印的《宝通报》。

3 月 25 日，船过山东海面时，诗人臧克家即兴创作并朗诵新作：

十多年来，梦想着回到家乡去，
因为我是一个农民的儿子，
我应该回到农民中去。
现在，我已经回到了自己家乡的海面上，
回到了自己家乡的泥土上了！
我要快乐，
我要欢呼，
我要歌唱！
……

（八）“北上”航程尾声

1949 年 5 月 5 日深夜，挂挪威国旗帜的太古轮船公司“岳州号”货轮驶离香港北上。船上有 100 多位民主人士、文化界人士。包括李达、王亚南、姜椿芳、钟敬文夫妇、黄药眠夫妇、舒绣文、郭沫若夫人于立群及其子女等。香港分局文化工作委员会副书记周而复奉调北平，成为这批北上人士的实际领队。

“岳州号”因需要在韩国仁川起卸货物，经 9 天航行才平安到达天津。尽管旅程漫长，船上环境简陋，但乘客兴致高昂，一路欢声笑语，期盼早日到达解放区。

李达是出席中共“一大”的 13 位代表之一，后一直在大学任教，研究和宣传马克思主义。登船后，周而复请李达住进船上让出来的一间客舱，并时往问候。周而复后来回忆：“他表示到解放区后，希望看到润之同志。我立即对他说，一定把他的愿望报告党中央和毛泽东同志。他脸上露出了微笑。我感到他的愿望藏在心里多年了。”

周而复在晚年所写的回忆录中这样记述这段旅程：“大家纵情欢唱，似乎遏住蓝色天宇的冉冉白云，又仿佛激起海上的波浪，轮船欢快地破浪前进，卷起白雪似的浪花，从船的两侧滚滚而去，到了船尾，合成一条巨大的雪白的浪花，像一条白色的巨龙，向远方奔腾而去。”

除以上成批北上的民主人士外，经中共香港分局个别或零星接送的北上人士还有何香凝、廖梦醒、王绍鏊、章士钊、胡愈之、沈兹九、蒋光鼐、黄绍竑、钱昌照、郭大力、马思聪、萨空了、刘斐、李章达、陈劭先、陈此生、陈其瑗、千家驹、夏康农、林植夫、卢於道、刘思慕、王雨亭、吴羹梅等。

二、民主人士从各地奔赴解放区

民主人士响应“五一口号”奔赴解放区，以从香港乘船北上为主。此外，上海、北平、天津、西安等国统区大城市的部分民主人士在中共地下党安排、护送下，分批经河北泊镇、石家庄到达中共中央统战部所在地平山县李家庄。寓居美国、新加坡等地的民主人士也不远万里，回到祖国。

（一）秘赴华北解放区

平津等地的民主人士在中共地下党安排和护送下，通过秘密交通线，陆续前往中共中央统战部所在地李家庄。为接待民主人士，中央统战部做了大量细致周密的安排。

李家庄是个小山村，位于太行山东麓、滹沱河北岸，接待条件极为有限。中央统战部为了改善民主人士的生活条件，按照当地富裕户标准，盖了大量接待用房。在伙食方面，民主人士全部按小灶标准供应。

为联络和接待来华北解放区的民主人士，中央统战部在石家庄设立了交际处。从北平、天津、上海等地来的民主人士先经沧州泊镇到石家庄，再由交际处转送到西柏坡、李家庄。

除一部分上海民主人士经山东解放区到达李家庄外，平津地区的民主人士多由平津地下党护送到驻泊镇的中共华北局城工部，再转送到李家庄。平津两地民主人士前往泊镇，有三条秘密线路：①从天津乘火车到唐官屯或沧州，出站过卡，进入解放区。②从天津郊区雇大车直达泊镇。③从天津郊区步行至闸口，进入解放区。

（二）沸腾的李家庄

自 1948 年秋天起，李家庄陆续聚集了一批从北平、上海、天津、西安等地经秘密交通线抵达的民主人士。中共中央领导人和中央统战部就新政协的召开与他们进行了充分交流，达成多项共识。在李家庄，民主人士被称为“特客”，意为特殊客人。这个小山村也因民主人士的到来，变得“沸腾”起来。

（三）不远万里的回归

响应中共“五一口号”前往解放区、出席新政协的民主人士中，李德全、陈嘉庚、司徒美堂等长期寓居海外，他们是冲破重重阻挠，克服种种困难，甚至经受失去亲人的痛苦，不远万里回到祖国的。他们的归来堪称壮举，彰显了海外民主人士回归新中国的坚定决心。

1. 李德全抵达哈尔滨

1948 年 7 月 31 日，旅居美国的冯玉祥、李德全夫妇应中共中央邀请起程回国。冯玉祥不幸于9月1日在途中遇难，李德全转道莫斯科，带着冯玉祥的骨灰于1948年11月到达哈尔滨，参加新政协筹备工作。

2. 陈嘉庚抵达北平

1949年1月20日，毛泽东致电陈嘉庚，邀请他莅临解放区参加新政协会议。陈嘉庚接电后立即回复："蒙电邀参加新政治协商会议，敢不如命。"5月5日，陈嘉庚从新加坡起程回国，6月4日到达北平。

3. 司徒美堂抵达北平

1948年10月18日，司徒美堂在香港签署《拥护中国共产党召开新政协的声明》。10月23日，亲书《上毛主席致敬书》。1949年1月20日，毛泽东致电司徒美堂，邀请他回国参加新政协会议。

9月4日，司徒美堂从美国经香港到达北平，并与毛泽东在香山双清别墅见面。

应中共中央邀请，从海外归来作为国外华侨民主人士代表参加中国人民政治协商会议第一届全体会议的还有陈其瑗、戴子良、费振东、蚁美厚、徐四民、黄长水、刘思慕、李铁民、周铮、侯寒江、庄明理、赵令德、林棠、张殊明等人。

（四）壮志未酬中道殂

民主人士奔赴解放区，大多历经艰险，冲破各种障碍，最终走向光明。也有几位民主人士未能到达解放区，他们有的牺牲在前往解放区的途中，有的牺牲在来北平出席政协第一届全体会议的途中，有的即将起程……

1. 冯玉祥黑海遇难

冯玉祥位列中共中央邀请参加新政协的民主人士名单前列。当时他正在美国从事反蒋、反独裁的民主活动。接到中共中央邀请，冯玉祥和夫人李德全携子女于1948年7月31日乘苏联"胜利号"客轮转道苏联返国。9月1日，航程途中因轮船失火，冯玉祥不幸在黑海遇难。这是新政协的一大损失，中共中央深表哀悼。

2. 杨杰香港遇刺

杨杰系民国时期著名军事理论家。抗战胜利后他与谭平山、陈铭枢等人在重庆成立"三民主义同志联合会"，投身反对蒋介石政权独裁统治的民主运动。

1948 年 1 月 1 日，杨杰当选为民革中央执行委员，负责西南地区的组织发展，致力于策动云、贵、川、康地区实力派武装起义。

1949 年 9 月，杨杰转道香港准备前往北平参加新政协，于 9 月 19 日在湾仔轩尼诗道 302 号寓所遭国民党特务暗杀。两天后，中国人民政治协商会议第一届全体会议在北平召开，杨杰成为名单中唯一加黑框的代表。

3. 阿合买提江等五位新疆代表遇难

1948 年 8 月 1 日，阿合买提江·哈斯木在伊宁创建“新疆保卫和平民主同盟”，当选为中央委员会主席。1949 年 8 月，中共中央派邓力群为中共中央联络员，在伊宁建立“力群电台”，与新疆各界保持联络。8 月 18 日，毛泽东通过“力群电台”邀请阿合买提江等人来北平参加新政协会议。

8 月 22 日，阿合买提江·哈斯木、伊斯哈克伯克·穆努诺夫、阿不都克里木·阿巴索夫、达列力汗·苏古尔巴也夫、罗志等 5 位代表从伊宁出发，计划借道苏联阿拉木图前往满洲里。8 月 27 日途经苏联伊尔库茨克外贝加尔湖地区上空，遭遇恶劣气候，飞机撞山，机上 17 人全部不幸遇难。

在中共中央运筹和部署下，从 1948 年 9 月到 1949 年 9 月，中共香港分局先后分 20 余批次秘密运送 1000 多人北上解放区，其中，民主人士 350 余人。

民主党派领导人、无党派民主人士、华侨代表、少数民族和宗教界代表人物，从全国各地及海外陆续到达解放区后，受到了共产党领导人和解放区人民的热烈欢迎和热情接待。中国共产党将大批民主党派领导人、无党派民主人士邀请护送到解放区，显示了中国共产党人海纳百川的政治胸怀。数百位民主党派、爱国民主人士的到来，书写了新政协召开和新中国诞生过程中辉煌的一笔。同时，标志着各民主党派、无党派人士自愿接受中国共产党的领导，坚定地走上了新民主主义道路；标志着中国共产党领导的多党合作和政治协商局面的形成，并为最终确立中国共产党领导的多党合作和政治协商制度奠定了重要基础。

协 商 建 国

民主人士到达解放区后，在中国共产党领导下筹备新政协、共建新中国。这段波澜壮阔的历史也是人民政协历史上浓墨重彩的一笔。

一、筹备新政协

（一）达成召开新政协的协议

民主人士到达解放区之前，由于交通、信息传递不便，中共和民主党派之间只是就一些原则问题达成共识。民主人士到达解放区后，使面对面地讨论协商成为可能。为了同民主人士商谈筹备新政协的各项具体事宜，1948年10月初，毛泽东向周恩来提出："似宜将名单及其他事项拟成一个文件，内容字句须斟酌。"

按照毛泽东的指示，周恩来和中共中央统战部负责人与在李家庄的民主人士商讨后，拟定出《关于召开新的政治协商会议诸问题（草案）》。

1948年10月8日，中共中央将《关于召开新的政治协商会议诸问题（草案）》发中共东北局，指示高岗、李富春等人约集已在哈尔滨的民主人士进行商讨。

根据中共中央指示，中共东北局代表中共中央，就《关于召开新的政治协商会议诸问题（草案）》在马迭尔宾馆与民主人士先后进行三次会谈协商。民主人士提出的意见建议，中共中央均给予明确答复。

1948年10月30日，中共中央电示中共香港分局，将经两次会谈后修改的草案转发香港有关民主人士征求意见。11月20日，方方、潘汉年、连贯致电中共中央，报告与在港各民主党派、无党派民主人士座谈草案的情况及提出的意见。

"五一口号"提出"迅速召开政治协商会议，讨论并实现召集人民代表大会，成立民主联合政府”。第一批北上人士到达哈尔滨后，章伯钧、蔡廷锴提议从新政协中产生民主联合政府，不必经过人民代表大会。

1948 年 11 月 3 日，中共中央致电东北局负责人高岗、李富春，请他们转告在哈尔滨的民主人士：“依据目前形势的发展，临时中央人民政府有很大可能不需要经全国临时人民代表会议，即径由新政协会议产生……”

1948 年 11 月 25 日，高岗、李富春代表中共中央与沈钧儒、谭平山等人达成了《关于召开新的政治协商会议诸问题的协议》。这个协议充分吸收各民主党派领导人和无党派民主人士意见，是多党合作、政治协商的成功实践。

（二）响应毛泽东《关于时局的声明》

1949 年 1 月 14 日，毛泽东针对国民党的“求和”阴谋发表《关于时局的声明》，指出：为了迅速结束战争，实现真正的和平，减少人民的痛苦，中国共产党愿意和南京国民党反动政府及其他任何国民党地方政府和军事集团，在下列条件的基础之上进行和平谈判：（一）惩办战争罪犯；（二）废除伪宪法；（三）废除伪法统；（四）依据民主原则改编一切反动军队；（五）没收官僚资本；（六）改革土地制度；（七）废除卖国条约；（八）召开没有反动分子参加的政治协商会议，成立民主联合政府，接收南京国民党反动政府及其所属各级政府的一切权力。

1949 年 1 月 22 日，到达解放区的各民主党派、各人民团体的代表人物及无党派民主人士 55 人，联名发表《我们对于时局的意见》，一致表示：“愿在中共领导下，献其绵薄，共策进行，以期中国人民民主革命之迅速成功，独立、自由、和平、幸福的新中国之早日实现。”这个政治主张，表明各民主党派、无党派民主人士公开自愿接受中国共产党领导，决心走人民革命道路，拥护建立新中国。

1949 年 2 月 2 日，毛泽东、朱德复电李济深等 55 名民主人士，指出：“诸先生长期为民主事业而努力，现在到达解放区，必能使建设新中国的共同事业获得迅速成功。”

（三）民主人士在东北解放区

1949 年 1 月 22 日，中共中央发出《关于对待民主人士的通知》，指出：

“我党对待民主人士的方针应该是以彻底坦白与诚恳的态度，向他们解释政治的及有关党的政策的一切问题，积极地教育与争取他们。对政策问题，均予以正面解答，不加回避。”

朱学范是最早到达东北解放区的民主人士。1948 年 2 月，朱学范从海外回国到达哈尔滨，他后来回忆：“到达哈尔滨后，由高岗和李富春同志接待我，住在总工会，先是参观访问，看到了解放区的民主政治和艰苦朴素的作风，非常感慨。”

到达东北解放区的民主人士，除参加新政协筹备、出席各种公务活动外，中共东北局还安排他们到城市、农村、厂矿参观访问，深入了解解放区情况。

1949 年 4 月 22 日至 6 月 6 日，中央统战部组织以吴羹梅为团长，有 59 名民主人士参加的民主东北参观团，前往东北解放区 10 个城市参观访问。参观团对解放区的工业、农业、卫生、文化教育等各项建设事业有了更加真切的感受，对党的政策有了进一步认识。

（四）新政协筹备会

1. 民主人士聚首北平

从 1949 年 2 月起，在华北、东北解放区及其他地区的民主人士陆续到达北平。2 月 2 日，中央统战部秘书长齐燕铭及部分工作人员按照中央指令进驻北平打前站，安排民主人士接待工作和新政协筹备会会务工作，同时护送在李家庄的周建人、胡愈之、楚图南、符定一等 15 人前往北平。2 月 25 日，李济深、沈钧儒、马叙伦、郭沫若等 35 位在东北的民主人士在中共中央代表林伯渠、东北行政委员会副主任高崇民陪同下，乘坐“天津解放号”专列由沈阳抵达北平。3 月 25 日，第二批前往北平的民主人士离开李家庄。

2 月 26 日，根据中共中央指示，人民解放军平津前线指挥部、北平市军事管制委员会、中共北平市委、北平市人民政府在中南海怀仁堂为民主人士举行盛大欢迎会。

3 月 25 日，黄炎培等民主人士由天津抵达北平。同日，毛泽东率中共中央机关和人民解放军总部进入北平。

2. 北平和谈

1949 年 3 月 26 日，中共中央通知南京国民政府，以《关于时局的声明》中的八项条件为基础，定于4月1日在北平举行和平谈判。国民党派出以张治中为首，邵力子、黄绍竑、章士钊、李蒸、刘斐为代表的代表团；中共派出以周恩来为首，林伯渠、林彪、叶剑英、李维汉、聂荣臻为代表的代表团，在中南海勤政殿进行谈判。

4月20日，国民党当局拒绝在《国内和平协定》上签字，北平和谈宣告结束。

4月21日，毛泽东主席、朱德总司令向人民解放军发出《向全国进军的命令》，各民主党派、人民团体和民主人士表示拥护。

4月23日南京解放，宣告国民党反动统治的覆灭。以张治中为首的国民党代表团全体人员谈判结束后选择与国民党当局分道扬镳，全部留在了北平。张治中、邵力子、章士钊、黄绍竑、刘斐等随后参加了中国人民政治协商会议第一届全体会议，投身到建立新中国的热潮中。

3. 张澜抵达北平

“五一口号”发布后，民盟香港总部即致电响应。身处上海的民盟中央领导人张澜致电沈钧儒、章伯钧，对他们的行动“极感欣慰”，认为这是“国家当前自救的唯一途径”。

1949年1月27日，张澜等以民盟负责人的名义发表声明，拒绝国民党当局“策进和平运动”的邀请，表示“现在是革命与反革命之争，我们站在革命的一边。”后张澜住进虹桥疗养院，以躲避国民党当局纠缠。上海解放前夕，国民党特务接到暗杀张澜的命令。经周恩来指示，在中共地下党周密策划营救下，张澜、罗隆基等于5月24日夜间离开疗养院，成功脱险，迎来上海的解放。

5月29日，张澜致电毛泽东、朱德、周恩来、董必武，祝贺上海解放。6月1日，毛泽东等联名复电张澜，欢迎张澜、罗隆基到北平。6月24日，张澜、罗隆基、史良一行乘火车抵达北平，朱德、周恩来、董必武、沈钧儒、郭沫若等到车站迎接。周恩来对张澜说：“您为我们担了风险，感谢您！”6月25日，毛泽东亲临北京饭店看望张澜，设家宴招待张澜。

4. 宋庆龄抵达北平

抗战胜利后，宋庆龄一直生活在上海。1949年1月19日，毛泽东、周恩来联名致电宋庆龄，邀请她北上参加新的政治协商会议。2 月 20 日，宋庆龄复函毛泽东、刘少奇、朱德、周恩来表示感谢。6 月 25 日，邓颖超携带毛泽东、周恩来的两封亲笔信到达上海，登门拜会宋庆龄，邀请她前往北平。

8 月 26 日，宋庆龄在邓颖超陪同下离开上海，8 月 28 日下午抵达北平。毛泽东、朱德、周恩来、董必武、林伯渠、李济深、沈钧儒、何香凝、郭沫若、柳亚子等前往车站迎接。当晚，毛泽东设宴招待宋庆龄，毛泽东对宋庆龄说：欢迎你与我们继续合作，共商建国大事，为把中国建设得繁荣富强，屹立于世界东方，使我们的子孙后代都能过上美满幸福的生活而共同努力。

5. 新政协筹备会第一次会议

1949 年 6 月 15 日至 19 日，新政协筹备会第一次会议在北平中南海勤政殿召开。中国共产党和各民主党派、各人民团体、各界民主人士、少数民族、海外华侨等 23 个单位、134 名代表参加。会议通过了《新政协筹备会组织条例》和《关于参加新政治协商会议的单位及其代表名额的规定》，选出了筹备会常务委员会，推选毛泽东为主任，周恩来、李济深、沈钧儒、郭沫若、陈叔通为副主任。

毛泽东在新政协筹备会上致辞："中国人民将会看见，中国的命运一经操在人民自己的手里，中国就将如太阳升起在东方那样，以自己的辉煌的光焰普照大地，迅速地涤荡反动政府留下来的污泥浊水，治好战争的创伤，建立起一个崭新的强盛的名副其实的人民共和国。"

李济深、沈钧儒、郭沫若、陈叔通、陈嘉庚等先后在新政协筹备会第一次全体会议上发言，表示愿在中国共产党领导下从事神圣的建设新中国的伟大工程。

6 月 16 日，李维汉报告预备会情况，周恩来作关于《新政治协商会议筹备会组织条例（草案）》的解释报告和草案第八条关于表决方式的说明，会议正式通过《新政治协商会议筹备会组织条例》。

新政协筹备会常务委员会第一次会议通过《各单位代表参加小组办法》。该办法规定，本届会议设六个小组，在常委会领导下工作。分别负责拟定参加新政协会议的单位及其代表名额；起草新政治协商会议组织条例；起草共同纲领；起草宣言；拟定政府组织大纲；拟定国旗、国徽及国歌等方案。

6 月 19 日，新政协筹备会第一次会议结束，各个小组随即开始新政协会议的各项准备工作。毛泽东在筹备会第一次会议讲话中，用的是“中华人民民主共和国”。在讨论中，张治中说：“‘共和’这个词的本身就包含了‘民主’的意思，何必重复？”清华大学教授张奚若也提出：人民这个概念已经把民主的意思表达出来了，“用中华人民民主共和国”不如用“中华人民共和国”。毛泽东听了觉得有道理，建议大家采纳。

中国共产党主导起草《共同纲领》，广泛吸纳了民主人士提出的政治主张。周恩来感慨地说，《共同纲领》是各党派共同千斟万酌的结果。他强调：“新民主主义的议事精神不在于最后的表决，主要是在于事前的协商和反复的讨论。”“协商这两个字非常好，就包括这个新民主的精神”。

负责拟定国旗、国徽及国歌等方案的第六小组，决定把国旗交给人民设计，公开向全国人民发表征集国旗图案的启事。

许多人在工余时间摊开稿纸，精心设计了一幅又一幅各具特色的国旗设计图寄到北平。应征的国旗方案各具特色：如陈嘉庚设计的国旗是镰刀斧头旗；郭沫若设计的国旗是两个长条，象征中华民族的母亲河长江和黄河；朱德设计的国旗左上角为蓝色长方形，嵌有红五角星，象征晴朗的天空。他们把设计绘制国旗图案作为一件光荣、崇高的事情，以倾注自己对新中国无限热爱的心意。

政协会徽的制定，也是新政协筹备工作之一。在征集到的设计图案中，新政协筹备会选定张仃、周令钊设计的图案。设计者对图案的原说明是：红星表示无产阶级领导；齿轮、嘉禾表示工农联盟为基础；四面红旗表示工人阶级、农民阶级、小资产阶级、民族资产阶级的大联合。在讨论过程中又经过了多次修改，1949 年 7 月新政协筹备会通过了会徽图案，成为人民政协这个具有广泛代表性的统一战线组织的标志。

6. 新政协筹备会第二次会议

1949 年 9 月 17 日，周恩来主持召开新政协筹备会第二次全体会议，代表常委会作关于三个月来的筹备工作的报告，宣布新政协会议的筹备工作已经胜利完成，正式大会即将召开。根据周恩来提议，新政治协商会议定名为中国人民政治协商会议。会议通过将《中国人民政治协商会议组织法（草案）》《中华人民共和国中央人民政府组织法（草案）》《中国人民政治协商会议共同纲领（草案）》提交中国人民政治协商会议第一届全体会议审议等项决议。

中国共产党和各民主党派、各人民团体和无党派民主人士、各区域代表组成的新政协筹备会，经过3个多月的紧张工作，完成了各项预定任务，为中国人民政治协商会议第一届全体会议召开做了充分准备。整个筹备过程，是多党合作、政治协商的过程，是发展壮大人民民主统一战线的过程，是奠定新中国基石的过程。中国共产党与各民主党派、无党派民主人士上演了民主力量大联合的群英会，共同演奏出气势磅礴的交响乐章。

参加新政协的代表名单，筹备会经过三个多月的时间反复沟通，到9月20日尘埃落定。代表来自46个单位，正式代表585人，候补代表77人，总共662人。这份名单，囊括了中共、民主党派、无党派民主人士中的精英。据说接到这份名单时，毛泽东感叹道："这就是一部包罗万象的天书嘛！"

9月7日，周恩来向政协代表所作的报告中指出："经过新政协组织法起草小组的讨论，觉得新政协和旧政协这两个名称的分别不够明确，便改成中国人民政治协商会议。"9月17日，新政协筹备会第二次会议正式决定，新政治协商会议定名为"中国人民政治协商会议"，简称"人民政协"。

二、新中国诞生

（一）中国人民政治协商会议第一届全体会议召开

1949年9月21日下午7时，中国人民政治协商会议第一届全体会议在北平中南海怀仁堂隆重开幕。

中国人民政治协商会议第一届全体会议的会场洋溢着热烈、轻松、欢快、愉悦的气氛，对新生人民政权的憧憬、成为国家主人的自豪感、充分民主协商的情景感染着每一位代表，他们发自内心的真诚笑容定格在历史深处。

在中国人民政治协商会议第一届全体会议上，先后有88位代表发言。

他们充分表达了对新中国前景的美好展望和对中国共产党的充分信任，相信中国共产党一定能够领导全国各族人民建设好新中国。

中共中央主席毛泽东在开幕词中向全世界豪迈地宣告："我们有一个共同的感觉，这就是我们的工作将写在人类历史上，它将表明：占人类总数四分之一的中国人从此站立起来了。""我们的民族将从此列入爱好和平自由的世界各民族的大家庭，以勇敢而勤劳的姿态工作着，创造自己的文明和幸福，同时也促进世界的和平和自由。我们的民族将再也不是一个被人侮辱的民族了，我们已经站起来了。"

1949 年 9 月 29 日下午 4 时 15 分，凝聚了中国共产党人和同盟者的新中国建国理想的《中国人民政治协商会议共同纲领》正式通过。这份具有临时宪法性质的《共同纲领》规定，中华人民共和国的性质是以工人阶级为领导的、工农联盟为基础的、团结各民主阶级和少数民族的人民民主专政国家，并为新中国的政权机关、军事制度、经济政策、文教政策、民族政策和外交政策制定了总原则。会议还通过了《中国人民政治协商会议组织法》《中华人民共和国中央人民政府组织法》，与《共同纲领》一道，成为三个为新中国奠基的历史性文件。

中国人民政治协商会议第一届全体会议讨论通过了中华人民共和国国都、纪年、国歌、国旗四个决议案：中华人民共和国定都北平，即日起改名为北京；中华人民共和国纪年采用公元纪年；国歌未确定前，以《义勇军进行曲》为代国歌；国旗定为五星红旗。

五星红旗最初的设计者，是在上海现代经济通讯社工作的曾联松。他把自己设计的国旗图稿寄给了新政协筹备会。戏剧家田汉在评选时，看到这个图稿并说："依我看，这个设计是不错的。"9 月 25 日晚，毛泽东在国旗、国徽、国歌、纪年、国都协商座谈会上说：这个图案表现我国革命人大团结。代表们听取了毛泽东的意见，经过反复讨论并对原设计图案进行修改后，形成了最终的五星红旗图案。

参加政协第一届全体会议的代表还以提案的方式，对新中国各项建设工作提出意见和建议。郭沫若、李济深、沈钧儒、黄炎培、马叙伦等 44 人联名提出的《请以大会名义急电联合国否认国民党反动政府代表案》，成为人民政协的第一件提案。致公党以党派名义递交的《由中央人民政府研究和实行护侨政策案》，成为人民政协历史上最早的党派提案。

根据大会的选举规定，中国人民政治协商会议全国委员会是用协商规定的整个名单付表决的方法选举的。候选人名单包括 180 人，此外留出 18 名空额，以便将来容纳新解放地区的适当代表人物。

选举结果是全体代表一致通过了候选人名单。中国人民政治协商会议第一届全体会议选举毛泽东为中华人民共和国中央人民政府委员会主席，选举朱德、刘少奇、宋庆龄、李济深、张澜、高岗为副主席，选举陈毅等 56 人为中央人民政府委员。

在当选的 6 位中央人民政府委员会副主席中民主人士有 3 人，占比为 50%；56 位中央人民政府委员中民主人士有 27 人，占比为 48.2%。

民主人士响应“五一口号”，奔赴解放区，在协商建国的历史进程中扮演了重要角色，作出了突出贡献。参加政协第一届全体会议的代表和候补代表共 662 人，其中来自香港、国统区和海外的民主人士占相当比例；当选第一届全国政协副主席的五人中，有四人是从香港北上的民主人士。

中国人民政治协商会议第一届全体会议的召开，标志着 100 多年来中国人民争取民族独立和人民解放运动取得了历史性的伟大胜利，标志着爱国统一战线和全国人民大团结在组织上的完全形成，标志着中国共产党领导的多党合作和政治协商制度的确立。

（二）竖立人民英雄纪念碑

1949 年 9 月 30 日，政协第一届全体会议讨论通过竖立“为国牺牲的人民英雄纪念碑”的决定和纪念碑碑文。30 日下午，胜利完成创建中华人民共和国的筹备工作后，毛泽东宣布大会闭幕。当晚 6 点，全体代表乘车来到天安门广场，举行人民英雄纪念碑奠基典礼。

（三）开国大典

1949 年 10 月 1 日下午 3 时，30 万军民齐集新中国首都北京天安门广场，隆重举行庆祝中华人民共和国和中央人民政府成立典礼。毛泽东向全世界庄严宣告：“中华人民共和国中央人民政府今天成立了！”

在《义勇军进行曲》的雄壮旋律中，新中国第一面鲜艳的五星红旗冉冉升起。28响礼炮，象征中国共产党领导中国人民经历28年艰苦奋斗，取得了新民主主义革命胜利。天安门广场上，万众欢腾，热情洋溢，每个人都从心中发出同一个声音——中国人民站立起来了！

中华人民共和国的成立，从根本上结束了100多年来中华民族遭受帝国主义侵略压迫的历史，使中国改变了半殖民地的性质，成为真正具有独立主权的国家。中华人民共和国的成立，开启了中华民族伟大复兴的历史新纪元。

各位书友，从4月开始，我们一起回顾了70多年前中共中央审时度势发布“五一口号”，民主人士积极响应、奔赴解放区，中国共产党与各民主党派、无党派民主人士协商筹备新政协、共建新中国这一波澜壮阔的画卷。这一伟大历史进程之起伏跌宕、之震撼人心、之给人启迪，让我们今天回首这一幕幕往事时，还能时时感触毛泽东等中共领导人在与民主人士协商建国进程中的胆识和胸襟，中国共产党和各民主党派之间的真诚合作和相互信赖；时时感悟民主人士经年的民主追求，以及因迎来一个新时代而情不自禁的振奋和憧憬。这些历史依然鲜活、生动，依然在启迪后人，激励来者。

“五一口号”发布70多年来的实践证明，建设中国特色社会主义、实现中华民族伟大复兴，必须坚持中国共产党的领导。这是历史的选择、人民的选择。在新民主主义革命时期，中国共产党与各民主党派、无党派人士风雨同舟，携手并肩，建立新中国；在中国特色社会主义的新时代，也只有中国共产党能团结带领全国各族人民，建设一个富强民主文明和谐美丽的社会主义现代化强国，实现中华民族伟大复兴的中国梦。

实践证明，人心向背、力量对比是决定党和人民事业成败的关键，是最大的政治。统一战线，不仅是党的事业不断取得胜利的重要法宝，也是中国共产党不断发展壮大的重要支撑。在全面建设社会主义现代化国家的新征程中，必须坚定不移地巩固和壮大统一战线，把握新时代对统一战线的新要求，坚持一致性和多样性的统一，找到最大公约数，画出最大同心圆，为实现中华民族伟大复兴凝心聚力。

要切实发挥人民政协制度作为最广泛爱国统一战线组织的重要作用，利用同心同向的政治优势、凝心聚力的团结优势、平等协商的民主优势、人才荟萃的智力优势、协调关系的功能优势、联系广泛的界别优势，加强思想政治引领、广泛凝聚共识，努力成为坚持和加强党对各项工作领导的重要阵地、用党的创新理论团结教育引导各族各界代表人士的重要平台、在共同思想政治基础上化解矛盾和凝聚共识的重要渠道。

在隆重庆祝中国共产党成立 100 周年之际，重温这段波澜壮阔的党史、国史和多党合作历史，就是要从中汲取砥砺前行的力量，以史为鉴，牢记使命，不忘合作之初心。我们要学习贯彻习近平新时代中国特色社会主义思想，传承弘扬老一辈民主党派人士的政治信念和高尚情操，不断巩固团结奋斗的共同思想政治基础。要牢牢树立多党合作制度自信，巩固发展新型政党制度的民主优势，引导广大成员切实增进对中国共产党和中国特色社会主义的政治认同。要认真学习中国共产党自我完善、永葆生机的智慧和勇气，充分汲取中国共产党加强自身建设的宝贵经验，加强民主党派思想、组织、制度特别是领导班子建设，建立健全民主集中制、民主生活会制度以及各项议事决策制度，做中国共产党的好参谋、好帮手、好同事，共同把我国社会主义政党制度坚持好、发展好、完善好，展现新时代多党合作的勃勃生机，彰显中国特色社会主义民主政治的特点和优势，体现鲜明的中国特色和中国气派，更好地把握今天，更坚定地走向未来。

2021 年 6 月 21 日

统一战线的百年历程和经验启示

桑福华 *

提起统一战线，大家都知道它是中国共产党的一大法宝。“法宝”这一称号的由来，最早要追溯到1939年，毛泽东同志在欢送一批即将从延安奔赴抗日前线的青年时，说过这样一段脍炙人口的话：“当年姜子牙下昆仑山，元始天尊赠了他杏黄旗、四不像、打神鞭三样法宝。现在你们要出发上前线，我也赠你们三样法宝，这就是统一战线、游击战争和革命中心的团结。”同年，毛泽东同志在《〈共产党人〉发刊词》中正式提出了统一战线、武装斗争和党的建设是三大法宝的著名论断。此后，党的历代领导人都强调统一战线是重要法宝。到底统一战线有着怎样的前世今生？如何赢得“法宝”的美誉？在迈进新时代、奋进新征程的今天带给我们怎样的经验和启示？下面，带着这样一些问题，我为大家简要介绍统一战线的发展史。

中国共产党领导的统一战线是以1922年中共二大为开端的，到今天已经走过了百年的光辉历程，贯穿了党领导人民从站起来、富起来到强起来的全过程，从新民主主义革命到中国特色社会主义新时代，中国共产党先后建立了五个统一战线，即：国民革命联合战线（一般也称作“民主联合战线”）、工农民主统一战线、抗日民族统一战线、人民民主统一战线、爱国统一战线。下面我们分别做介绍。

---

* 桑福华，第十三届全国政协委员，中共中央统战部一局（民主党派局）局长。

第一个统一战线：国民革命联合战线（建党初期和大革命时期）

1921 年 7 月，初创时期的中国共产党还没有深刻认识到中国国情和中国革命的特殊性，只是从苏俄十月革命胜利后的世界总体形势出发，得出中国革命必然是以无产阶级为主体的社会主义革命的结论，还不懂得要战胜强大的反动势力，必须争取一切革命的阶级和党派，组成最广大的同盟军。中共一大纲领明确规定："中国共产党彻底断绝与资产阶级的黄色知识分子及与其类似的其他党派的任何联系。"中国共产党的第一个决议也明确宣布：除了与第三国际联系外，"对现有其他政党，应采取独立的攻击的政策"。在政治斗争中"不同其他党派建立任何关系"。

中国共产党一登上政治舞台就致力于独立地领导中国工人运动，从 1922 年 1 月香港海员罢工到 1923 年 2 月京汉铁路工人罢工，在短短 13 个月里，领导和组织了大小罢工 100 多次，参加人数在 30 万以上，掀起了中国工人运动的第一个高潮。但终因革命力量和反革命力量对比的悬殊，这些罢工都遭到血腥镇压。1920 年七八月间，共产国际第二次代表大会讨论了列宁提出的《关于民族和殖民地问题的提纲》，指出落后国家的无产阶级及其运动还处于萌芽状态。这些国家最重要的特点就是资本主义前的关系还占统治地位，目前还只能进行以反对外国帝国主义和本国封建主义压迫为主要内容的资产阶级民主性质的民族革命运动。因此，无产阶级及其政党应当同资产阶级民主派结成"临时联盟"。在这种联合中，无产阶级政党必须绝对保持自己的独立性。1922 年 1 月，共产国际在莫斯科召开了远东各国共产党及民族革命团体第一次代表大会，列宁抱病接见出席会议的中国代表团，希望国共两党实现合作。

1922 年 7 月，中共二大作出同中国国民党建立民主联合战线的决议。恰在此时，孙中山先生在革命屡遭失败之后，深感国民党正在"堕落中死亡"，下决心要寻找新的力量和新的出路，决定接受苏联政府和中国共产党人的帮助，对国民党进行改组。对于国共两党合作的形式，中国共产党主张实行党外合作，建立民主联合战线，但孙中山只同意共产党员以个人身份加入国民党，不接受党外联合的办法。1923 年 1 月，共产国际执行委员会根据马林的提议作出《关于中国共产党与国民党的关系问题的决议》，认为中国国民党是“中国唯一重大的国民革命集团”，中国共产党在民主革命中同国民党合作是必要的，它的党员应该“留在国民党内”，但中国共产党要保持自己在政治上的独立性。这个决议传到中国后，对促进国共合作起了重要作用。1924 年，中共三大决定同国民党实行“党内合作”，共产党员、社会主义青年团员以个人身份加入国民党，把国民党改造成各革命阶级的联盟。1924 年 1 月，在共产国际和中国共产党的帮助下，中国国民党召开了第一次全国代表大会，重新解释了三民主义，确定了“联俄、联共、扶助农工”三大政策。在出席国民党一大开幕式的 165 名代表中，共产党员有 20 多名；大会选举了国民党中央执行委员会，10 名共产党员当选为中央执行委员或中央候补执行委员，约占委员总数的 1/4。改组后的国民党基本上成为工人阶级、农民阶级、城市小资产阶级、民族资产阶级的革命联盟，以国共合作为基础的反帝反封建的国民革命联合战线正式建立。

国共两党合作后，黄埔建军、东征北伐、创立广东革命根据地，发动了轰轰烈烈的大革命运动，先后取得了五卅运动、省港大罢工、收回汉口九江英租界、上海工人三次武装起义、成立武汉国民政府等中国革命史上的空前胜利。北伐不到半年，就打垮了吴佩孚，歼灭了孙传芳的主力，占领了半个中国，沉重打击了帝国主义和封建军阀的统治。毛泽东同志回顾这段历史时曾说：“孙中山先生致力国民革命凡四十年还未能完成的革命事业，在仅仅两三年之内，获得了巨大的成就”。国民革命联合战线的建立，也使年轻的中国共产党迅速发展壮大，到 1927 年 4 月中共五大时，共产党员由建党初期的 50 多人发展到近 5.8 万人；中国共产党领导的有组织的工人发展到 280 余万人，有组织的农民发展到 970 余万人。作为新生政治力量的中国共产党，迅速进入全国的政治中心。

但是，在第一次国共合作中，中国共产党还不懂得掌握统一战线的领导权，不善于处理与同盟者的关系，更不懂得“以斗争求团结则团结存，以退让求团结则团结亡”的道理。面对国民党右派的猖狂进攻，中国共产党的领导机关犯了以陈独秀为代表的“一切联合、否认斗争”的右倾错误，企图以妥协让步和束缚工农运动等消极措施拉住即将叛变的同盟者，在政治上、军事上、党务上一味迁就退让，结果1927年“四一二”“七一五”等反革命政变发生后，中国共产党完全处于被动地位，国共合作彻底破裂，国民革命联合战线解体。

第二个统一战线：工农民主统一战线（土地革命战争时期）

国民革命联合战线破裂后，以蒋介石为首的国民党新军阀在全国建立了独裁政权，民族资产阶级也退出了革命营垒，统一战线中只剩下工人阶级、农民阶级和动摇的城市小资产阶级。

中国共产党痛定思痛，彻底清算并纠正了陈独秀的右倾投降主义错误，确定了土地革命和武装反击国民党反动统治的方针，把工人、农民和士兵群众作为主要工作对象，组织工农民主统一战线，组建工农红军，建立苏维埃政权。不幸的是，年轻的中国共产党在纠正一种错误倾向的同时，又出现了另一种错误倾向，认为工农两大阶级是革命的唯一动力，城市小资产阶级等“中间势力是最危险的敌人”，要联合这些上层分子开展统一战线没有任何可能。由此，采取了“一切斗争、否认联合”的关门主义策略。毛泽东后来生动地刻画了关门主义的荒谬逻辑：“革命的力量是要纯粹又纯粹，革命的道路是要笔直又笔直。圣经上载了的才是对的。民族资产阶级是全部永世反革命了。对于富农，是一步也退让不得。对于黄色工会，只有同它拼命。如果同蔡廷锴握手的话，那必须在握手的瞬间骂他一句反革命。哪有猫儿不吃油，哪有军阀不是反革命？知识分子只有三天的革命性，招收他们是危险的。因此，结论：关门主义是唯一的法宝，统一战线是机会主义的策略。”

“左”倾关门主义的错误导致革命事业遭受重大损失。1933年，曾在上海对日军进行英勇作战的国民党第十九路军将领陈铭枢、蒋光鼐、蔡廷锴等人发动反蒋的福建事变，中国共产党没有积极与福建人民政府合作，拒绝在军事上予以配合，当蒋介石进攻十九路军时，红军主力却向西调离，结果蒋介石解决福建问题之后，完成了对中央苏区的四面合围，红军陷于孤立无援的境地，第五次反“围剿”失败，革命根据地丧失90%，红军由30万人减至 3 万人，共产党员由 30 万人减至 4 万人，国民党统治区的党组织几乎全部损失，红军被迫进行了震惊世界的二万五千里长征。

这种在统一战线问题上的关门主义错误，用毛泽东同志的话说是“孤家寡人的策略”，是“为渊驱鱼，为丛驱雀’，把‘千千万万’和‘浩浩荡荡’都赶到敌人那一边去，只博得敌人的喝彩”。他一生多次谈到这个时期的教训：“长征二万五千里不是因为有统一战线，而是因为太纯洁。”“瑞金时代是最纯洁、最清一色的了，但那时我们的事特别困难，结果是失败了。所以真理不在乎是不是清一色。”

第三个统一战线：抗日民族统一战线（抗日战争时期）

1931 年九一八事变，日本帝国主义发动侵华战争，中华民族到了最危险的时候。国民党政府坚持“攘外必先安内”的政策，对外不抵抗，对内加紧“剿共”。中国共产党则从全民族利益出发，主张停止内战，一致对外，积极倡导和组织抗日民族统一战线。抗日民族统一战线是工人阶级、农民阶级、城市小资产阶级、民族资产阶级、海外华侨，以及除汉奸、投降派以外的地主阶级和亲英美派的官僚买办资产阶级的广泛联盟，是中国现代史上范围最广泛、构成最复杂的统一战线。

抗日民族统一战线的形成，是中国共产党根据形势和任务的变化在策略上作出重大调整的结果。1935 年 10 月，中央红军长征到达陕北不久，中共中央就向党内发出《为目前反日讨蒋的秘密指示信》，指出目前革命的社会基础大大扩展了，不但小资产阶级，甚至一部分民族资产阶级及一些国民党的军官政客也卷入反日反蒋的革命旋涡中来，中国共产党的抗日反蒋总的策略方针是进行广泛的统一战线。不管什么阶级，不管什么党，只要愿抗日反蒋，都是中国共产党统一战线工作的对象。抗日民族统一战线不仅要有下层统一战线，也要大力开展上层统一战线，要和一切抗日反蒋的团体和个人联合起来。12 月 17 日，中共中央召开著名的瓦窑堡会议，批判了党内长期存在着的“左”倾关门主义，制定了抗日民族统一战线的策略方针，指出中国共产党最广泛的抗日民族统一战线策略是，发动、团聚与组织全中国全民族一切革命力量去反对当前主要的敌人：日本帝国主义与卖国贼头子蒋介石。为了使抗日民族统一战线得到更加广泛的基础，宣布把“苏维埃工农共和国”改为“苏维埃人民共和国”，并调整了对富农、民族工商业资本家、小资产阶级、知识分子、国民党军队的官兵和华侨的一系列政策，团结他们共同抗日。华北事变后，蒋日矛盾日趋尖锐，中共中央调整策略，由“抗日反蒋”转变为“逼蒋抗日”“联蒋抗日”。1936 年 12 月 12 日，张学良、杨虎城发动了震惊中外的西安事变。事变发生后，中国共产党从国家民族利益的大局出发，不计十年内战的血海深仇，委派周恩来同志赴西安斡旋，迫使蒋介石做出停止内战的承诺。西安事变的和平解决，结束了十年内战，促成了国共两党第二次合作和抗日民族统一战线的建立，成为时局的转折点。

经过国共第一次合作的 3 年锻炼，又有 10 年革命战争的经验，中国共产党已经走出幼年时期，逐步发展成为一个在政治上成熟的全国性大党。在整个抗日战争时期，中国共产党明确提出了“坚持抗战，反对投降；坚持团结，反对分裂；坚持进步，反对倒退”的政治主张，正确处理了统一战线、武装斗争与党的建设三者之间的关系，特别是及时防止了“左”倾关门主义和右倾投降主义错误，制定了“又团结、又斗争”，“发展进步势力、争取中间势力、孤立顽固势力”的统一战线策略。在各根据地普遍建立了“三三制”的抗日民主政权，对国民党顽固派采取了“人不犯我、我不犯人、人若犯我、我必犯人”的自卫立场和“有理、有利、有节”的原则，在争取局势好转、发展统一战线的同时，充分准备应付可能发生的任何区域性或全国性突发事变，表现出了在复杂环境下驾驭全局的高超艺术和能力。正如毛泽东同志在《论持久战》中科学预测的那样：“如能坚持抗战，坚持统一战线和坚持持久战，中国将在此阶段中获得转弱为强的力量。”“只有坚持统一战线，才能坚持战争。只有坚持统一战线和坚持战争，才能有最后的胜利。”

在整个抗日战争时期，中国共产党不但以自己正确的路线、方针和策略，促进了全国抗日民族统一战线的建立和发展，并为最终赢得抗日战争的胜利奠定了坚实的基础，而且通过成功地运用统一战线，获得了从未有过的大发展，进一步壮大了人民革命力量。到抗日战争后期，中共党员从 3 万发展到120多万，军队也从3万发展到100万，民兵发展到220万，抗日根据地的面积达到将近100万平方公里，人口达1亿多。中国共产党领导的统一战线在抗日战争时期创造了前所未有的历史辉煌。

第四个统一战线：人民民主统一战线（解放战争时期至社会主义革命和建设时期）

抗日战争胜利之后，中国社会面临着两种命运、两种前途的大决战。为了夺取新民主主义革命的彻底胜利、建立新中国，中国共产党在解放战争时期建立了中国共产党领导的，联合工农兵学商各被压迫阶级、各人民团体、各民主党派、各少数民族、各地华侨和其他爱国分子的人民民主统一战线。

1945年8月29日，毛泽东同志亲率中共代表团赴重庆与国民党谈判。在重庆的40多天里，毛泽东同志广泛接触了各党派、各阶层和社会各界人士。当时与毛泽东同志会面谈话的仅知名人士就不下几十个，政治上左、中、右都有。用毛泽东同志自己的话说："拜客，什么人那里我都去。"国民党CC派头子陈立夫，在抗战胜利后曾力主乘势消灭共产党。毛泽东同志主动登门造访与之交谈，回忆当年国共合作的往事，批评时下国民党祸国殃民的政策，并风趣地说，共产党上山打游击是国民党"剿共"逼出来的，就像孙悟空大闹天宫，玉皇大帝封他为弼马温，孙悟空不服气，自称齐天大圣。可你们连弼马温都不让我们做，我们只好扛枪上山了。毛泽东同志就这样在轻松谈话的气氛中，使陈立夫的立场有所松动，表示愿意为国共和谈"尽心效力"。我党的这些工作，令蒋介石大为恐慌，惊呼"毛泽东把统战工作做到我家里来了"。经过43天艰苦的谈判，国共两党签订了"双十协定"。国民党当局被迫承认中共提出的"和平建国的基本方针"，承认中共的合法地位，同意"长期合作，坚决避免内战，建设独立、自由和富强的新中国"，同意召开政治协商会议，承认人民的某些民主权利，等等。1946年1月，在重庆召开的政治协商会议上，通过了政府组织案、国民大会案、和平建国纲领、军事问题案、宪法草案等五项协议。这一切激起了亿万中国人民对于实现全国的和平、民主、团结、统一的热烈期望。

但是，国民党根本不可能放弃独裁统治和反人民反民主的立场，在完成了战争准备之后，蒋介石撕毁了停战协定和政协协议，不仅把枪口对准共产党，而且对准一切要求和平民主的善良人士，对国统区的和平民主运动进行血腥镇压，先后制造了“沧白堂事件”“较场口事件”“下关惨案”和“李闻血案”。1946 年 6 月，国民党悍然向解放区发起进攻，挑起了全面的内战。11 月，国民党又召开了一手包办的所谓“国民大会”，遭到了共产党和民主党派的坚决抵制，中共代表团愤然从南京撤回延安，国共和谈彻底破裂，第二次国共合作结束。

随后，国民党宣布共产党为“军事叛乱集团”，民盟及各民主政团为“中共之新的暴乱工具”，并颁布《平共匪叛乱总动员令》，在发动全面内战的同时，对民盟、民进、民联等民主党派“严加取缔”。1947 年 11 月 6 日，民盟被迫宣布解散。中间党派的一些人试图以“第三势力”自居，在国共之间走中间道路，“调和国共”，“兼容美苏”，建立资产阶级共和国的希望彻底破灭，终于与中国共产党走到了一起。

1947 年 10 月，人民解放战争进入战略进攻阶段，中国共产党提出“联合工农兵学商各被压迫阶级、各人民团体、各民主党派、各少数民族、各地华侨和其他爱国分子，组成民族统一战线，打倒蒋介石独裁政府，成立民主联合政府”的政治纲领。在中国共产党人民民主统一战线政策的号召下，国民党统治区的爱国民主运动日益高涨，反美反蒋斗争遍及全国城市，形成第二条战线，有力地配合了解放战争。为了配合军事斗争，中国共产党积极地在国民党军队中开展统战工作，策动起义，促成一批批蒋军官兵脱离国民党反动政权，投身革命阵营。据统计，在整个解放战争期间，国民党军队师以上重大起义达 60 余起，起义兵力达 114 万余人（不含投诚人员），占国民党总兵力的 1/7 以上；驾机起义 43 架；大小舰艇 73 艘；地区性起义面积达 553 万平方公里，占全国总面积的 1/2 以上，充分显示了统一战线工作配合武装斗争所取得的巨大成果，也就是统一战线加武装斗争加党的建设所表现出来的强大威力。

1948 年 4 月 30 日，中国共产党发布纪念五一劳动节口号，号召“各民主党派，各人民团体、各社会贤达，迅速召开政治协商会议，讨论并实现召集人民代表大会，成立民主联合政府”。中国共产党的号召立即获得了各民主党派、各人民团体、无党派民主人士及爱国华侨的热烈拥护和响应。他们纷纷发表宣言、声明、文章，表示拥护和响应“五一口号”，愿意接受中国共产党的领导，赞同召开新政协，成立民主联合政府。各民主党派积极响应中共“五一口号”，是新民主主义革命进程中的一个重大事件，标志着各民主党派公开、自觉地接受了中国共产党的领导，标志着各民主党派坚定地走上了新民主主义道路，标志着中国的民主政治建设和政党制度建设拉开了序幕。

1949 年 9 月 21 日，中国人民政治协商会议第一届全体会议在北平中南海怀仁堂隆重开幕，会议通过了《中国人民政治协商会议共同纲领》，并在此基础上组成了联合政府，重新确立了中国社会各阶级在国家中的地位，形成了各革命阶级的统一战线政权。中央政府的人事安排中：中央人民政府主席、副主席和委员共 63 位，有党外人士 30 人，6 位中央人民政府副主席中有党外人士 3 人，4 位政务院副总理中有党外人士 2 人，15 位政务委员中有党外人士 9 人，政务院所辖 34 个部、会、院、署、行中担任正职的党外人士有 14 人。在各地方人民政府中，也有许多党外人士担任重要领导职务，其中有 54 名党外人士担任了省区市人民政府主席、副主席。中国共产党的这些做法，既让各民主党派、无党派民主人士感动，又深受教育。黄炎培先生在政协会议上发表了热情洋溢的讲话：我们已经建立了中华人民共和国这所新的大厦，它的台柱子就是中国共产党领导的人民民主统一战线。10 月 1 日，中华人民共和国成立，标志着中国新民主主义革命取得了伟大胜利。这个胜利，也是中国共产党领导的统一战线的伟大胜利。

新中国成立后，统一战线已经成为以工农联盟为基础，包括工人、农民、城市小资产阶级和民族资产阶级等革命力量参加的极为广泛的政治联盟。如果说建国前统一战线的根本任务是为中国共产党领导全国人民夺取政权服务的话，那么建国后统一战线的主要任务就是为建立和巩固新型的人民民主专政政权服务。但是，当时党内一部分同志滋长了骄傲情绪和以功臣自居的思想，表现出“左”的关门主义倾向，对于安排民主党派和无党派人士担任政府的领导职务不服气，他们发牢骚说，早革命不如晚革命，晚革命不如不革命，不革命不如反革命。有些人甚至瞧不起民主党派，认为他们只不过是“一根头发的功劳”。对民族资产阶级则强调斗争和限制，要求提早消灭私人资本主义，实行社会主义。毛泽东、周恩来、刘少奇等领导人，对这些错误言论做了坚决的批评和纠正。毛泽东同志严肃指出：“今天从局部来看，不要他们可以；明日从整个来看，民主人士有其作用。这个问题必须闹清楚。”“蒋介石不懂，你不给人家饭吃，人家就要另起炉灶。”在 1950 年第一次全国统战工作会议上，毛泽东同志强调，认为民主党派是“一根头发的功劳”，一根头发拔不拔去都一样的说法是不对的。民主党派是联系小资产阶级和资产阶级的，从它们背后联系的人们看，就不是一根头发，而是一把头发，不可藐视。要搞好同党外人士的关系。手掌手背都是肉，不应分厚薄。对他们要平等，不能莲花出水有高低。

1950—1952 年，中国共产党和人民政府在领导全国人民恢复和发展国民经济的同时，在全国范围开展了土地改革、抗美援朝、镇压反革命、“三反”（反贪污、反浪费、反官僚主义）和“五反”（反对行贿、反对偷税漏税、反对偷工减料、反对盗骗国家财产、反对盗窃国家经济情报）等运动。人民民主统一战线为推进这些斗争的顺利开展作出了重要贡献。

在建立和巩固新生的人民政权的过程中，中国共产党成功地运用人民民主统一战线，正确处理各方面关系，有力促进了社会主义制度在我国的建立。

在处理党与各民主党派关系、确立什么样的政党制度问题上，中国共产党吸取苏联的教训，结合自己的国情和多党合作的经验，做出了明确的回答。1956 年 4 月，毛泽东同志在《论十大关系》中明确提出，在社会主义条件下，究竟是一个党好还是几个党好，我看还是几个党好。进而提出了“两个万岁”的思想：现在要有两个万岁，一个是共产党万岁，另一个是民主党派万岁，资产阶级不要万岁，再有两三岁就行了。李维汉同志根据“两个万岁”的思想，概括出“长期共存，互相监督”的方针，这八字方针在中共八大上被确立为多党合作的指导方针，从而奠定了社会主义条件下共产党领导的多党合作的政治格局。1954 年，第一届全国人民代表大会召开后，针对有些人提出人大已经召开，宪法已经公布，人民政协就没有存在必要的错误观点，毛泽东同志明确指出，“人大的代表性当然很大，但它不能包括所有的方面，所以政协仍有存在的必要。”“各党派、各民族、各团体的领导人物一起来协商新中国的大事非常重要。”这样，人民政协作为统一战线的组织形式和多党合作的重要机构继续存在，成为我国社会主义民主政治的一个鲜明特色。

在处理国家整体与民族自治地方关系问题上，中国共产党正确运用了统一战线的思想，创造性地实行民族区域自治制度。在实行民族区域自治问题上，中国共产党进行了长期探索，早在抗日战争时期就初步形成了民族区域自治的思想。抗日战争胜利后，针对在少数人的策动下成立“东蒙自治政府”的错误倾向，中央明确提出：“对内蒙古的基本方针，在目前是实行区域自治”，并派乌兰夫同志赴内蒙古召开有关方面的会议，解散了东蒙自治政府，于 1947 年 5 月 1 日成立了内蒙古自治区，粉碎了少数分裂主义分子企图把内蒙古分裂出去的阴谋，为我国解决民族问题提供了重要的实践经验。新中国成立前夕，在筹备人民政治协商会议和草拟《共同纲领》期间，曾有人提出是否建立像苏联那样的加盟共和国式的联邦制国家。毛泽东同志就此问题征求李维汉的意见，李维汉经过大量的调查研究提出，中国的国情与苏联不同，表现在民族关系上不同，历史发展情况不同，不宜搞苏联那样比较松散的“联邦制”，而应当在统一的（单一制的）中华人民共和国内，实行自治地方制。中共中央和毛泽东同志采纳了这一建议，并将其写入《共同纲领》。1952 年，颁布《中华人民共和国民族区域自治法实施纲要》。1954 年，民族区域自治载入中华人民共和国宪法。正是由于中国共产党从我国国情出发，实行了民族区域自治制度，既保证了中央政府的集中统一领导，又保证了各民族当家作主的权利，有力地促进了民族地区的发展，维护了民族地区的团结稳定，也才有我们今天中华民族大家庭团结和睦的大好局面。实践证明，民族区域自治是解决我国民族问题唯一正确的政策和适合我国国情的基本政治制度。

在处理同私人资本主义和资产阶级问题上，中国共产党采取统一战线的方式，成功实行了和平赎买的政策。建国前后，如何对待私人资本主义和民族资产阶级，是当时城市工作和恢复发展国民经济的重大方针问题，也是党的总路线总政策的一个重要问题。1953 年初，李维汉同志率领中央统战部调查组，在武汉、南京、上海等地进行了 3 个多月的调查，回京后向毛泽东同志呈报了一份详细的报告，建议通过国家资本主义特别是公私合营这一主要环节，实现资本主义所有制的变革。这个报告受到中共中央和毛泽东同志的高度重视，并责成中央统战部协助周恩来、陈云等同志主持这项工作。同年 7 月，毛泽东同志在中央政治局扩大会议上指出，对资改造“不是取消资本家私人所有制，而是实行国家资本主义。”这样，中国共产党在坚持统一战线的情况下，制定了对民族资本主义工商业进行和平赎买的具体政策。通过统一战线的方式实行对资改造，既避免了苏联对资本主义工商业进行剥夺带来的损失，又保持了生产力的发展和社会的稳定，在当时的历史环境中走出了一条有中国特色的社会主义改造的新路子。1955 年 10 月和 1956 年 12 月，毛泽东同志先后两次同工商界代表谈话，强调要在统一战线内解决资产阶级的问题，强调对于资本家“一个工作岗位，一个政治地位，都要安排好。”“要使这些人过得去。”同时也殷切希望工商界代表人物掌握自己的命运，主动接受社会主义改造。对资改造完成后，邓小平同志给予了高度评价:“我国资本主义工商业社会主义改造的胜利完成，是我国和世界社会主义历史上最光辉的胜利之一。”

经过上述一系列重大决策的实施，中国共产党领导全国人民顺利实现了中华民族 5000 年历史上最深刻的历史变革，在半殖民地、半封建的社会基础上建立了社会主义制度。在如此剧烈的社会变革情况下，能够保持社会政治生活的相对稳定，统一战线功不可没。因此，在 1956 年 8 月召开的中共八大上，中共中央明确提出必须继续巩固和扩大人民民主统一战线，要求共产党员必须与党外人士建立起良好的合作共事关系。在同年 2 月毛泽东同志发表的《关于正确处理人民内部矛盾的问题》著名讲话中，也全面系统地阐述了社会主义社会的基本矛盾，强调了社会主义时期统一战线存在和发展的理论依据与客观必然性。

然而不幸的是，在此后不久，由于国际国内形势的急剧变化，使党对国内政治生活的总体判断出现了严重失误，“清一色”的思想重新抬头，导致了阶级斗争扩大化，直到以阶级斗争为纲，党内再次出现忽视统一战线，否定统一战线的倾向。

1957 年，极少数资产阶级右派分子利用中国共产党进行整风的机会，乘机散布一些反党反社会主义的言论，有的公开提出要与共产党“轮流坐庄”，有的提出要成立“政治设计院”等。对此，中共中央决定予以坚决回击，开始了反右派斗争。但是，随着斗争的发展，犯了扩大化的错误。据统计，在反右斗争中全国划了 49 万多右派分子，以后经 1958 年的“补课”“深挖”，又陆续划了几批，合计 55 万余人，其中包括近万名民主党派人士受到牵连。反右扩大化的直接后果，是导致了人民民主统一战线的严重萎缩。

特别是“文化大革命”开始后，统战工作遭到了建国以来最为严重的破坏，统一战线各方面人士受到批斗和迫害，各民主党派和人民政协也先后被停止活动。统战工作被全盘否定，统战部门也被戴上了“投降主义”“修正主义”的帽子，被说成是“牛鬼蛇神的庇护所”，“资本主义的复辟部”，统战干部被说成是“资产阶级的孝子贤孙”。

在这段日子里，尽管统一战线遭到极大的破坏，但毛泽东、周恩来等老一辈革命家并没有放弃做统战工作，使统一战线减轻了一些损失。比如，1966 年国庆节，毛泽东同志在天安门城楼上把李宗仁拉到身边说：“红卫兵把全国政协、民主党派封了，但政协还是要的，民主党派还是要的。”此后他在许多场合都强调了这个精神。又比如，1966 年 8 月，根据毛泽东同志的批示，周恩来同志拟定了一份应予保护的党外著名人士的名单，并且详细地提出了保护范围、原则和具体办法。这个名单包括宋庆龄、郭沫若、章士钊、程潜、何香凝、傅作义、张治中、邵力子、蔡廷锴、蒋光鼐、沙千里、张奚若等 12 名高级民主党派人士和国家领导人，后来在毛泽东同志的提议下又加上了李宗仁。这样，一大批党外人士得到了保护。这些情况表明，尽管中国共产党在“文化大革命”中犯有严重错误，但在是否取消民主党派、取消政协、取消统一战线的问题上，始终是清醒的，这样就维护和保存了统一战线的根基。

第五个统一战线：爱国统一战线（改革开放和社会主义现代化建设新时期至今）

中共十一届三中全会的召开，标志着我国进入了改革开放和社会主义现代化建设新的历史时期，统一战线从此发生了根本的战略性转变，由过去四个阶级的联盟，发展成为包括全体社会主义劳动者、拥护社会主义的爱国者和拥护祖国统一的爱国者的最广泛的爱国统一战线，适应党和国家工作重心的战略转移，为促进改革开放、坚持和发展中国特色社会主义、促进祖国和平统一积极凝心聚力。

1979 年 6 月，邓小平同志在全国政协五届二次会议开幕式讲话中明确提出:“我国的统一战线已经成为工人阶级领导的、工农联盟为基础的社会主义劳动者和拥护社会主义的爱国者的广泛联盟。”1979 年 8 月，第十四次全国统战工作会议进一步明确，新时期爱国统一战线除了社会主义的工人、农民、知识分子和其他拥护社会主义的爱国者外，还包括一切热爱祖国、赞成祖国统一的人。1981 年 6 月，中共中央《关于建国以来党的若干历史问题的决议》，正式将新时期统一战线明确为“爱国统一战线”。随着港澳台侨成为统一战线的新成员，统一战线的范围和规模不断扩大，形成了“两个范围联盟”的新格局：一个是由大陆范围内全体劳动者、爱国者组成的，以社会主义为政治基础的联盟；一个是团结台湾同胞、港澳同胞、海外侨胞，以拥护祖国统一为政治基础的联盟。

此后，中共中央适应新的形势任务，着眼最大限度调动积极因素，相继下发一系列关于统一战线工作的文件、法规，进一步完善和创新统一战线各领域的方针政策。主要是：将多党合作八字方针发展为“长期共存、互相监督、肝胆相照、荣辱与共”十六字方针，阐明了我国多党合作制度的地位作用、民主党派的性质职能和作用发挥的相关政策；明确新时期民族工作的指导思想和根本任务，确立各民族共同团结奋斗、共同繁荣发展的主题，巩固发展平等、团结、互助、和谐的社会主义新型民族关系；明确“政治上团结合作，思想信仰上互相尊重”的处理宗教界关系的原则，确立了“全面贯彻党的宗教信仰自由政策，依法管理宗教事务，坚持独立自主自办的原则，积极引导宗教与社会主义社会相适应”的基本方针；明确尊重知识、尊重人才、尊重劳动、尊重创造的基本方针，对党外知识分子政治上一视同仁、工作上放手使用、生活上关心照顾；加强党外代表人士队伍建设，明确发现、培养、使用和管理工作等政策规范，从而极大地调动了统一战线各方面成员为改革开放和社会主义现代化建设作贡献的积极性，建设热情和创造活力竞相迸发。有的知识分子讲，我们“文化大革命”前是“座上客”，“文化大革命”中是“阶下囚”，现在是“主人翁”。特别是广大科技人员奋发创业创造，取得显著的科技成果，涌现了“当代毕升”王选、“世界杂交水稻之父”袁隆平等享誉国内外的先进人物，为科教兴国、人才强国作出重要贡献。

认真落实党的各项统战政策，是中共中央全面恢复和发展党领导的统一战线的重要步骤。首先是摘掉了戴在统战部门头上的所谓“执行投降主义、修正主义路线”的帽子，重新恢复了人民政协、各民主党派、各人民团体的工作。然后是甄别和平反了右派问题、落实了原工商业者政策、从原工商业者中区别出“三小”（即小商、小贩、小手工业者）、落实了原国民党起义人员政策等，解决了上亿人口的历史或政治遗留问题。1980 年 6 月，农工党原中央领导人黄琪翔被错划为右派的问题得到彻底改正。当时，关于黄琪翔问题的结论是：“黄琪翔同志虽有错误言论，但不应划为右派。”对此，黄的遗孀郭秀仪同志致信邓小平同志说，黄琪翔同志一生坚持民族独立、反帝爱国、追求真理、追求进步，是中国共产党的挚友，即使在“十年内乱”时期，他也没有动摇过对共产党的信任。但在逝世后，还留有“错误言论”的结论，是难以接受的。邓小平同志收到信后作了“彻底平反”的批示，使黄琪翔被划为右派的错案以及“文革”期间强加给他的一切不实之词得到了彻底改正。经过各级党委和有关部门的积极工作，到 1981 年，对错划右派的改正和落实政策工作全部完成。全国共改正错划右派 54 万多人，占原划右派总数 55 万人的 98%。对于失去公职的同志重新安排了工作或安置生活的共 30 多万人，对原来工作安排不适当的进行了必要调整，对受株连的家属子女也落实了政策。这些，都极大地调动了广大统一战线成员投身社会主义现代化建设的积极性和创造性。

与此同时，中共中央认真总结我国社会主义建设的经验教训，大力推进社会主义经济体制改革，打破单一的所有制形态，引进外资，发展个体私营经济，最大限度地解放和发展社会生产力。在改革开放之初的社会历史条件下，要吸引港澳台和海外资金，并不是一件容易的事情，在这个过程中统一战线工作发挥了重要作用。举个例子，香港“船王”包玉刚先生，祖籍宁波，他家的祖坟在“文革”中遭到严重破坏。此后包先生再不回宁波，主要是因为祖坟的问题伤透了心。宁波市委统战部积极会同有关部门落实了包家的房产，修好了祖坟，还帮他查寻到是包拯后代的家谱。包玉刚对此深受感动，也十分高兴，几次携家眷回故乡。特别是邓小平同志亲自做海外华侨华人的统战工作，多次接见包先生，希望他和海外华侨华人加强同祖国的合作，积极投身四化建设。包先生深受鼓舞，带动一大批“宁波帮”关心、支持家乡的建设和发展，也带动了海外华人华侨回国投资建设的热潮。可以说，港澳台以及海外华侨华人资金技术的引进，统一战线工作功不可没。

为了使国内的社会资金和管理人才能够进一步活跃起来，邓小平同志率先垂范，亲自做原工商业者的工作。1979 年 1 月 17 日，十一届三中全会后不到一个月，邓小平同志在人民大会堂举行有名的“五老火锅宴”，听取胡厥文、胡子昂、荣毅仁、周叔弢、古耕虞五位著名的工商界代表人物，对国家经济建设的意见和建议，提出要利用外资和发挥原工商业者的作用，拓宽门路，加快建设步伐。邓小平说，要落实对原工商业者的政策，并希望得到政策落实的原工商业者“钱要用起来，人要用起来”，从而极大地调动了广大原工商业者和社会各界投身社会主义现代化建设的热情。

在改革开放政策指引下，我国的个体私营经济逐步发展起来，涌现出一大批非公有制经济人士。1989 年 3 月，中央统战部在《关于开展私营企业统战工作的几点意见》中提出，“私营企业者已形成一个新的利益群体”，并将其列为“社会主义初级阶段统战工作的重要对象”。1991 年 6 月，中共中央批转中央统战部关于工商联若干问题的请示，首次提出非公有制经济代表人士是新时期统一战线工作的重要工作对象，强调“对现在的私营企业主，不应和过去的工商业者简单地类比和等同，更不是要像 50 年代那样对他们进行社会主义改造”，明确了对非公有制经济代表人士“团结、帮助、引导、教育”的基本方针。由于非公有制经济与生产资料私人占有相联系，党内和社会上虽然对非公有制经济的积极作用形成了基本共识，但对非公有制经济人士特别是私营企业主的政治属性产生激烈争论，有的说是剥削者，有的说是劳动者，更有甚者说是新生的资产阶级。认识上的分歧直接导致实践中的摇摆。中央统战部在深入调研、反复论证的基础上，向中共中央提出非公有制经济人士是有中国特色社会主义事业建设者。2000 年 12 月，江泽民同志在全国统战工作会议上明确，“在改革开放进程中，在党的富民政策指引下，通过诚实劳动、合法经营先富起来的个体劳动者和私营企业主，不仅是党和政府的政策允许的，也是光荣的，他们为建设中国特色社会主义贡献了力量，应该受到社会的尊重”。在 2001 年“七一”讲话和十六大报告中，对非公有制经济人士等新的社会阶层的政治属性作出了科学论断:“在社会变革中出现的民营科技企业的创业人员和技术人员、受聘于外资企业的管理技术人员、个体户、私营企业主、中介组织的从业人员、自由职业人员等社会阶层，都是中国特色社会主义事业的建设者。”这一论断为正确认识和对待私营企业主等新的社会阶层人士提供了科学依据，有力地统一了全党、全社会的思想认识，调动和激发了非公有制经济人士致力于社会主义现代化建设的积极性和创造性，其理论意义和实践意义是非同寻常的。随着党和国家相关政策的完善，非公有制经济迅猛健康发展，在改革开放和现代化建设中发挥了举足轻重的重要作用。

在推进我国社会主义民主政治建设中，统一战线发挥了非常重要的作用。邓小平同志指出，没有民主就没有社会主义，就没有社会主义现代化。强调制度更带有根本性、全局性、稳定性和长期性，要建设高度的社会主义民主，就必须重视和发挥人民代表大会制度、中国共产党领导的多党合作和政治协商制度以及民族区域自治制度等在我国政治生活中的主导作用。1989 年 12 月，中共中央颁布《关于坚持和完善中国共产党领导的多党合作和政治协商制度的意见》，对多党合作制度进行全面规范，明确了民主党派的参政党地位、民主党派参政的基本点、民主监督的总原则等，使多党合作逐步走上制度化、规范化轨道。1993 年全国人大八届一次会议把“中国共产党领导的多党合作和政治协商制度将长期存在和发展”写入宪法，标志着多党合作制度上升为国家意志。同党外人士在国家政治机构和政权机关合作共事是多党合作的重要制度安排，中共中央制定的关于多党合作的重要文件，都明确了民主党派、无党派人士等党外代表人士选拔使用的相关政策。目前，党外人士在全国各级人大代表中有 18 万多人，政协委员中有 38 万多人，在各级政权机关担任县（处）级以上领导干部的有 3 万多人，有的还担任了政府部门、高校行政正职。

2012 年中共十八大后，统一战线所处的历史方位和形势任务发生新的重要变化。统一战线以习近平新时代中国特色社会主义思想为指导，服务“五位一体”总体布局和“四个全面”战略布局，正确处理一致性和多样性关系，努力找到最大公约数，画出最大同心圆，最广泛地团结海内外中华儿女，同心共筑中华民族伟大复兴中国梦。

丰富扩大统一战线，实现海内外中华儿女最广泛的团结。随着对外开放的持续扩大，我国华侨华人的构成发生了新的变化，出国留学人员等成为华侨华人的重要组成部分，是实现中华民族伟大复兴不可或缺的力量。中共十八大以后，习近平总书记提出实现中华民族伟大复兴中国梦，强调这是“中国共产党的初心和使命”。为此，2015 年试行、不久前正式颁布的《中国共产党统一战线工作条例》，对统一战线性质作出新概括，将“致力于中华民族伟大复兴”写入统一战线性质和构成的表述，明确新时代爱国统一战线是“全体社会主义劳动者、社会主义事业的建设者、拥护社会主义的爱国者、拥护祖国统一和致力中华民族伟大复兴的爱国者的联盟”。它以“中华民族伟大复兴”作为统一战线的最大公约数，拓展了团结联合的政治基础，形成了海内外中华儿女共同致力中华民族伟大复兴中国梦的政治局面。

坚持以人民为中心，服务“四个全面”。这是新时代统一战线服务党的总目标总任务的集中体现。在服务全面建成小康社会中，努力贯彻创新、协调、绿色、开放、共享的新发展理念，协力打好防范化解重大风险、精准脱贫、污染防治三个攻坚战，着力促进经济高质量发展、人的全面发展、全体人民共同富裕，统一战线服务经济建设和社会发展进入新境界；在服务全面深化改革方面，探索开展新的社会阶层人士统战工作，坚持走中国特色解决民族问题的正确道路，坚持宗教中国化方向，构建新型政商关系，在促进国家治理体系和治理能力现代化上积极作为；在服务全面依法治国上，制定首部《中国共产党统一战线工作条例》，修订《宗教事务条例》，坚持党的治藏、治疆方略，提高统战工作法治化水平；在服务全面从严治党上，着眼跳出历史“周期率”，拓展民主监督的新路，在聘请民主党派成员、无党派人士担任特约监察员、检察员、审计员和教育督导员的基础上，加大对重大改革举措、重要政策贯彻执行情况和“十三五”重要约束型指标等的监督，特别是中共中央委托 8 个民主党派中央对口 8 个脱贫攻坚任务重的中西部省区，对贫困户精准识别、精准摘帽、资金项目管理使用、重大举措落实情况等进行专项民主监督，开创了民主监督的新领域。

发展社会主义民主政治，推进社会主义协商民主。建设社会主义协商民主是中共十八大提出的一个重要政治命题，习近平总书记 2014 年在庆祝人民政协成立 65 周年大会上作了重要论述，强调协商民主是中国特色社会主义民主政治的特有形式和独特优势，是人民民主的真谛。先后明确提出：民主党派是中国特色社会主义参政党，中国共产党领导的多党合作和政治协商制度是中国新型政党制度，强调在新时代多党合作要有新气象、思想政治共识要有新提高、履职尽责要有新作为、参政党建设要有新面貌，民主党派要全面提高政治把握能力、参政议政能力、合作共事能力、组织领导能力、解决自身问题能力，成为中国共产党的好参谋、好助手、好同事，把参与政治协商作为民主党派新的职能，把政党协商作为推进社会主义协商民主的首要形式，为在建设社会主义协商民主中发挥参政党作用提供了重要保证。制定《关于加强政党协商的实施意见》和《关于加强人民政协协商民主的实施意见》，推进政党协商制度化、规范化建设，着力提高政协协商质量，探索开展基层协商和社会协商，带动和促进了协商民主广泛多层制度化发展。中共中央率先垂范，坚持每年至少开展 7 次政党协商，习近平总书记等亲自主持，为促进科学民主决策、推进社会治理发挥了重要作用。2019 年，中共中央制定《关于加强中国特色社会主义参政党建设的意见》，进一步明确了新时代民主党派自身建设的目标、原则和内容，为更好发挥中国特色社会主义参政党作用，提高多党合作整体效能，奠定了坚实基础。

团结新的社会阶层，在建设中国特色社会主义中发挥正能量。新的社会阶层作为新兴的党外知识分子，是在改革开放后从体制内分化出来的新的社会群体。《中国共产党统一战线工作条例》对新的社会阶层人士工作范围和对象作了调整，个体工商户、私营企业主不再作为新的社会阶层，而是单列为“非公有制经济人士”，新的社会阶层人士主要是“民营企业和外商投资企业管理技术人员、中介组织和社会组织从业人员、自由职业人员、新媒体从业人员”；要求“在切实加强新的社会阶层组织党建工作的基础上，以教育引导为主线、着力增进政治共识，以培养使用为重点、着力加强党外代表人士队伍建设，以组织起来为依托、着力创造平台载体和工作方法，以健全机制为支撑、着力构建社会化的大统战工作格局”。在新的社会阶层人士比较集中的北京、天津、上海、重庆、大连、南京、杭州、青岛、武汉、广州、成都、西安、福州、郑州等14个大城市先行先试，探索经验，带动全局。通过持续开展工作，新的社会阶层人士在创业创新、社会建设、促进经济健康发展、维护社会和谐稳定、维护意识形态安全等方面日益展现正能量，成为党长期执政必须团结依靠的重要力量和建设中国特色社会主义的新生力量。

加强党对统一战线的领导，构建大统战工作格局。针对长期以来存在的“统一战线不统一”问题，习近平总书记明确要求，统战工作是各级党委必须做好的分内事、必须种好的责任田，党委主要负责人是统战工作第一责任人。《中国共产党统一战线工作条例》明确了党对统一战线领导的具体内容。强调统战部长由党委常委担任或兼任，健全党对统一战线领导的体制机制。构建党委统一领导下，统战部牵头协调、各有关方面各负其责的大统战工作格局。从中央到地方层层建立党委主要负责同志任组长的统战工作领导小组，保障大统战工作稳定、有序、高效运转。在机构改革中，侨办、宗教局合并到统战部门，实现了统战资源集中优化配置，避免了统战相关领域工作的重复交叉和各自为政，形成了党委、政府、人民团体、社会组织共同推进统战工作的合力。

回顾历史是为了观照现实，从历史中汲取智慧，以智慧的明灯照亮前行之路。统一战线百年历程，波澜壮阔，跌宕起伏，带给我们太多的启示和感悟：1. 统一战线是中国共产党夺取胜利的重要法宝，必须始终坚持；2. 凝心聚力是统一战线的根本任务，必须牢牢扭住；3. 一致性和多样性是统一战线的基本矛盾，必须正确处理；4. 又团结又斗争是统一战线重要规律，必须准确把握；5. 理论、政策、制度创新是统一战线的不竭动力，必须持续推进；6. 坚持党的领导是统一战线的根本保证，必须坚定不移。我们相信，在中国特色社会主义新时代，只要坚持好运用好这些基本经验，并在新的历史实践中不断赋予新的时代内涵，统一战线这个重要法宝必将更加璀璨夺目、熠熠生辉。

2021 年 4 月 14 日

民革70多年的发展历史和启示

傅惠民 *

一、坚持中国共产党领导，不忘合作初心、继续携手前进，是民革的立党之本、发展之基

中国国民党革命委员会，简称民革，于1948年1月1日在香港宣布成立，宋庆龄为名誉主席，李济深为主席，其成员主要为坚持孙中山先生“三大政策”的国民党民主派及其他爱国民主人士。民革在酝酿和成立的伊始，就得到了中国共产党的大力支持和帮助，中共中央南方局及广东省委、香港工委做了大量工作，周恩来、董必武等中共中央领导人均对民革的成立给予直接或间接指导。不久，中共中央发布“五一口号”，民革积极响应，并致电中共中央领导人，公开接受中国共产党领导，为建立新中国而奋斗，得到毛泽东主席的复电欢迎。

民革成立后，立即表明了自己反对国民党统治集团卖国、独裁、内战的明确立场，旗帜鲜明地拥护中国共产党关于成立联合政府的主张，接受中国共产党领导，全力投入人民解放战争的革命洪流中。由于历史原因，很多民革前辈在国民党军政界有着特殊的影响力。民革充分利用这一特点，积极策动国民党军政人员起义，配合人民解放战争顺利开展，作出了独特的贡献。

* 傅惠民，第八、九届全国政协委员，第十、十一、十二、十三届全国政协常委，民革中央原副主席。

1949 年 9 月，民革代表出席了中国人民政治协商会议第一届全体会议，参与了《共同纲领》的制订和中华人民共和国的创建，民革正式成为中国共产党领导的多党合作和政治协商制度中的一员，参加了开国大典，在新中国第一届中央人民政府 6 位副主席中有民革第一任名誉主席宋庆龄、民革第一届主席李济深，在 56 位中央人民政府委员中有何香凝等 10 位民革成员。

70 多年来，民革亲历了中国共产党领导下的协商建国、从新民主主义到社会主义的转变、改革开放等重大历史事件，在各个时期都以自身的努力奋斗，为振兴中华、实现中华民族的伟大复兴作出了应有的贡献。民革 70 多年的历史告诉我们，民革每一次重要的进步和成果的取得，都离不开中国共产党的领导和关怀，都得益于多党合作制度的不断发展和完善。当年，民革前辈正是在中国共产党的支持下，冒着危险聚集到香港，成立了民革。“五一口号”发布后，民革公开宣布接受中国共产党领导，并决心在中国共产党领导下为实现中华民族伟大复兴而不懈奋斗，这是民革的初心，是民革一直以来始终坚持、不断传承、赖以发展的立党之本。

习近平总书记指出：“一切向前走，都不能忘记走过的路；走得再远，走到再光辉的未来，也不能忘记走过的过去，不能忘记为什么出发。”在伟大的中国共产党成立 100 周年之际，让我们简要回顾新中国第一届中央人民政府副主席、民革名誉主席宋庆龄和主席李济深与中国共产党亲密合作、风雨同舟、荣辱与共的历史，可以使我们更加生动具体地了解民革前辈的初心，从而进一步明确民革的初心。

（一）民革第一任名誉主席宋庆龄与中国共产党的亲密合作历史

1949 年 8 月 28 日这天，毛泽东很早就向身边的工作人员打招呼，让给他准备衣服。一吃过午饭，毛泽东就换上皮鞋，穿上那套只有重大活动才拿出来穿的浅色礼服。尽管到前门火车站的路途不远，在毛泽东的催促下，汽车还是提前出发，下午 3 点 45 分毛泽东已经到了站台。中共中央领导人朱德、周恩来、林伯渠、董必武，民革中央主席李济深，还有何香凝、沈钧儒、陈其瑗、郭沫若、柳亚子、蔡畅等几十人先后来到站台，站台到处是手拿鲜花和彩旗的欢迎人群，大家欢快而又急切地等着一位重要人物——孙中山夫人宋庆龄的到来。

此时，新政治协商会议召开在即，新中国成立在即。在国人心目中，宋庆龄端庄娴静、意志坚强，是中华民族女性的卓越代表，是中国人民英勇争取民族独立和人民自由幸福的一面旗帜。因此，在即将举行的新政协会议和开国大典上如果没有宋庆龄的身影，那将是历史的遗憾。4 点 15 分，随着一声汽笛长鸣，宋庆龄乘坐的专列徐徐驶进前门火车站，列车尚未停稳，宋庆龄的身影就已经出现在车门玻璃后。她抑制住内心的激动，微笑着向人们招手致意。车刚停稳，毛泽东便出人意料地一步跨上车去，走进车厢，亲自欢迎孙夫人下车。毛泽东伸出双手，与宋庆龄热情握手，亲切地说："欢迎你，欢迎你，一路上辛苦了。"宋庆龄高兴地说："谢谢你们的邀请，我向你们祝贺。"毛泽东说："欢迎你来和我们一起筹建新中国的大业。"宋庆龄说："祝贺中国共产党在你的领导下取得伟大胜利。"

宋庆龄早年追随伟大的革命先行者孙中山先生，致力于民主革命事业，是孙中山的亲密战友和得力助手，是孙中山革命的新三民主义最坚决的捍卫者和继承者。在艰苦的革命斗争岁月里，她以坚定不移的信念、百折不挠的毅力、自我牺牲的精神，与中国共产党风雨同行，与中国人民甘苦与共，宋庆龄是中国共产党的亲密战友，更是大功臣。

宋庆龄在革命形势最危急的关头，毫不犹豫选择了同中国共产党和中国人民站在一起。1927 年，蒋介石发动"四一二"反革命政变，宋庆龄与多名国民党左派成员以及毛泽东、董必武等中国共产党人联名发表通电，予以严厉谴责。7 月 14 日，当汪精卫等控制的武汉国民党中央举行分共会议时，她发表严正声明，宣布与其彻底决裂。在南昌起义中，她被推选为由周恩来等 25 人组成的中国国民党革命委员会委员，并担任 7 人主席团成员。起义当天，她和毛泽东等 22 人以国民党中央委员名义发表宣言，号召一切革命者团结一致，继承孙中山先生的遗志，"继续为反帝国主义与实行解决土地问题奋斗"。面对严酷的革命形势，面对国民党军警的搜查和恐吓，她从不畏惧，坚决斗争，表现出追求真理勇于牺牲的大无畏革命精神。

1932 年 12 月，她联络中外进步人士与知识界、文化界代表，在上海成立中国民权保障同盟，积极营救被捕的革命者，努力争取释放狱中的政治犯。同盟成立以后，宋庆龄充分运用自己的影响力和号召力，保护和营救了大批中国共产党人和爱国民主人士。

九一八事变后，民族危机日益加深，抗日救亡运动不断高涨。宋庆龄衷心拥护中国共产党停止内战、一致抗日的主张，积极支持中国军民英勇抗战，努力推动抗战、团结、进步各项主张的实施，她利用自己的特殊身份与崇高声望，在国共两党之间架设起沟通的桥梁，为建立广泛的抗日民族统一战线而努力。1937 年 2 月，在国民党五届三中全会上，她与何香凝、冯玉祥等人联名提出《恢复中山先生手订联俄、联共、扶助农工三大政策案》，力促国民党改变立场、团结抗日，她强调“内战必须不再发生，和平统一必须实现”。

1946 年 6 月，国民党统治集团悍然撕毁停战协定和政协协定，向中国共产党领导的各解放区发动全面进攻，从而挑起全国性内战。针对国民党统治集团不顾全国人民要求和平、民主的共同愿望，悍然发动全面内战的行径，1946 年 7 月 23 日，宋庆龄在上海发表《关于促成组织联合政府并呼吁美国人民制止政府在军事上援助国民党声明》，强烈谴责国民党反动派发动反共、反人民的全面内战，反对美国政府实行扶蒋反共的政策，认为解决危机的办法是立即实行孙中山的新三民主义，组织有中国共产党和各民主党派及无党派民主人士参加的联合政府。

这份声明在国内外引起强烈反响，有力推动了国统区爱国民主运动的发展。声明还取得了包括美国总统罗斯福的夫人及美国一些国会议员在内的世界正义人士的支持，罗斯福夫人发起了反对中国内战、反对美国军事援华的运动。在国内外舆论的强大压力下，美国政府不得不在 1946 年 8 月开始，停止批准向中国出口作战用军事装备的许可证；9 月 29 日，美国政府又发布一项指令，暂停交付计划中的一切军用物资。

国民党反动派妄图利用宋庆龄的威望拯救摇摇欲坠的反动政府，但这些诡计都被宋庆龄识破。1946 年 11 月 15 日至 12 月 25 日，制宪国民大会在共产党和民盟缺席的情况下在南京召开，通过了《中华民国宪法》。宋庆龄认为，建立联合政府才是“当前政局的唯一出路”，制宪国民大会将共产党和民盟排斥在外，所制定的宪法必然遭到共产党的强烈反对。1947 年秋，蒋介石演出行宪国大的闹剧，以便“还政于民”，他们散布谣言说：“宋夫人在广州参加国大代表竞选。”宋庆龄对此非常气愤，在 9 月 16 日发表声明，严词予以否认：“此种传闻完全不确，我并无任何从事政治运动以图参加政府的意图。此外，我想这种消息是从广州发出来的，而我在广州既不是‘代表’，也不是正式居民。”

宋庆龄领导中国福利基金会全力支援中国共产党领导下的解放区。1945 年 12 月，保卫中国同盟易名为中国福利基金会，她与董必武同志为首的中国解放区救济总会密切合作，为解放区、为人民解放军募集药品和其他物资。她写信向外国朋友、向援华团体募捐，向战后掌握着大量救济物资的联合国善后救济总署争取援助，并将大批物资送到解放区。她介绍外国医生、护士和其他技术人员到解放区工作，她还领导中国福利基金会在上海等地进行大量赈灾和救济工作，积极配合解放上海。

1949 年 7 月 1 日，在中国共产党成立 28 周年纪念日时，宋庆龄同志写下《向中国共产党致敬》一文，热烈欢呼人民的胜利已在眼前，称中国共产党为“我们的领导者”，满怀激情地“向中国共产党致敬”。中国共产党的领袖毛泽东、周恩来、刘少奇、朱德等一向把宋庆龄看作自己的亲密战友、同志和无产阶级的先锋战士，并始终系念着她的安危。9 月，受中共中央“至祈先生命驾北来”的诚邀，宋庆龄同志欣然赴北京参加新政协。在中国人民政治协商会议第一届全体会议上，宋庆龄同志当选中华人民共和国中央人民政府副主席。新中国成立后，百废待兴，宋庆龄以更加充沛的精力为国家的繁荣昌盛、祖国统一和世界和平而忘我工作，直至终生。

1981 年 5 月 15 日，中共中央政治局决定接受宋庆龄为中国共产党党员，实现了她人生最大心愿，16 日全国人大常委会决定授予她中华人民共和国名誉主席称号。1981 年 5 月 29 日，宋庆龄因病在北京寓所逝世。中国共产党、全国人大、国务院为她立碑铭文以表纪念：宋庆龄是爱国主义、民主主义、国际主义、共产主义的伟大战士。她为国家和人民所建树的丰功伟绩，将永载史册。

（二）第一届民革中央主席李济深与中国共产党的亲密合作历史

李济深北上，无意中成了毛泽东生日的一个贺礼。1948 年 12 月 26 日，河北平山县西柏坡这个小山村已经进入了冬天，寒气逼人。中共中央领导人毛泽东正聚精会神地在军用地图前研究战场形势，全面谋划平津、淮海这两场关乎中国命运的大战役，全然忘了，今天是他 55 岁的生日。这时，中央统战部部长李维汉拿着一封电报走了进来。他笑容满面地对毛泽东说："主席，好消息好消息啊！民革主席李济深已经顺利离开香港，北上解放区了！"毛泽东听后，十分高兴。要知道，李济深居于中共邀请北上的香港民主人士名单首位。

李济深曾担任国民革命军第四军军长，国民革命军总参谋长兼北伐军总司令部留守主任，国民党中央政治会议广州分会主席、广东省主席等要职。1929 年，李济深被蒋介石无端扣留，直到九一八事变后才获得自由。这件事，使他看清了蒋介石打着孙中山革命旗帜背后的独裁专制面目，走上了反对蒋介石内战独裁的道路，与蒋介石渐行渐远，成为国民党民主派的代表人物。

随着民族危机的日益紧迫，作为一位坚定的爱国者，李济深以国家和民族大义为重，坚持抗战：他敦劝蒋介石放弃"攘外必先安内"的错误方针，积极声援十九路军进行"一・二八"淞沪抗战；领头发动福建事变，成立中华共和国人民革命政府，施行联共反蒋和抗日救国路线；在香港建立中华民族革命同盟，开展抗日反蒋斗争。全面抗战爆发后，李济深主动捐弃前嫌，投身到抗战的民族洪流。

李济深在担任战地党政委员会副主任期间，排除干扰，据理力争，聘请一批共产党人和进步人士到委员会或分会任职。周恩来、王明、董必武、张友渔、高崇民、梅龚彬、胡兰畦、刘一峰等共产党人和陶行知、黄炎培等爱国民主人士都是该机构委员。这一时期，国民党屡屡发动反共高潮，各地大小摩擦不断。为了坚持团结抗战，巩固统一战线，共产党人真诚希望通过双方谈判以解决摩擦。李济深为协调战地国共两党、两军关系，阻止冲突，调处"摩擦"，做了大量工作。每次谈判之前，共产党代表叶剑英总是和李济深先行接触。李济深从大局出发，据理支持中共的正义行动。在国共关系剑拔弩张的陕、甘、晋地区，李济深派王葆真以旧相识的身份去洛阳做第一战区司令长官卫立煌的工作，以正义和真诚打动卫立煌。最终促使卫立煌下令停止攻击解放区，并与朱德达成了协议，第一战区呈现出团结抗战的大好形势。

1940年4月，军委会桂林办公厅成立，李济深任主任。在任内，李济深积极统筹南方抗日军事，尽力保护了一批共产党人和民主人士，支持他们开展抗日民主运动。1940年底，国民党军政部下令八路军驻桂林办事处限期撤离桂林，李济深为办事处人员准备好撤离的通行证，并极力疏通，将期限延长了一个月，使办事处有充分时间做好物资转运和撤离工作。撤离工作行将结束时，办事处突然被国民党特务包围，李济深马上借来时任广西省主席黄旭初的座驾，护送李克农安全抵达机场，离开桂林。皖南事变后，李济深放走国民党“黑名单”上的邹韬奋、陶行知、田汉、夏衍、徐悲鸿、梁漱溟等人，先后释放被押的进步人士与学生等70多人。他妥善安排好被软禁在桂林的叶挺将军的生活，派人赴江西，要顾祝同多方照顾被捕下狱的廖承志。八路军驻桂林办事处撤销后，李济深积极寻找新的途径，及时地将宋庆龄、陈嘉庚等募集到的医疗器材、药品和款项，转运到敌后抗日根据地。

1944年6月，日军进攻长沙，衡阳告急，中共中央提出了保卫大西南的号召，李济深接受中共党员田汉的建议，出面组织声势浩大的捐款劳军运动。10月，日军以10多万重兵进攻广西，国民党当局组织军民开始了桂柳会战。有人劝李济深到重庆避难，李济深则坚定地表示“决心留在敌后与敌周旋……要和人民一起坚持敌后斗争，直到胜利”。桂林、梧州相继失守后，李济深冒着危险，回到家乡苍梧料神村坚持指导桂东南的抗日民主斗争。同时，他派人与中共广东临时省委及华南抗日游击纵队取得联系。中共华南党组织先后派狄超白、李嘉人、连贯、杨基等与他携手战斗。3月，李嘉人派陈残云、李伯球去见李济深，将周恩来关于中共中央拟在南方成立由李济深任司令的华南民主联军，以东江纵队及珠江纵队为联军主力的电报内容告知他，并带去黄金1斤、人参1斤及周恩来的电台密码1本。当李济深在三罗地区建立与发展抗日武装时，中共三罗党组织在郁南县召开千人欢迎大会。在艰苦的条件下，李济深一直坚持与中共人士合作抗战。他领导组织的桂东南地区人民抗战，在社会上赢得了很高的威望，也在国民党内产生了相当大的影响。在1945年5月的国民党六大上，李济深当选为国民党中央监察委员。

1946年3月，为了阻止内战，李济深决定改变主意，去重庆参加国民党六届二中全会。途经广州时，狄超白向他转达周恩来的建议：希望他和何香凝等人携手组建一个民主政党，呼吁民主政治。这与李济深的想法不谋而合。早在日本投降前，李济深便与何香凝、陈铭枢、蔡廷锴等多次酝酿讨论成立国民党民主派组织事宜，并将组织定名为中国国民党民主促进会，草拟了政治纲领和组织章程。在得到周恩来的建议后，民促加快了成立脚步，于1946年春正式成立，李济深被选为主席。

1946年6月，蒋介石出尔反尔，撕毁《双十协定》，发动内战后，3次电邀李济深去庐山。李济深抱着能劝阻内战的一丝希望，"万方多难上庐山"。在山上，李济深两次见蒋介石，规劝他停止内战，履行政协决议，蒋介石却不置可否。李济深于失望之中离开庐山，行前给蒋介石留下一封19页的长信，规劝蒋介石遵照孙中山先生的三大政策，为国家民族保存元气，不要打内战。11月，蒋介石为了使其内战、独裁政策合法化，决定在南京召开由国民党一党包办的"国民大会"，准备通过所谓"中华民国宪法"。李济深坚决反对这一加剧国共对立的做法，离开南京到达上海，拒绝参加。李济深在上海四处奔走，接见记者，发表文章，赞同周恩来的声明，愤怒抨击所谓"国大"完全是"违反政协决议的假民主会议"，并致函蒋介石说："此次'国大'于和平毫无补益。我宁愿留一个超然之身，一旦将来恢复和谈时，能够有所贡献。"

各界民主力量的呼声，并没有得到国民党政权的重视。李济深继续思考救国之路。1946年底，李济深在一个夜晚秘密前往上海新雅酒家，与宋庆龄会晤。李济深对宋庆龄不久前发表的反内战独裁、要求成立民主联合政府的声明表示完全拥护；宋庆龄也对李济深组织国民党内民主派公开反对蒋介石独裁统治的活动示以完全的支持。不久，1947年2月，李济深以回乡扫墓为名，乘轮离沪转赴香港，终于摆脱了蒋介石的控制。

到达香港后，李济深的民主活动更加频繁、更加有力。3月9日，李济深发表了著名的《对时局的意见》，呼吁"停止内战，废除党内独裁"，号召国民党"每一个信仰总理遗教的党员，亦应该不客气地起来，改正党内反动派的错误政策"，而不要"放任听其错误到底，误党误国，弄到同归于尽"。并提出解决时局的七项主张，引起社会各界强烈反响。国民党当局恼羞成怒，以"有背党纪""诋毁政府"之罪名，于5月将李济深"永远开除党籍”，并登报通缉。这是国民党第三次开除李济深的党籍。

经过长时间的筹备和酝酿，11 月 12 日，中国国民党民主派第一次联合代表大会在香港召开。1948 年 1 月 1 日，民革正式宣告成立，明确提出要推翻蒋介石卖国独裁政权，成立联合政府。大会选举李济深、何香凝、冯玉祥、谭平山、蔡廷锴等 16 人为中央常务委员会委员，宋庆龄为中央委员会名誉主席，李济深为主席。

为了尽快实现国家统一，早日结束战争，减少人民痛苦，李济深认为，民革的当务之急是，争取国民党内部实力派投身到革命阵营中来，配合人民解放军打倒蒋介石为首的国民党反动派。他认为“这非常重要，必须要做。‘民革’不在这方面做出成绩，将何以向新政协交代?”民革成立后，即发表《告本党同志书》，指出“本党（国民党）不乏忠贞之士”，“蒋氏控制下之本党进步同志，亦深望早日脱离蒋氏，参加本会（民革）……允宜率先起义”。1948 年 1 月 4 日，民革成立军事小组，李济深亲自任组长，有组织、有计划地组织策反国民党地方实力派，在国民党的党政军内部发展了 300 多名秘密党员。

在香港的近两年间，李济深给国民党军政人员发出无数亲笔信。他曾派人给国民党内傅作义、阎锡山、白崇禧、李宗仁等实力派人物递交亲笔信，敦促他们认清形势，改变立场，投入人民的阵营，举行反蒋起义。他与中共华南局、中原局取得联系，以“尽力瓦解蒋介石的武力，来配合中共的军事进攻”。为配合解放军开展济南战役，李济深派人与中国共产党、农工民主党等合作，从不同角度策反吴化文，促使吴部 2 万多人举行起义，使济南门户大开。平津战役进行时，李济深派彭泽湘进入北平，做傅作义的工作，亲笔写信劝傅作义“脱离反动政府，反对内战”。此外，他还参与策动了孟绍周部和廖运周部的起义以及策动国民党浙江省主席陈仪暗中投向革命。

早在民革筹建时，国民党当局就曾派出特务去香港企图暗杀李济深，幸亏宋庆龄得到消息，派人送信给他，才使暗杀阴谋未能得逞。1949 年，蒋介石在逃离大陆前，授意保密局开列了一张暗杀名单，有李济深、李宗仁、龙云、白崇禧、黄绍竑、刘斐、李任仁、李宗煌、朱蕴山等共计 84 人，其中约一半是民革成员。

1948年4月30日，中共发布“五一口号”。5月1日，中共中央主席毛泽东致电民革主席李济深和民盟中央常委沈钧儒，指出：“在目前形势下，召集人民代表大会，成立民主联合政府，加强各民主党派、各人民团体的相互合作，并拟订民主政府的施政纲领，业已成为必要，时机亦已成熟。”“一切反美帝、反蒋党的民主党派、人民团体，均可派代表参加。”“会议的时间，提议在今年秋季。并提议由中国国民党革命委员会、中国民主同盟中央执行委员会、中国共产党中央委员会于本月内发表三党联合声明，以为号召。”李济深积极响应和拥护中共的这一号召。第二天，5月2日，李济深、沈钧儒与在香港的各民主党派代表热烈讨论了“五一口号”，一致表示拥护，认为召开新政协会议，建立民主联合政府，是我国“政治上的必经的途径”，“民主人士自应起来响应”。5月5日，李济深又代表民革和其他民主党派领导人共同署名通电全国并致电毛泽东，说“五一号召适合人民时势之要求，尤符同人等之本旨”。

由于李济深地位特殊，很多势力都想借助他维持自己的利益。1948年6月，国民党政府外交部部长宋子文到香港与李济深面谈，希望与之合作，在广东另组政府，替代蒋介石政府，直接与中共谈判，被李济深拒绝。1948年秋，美国副总统华莱士派遣曾任南京政府建设委员会秘书长的蔡增基专程来港，想说动李济深出面组织一个新政府，由美国给予支持，代替蒋政府，由李济深出面与共产党谈判，实行“划江而治”。李济深表示：“中国应该统一，划江而治是将中国分裂”，会造成“内战永无宁日，大好形势任人摆布，万万不能”。李济深还对蔡说：“作为朋友，欢迎以后有往来，但如谈此类事，则不必来了。”后来，美国总统还派一个记者身份的人找李济深，再次提成立“第三政府”的事，同样遭到坚决拒绝。1949年1月7日，李济深北上不久，新桂系三巨头之一黄绍竑带着李宗仁、白崇禧给李济深的亲笔信赶往香港，意欲请李济深到武汉“主持大计”，打算联合李济深与共产党“划江而治”，结果扑了个空。

李济深离开香港前，民革内部对“接受共产党领导”的问题存在争议：有人认为接受共产党领导很重要；有人认为党派之间是平等的，没有谁领导谁的问题。李济深到达解放区后，就这一重要问题作了明确的表态。1月8

日晨，李济深与朱学范谈话，说：“我既下决心来到了解放区，这一行动就表明了拥护由中国共产党来领导新中国。其实，反帝反封建也好，一边倒、反对第三条道路也好，核心问题是接受共产党的领导。革命的三民主义与新民主主义原则是一致的，但要付诸实行，全国也要步调一致，显然这也要接受共产党的领导。”

1949 年 1 月 22 日，李济深等 55 名到达解放区的各民主党派、各人民团体的代表联合发表了《我们对时局的意见》：“在人民解放战争进行中愿在中共领导下，献其绵薄，贯彻始终，以冀中国人民民主革命之迅速成功，独立、自由、和平、幸福的新中国之早日实现。”2 月 3 日，李济深致电毛泽东、周恩来等中共领导人，表示愿以自己的一切言论和行动密切配合中共的政策和主张。此后，李济深一如既往，都坚定不移地接受中国共产党的领导。

1949 年元旦，香港《华商报》发表了李济深题为《团结建国》的元旦献词：“最近的将来，包括各民主党派、各人民团体和无党无派的民主人士的新政协一定召开，从而订定一个照顾各阶层利益，促进各阶层合作的共同纲领，全国同胞就在这一共同纲领之下埋头苦干，努力建国！”“我们的团结建国，必然使得中国的政治、经济、文化突飞猛进，使得全国同胞逐步生活于安定繁荣的环境中。”一切民主阵线的朋友、爱国的人士，“都应该各个准备以其知识能力”，“为建立一个民族独立、民主自由、民生幸福的新中国而奋斗”。献词发表后，获得了海内外各界人士的好评，起到了鼓舞人民与反动派决裂并为创建新中国而奋斗的积极作用。在中国人民政治协商会议第一届全体会议上，李济深当选为中华人民共和国中央人民政府副主席。

在中国人民政治协商会议第一届全体会议上，李济深和郭沫若等 44 人联名提出了《请以大会名义急电联合国否认国民党反动政府代表案》。这是中国人民政治协商会议历史上的第一号提案，向世界宣布：中国人民政治协商会议是真正代表中国人民意愿的会议！由中国人民政治协商会议产生的中央人民政府是中国唯一合法的政府！国民党反动政府无权代表中国人民！提案获得全体代表一致通过，交由中央人民政府执行。11 月 15 日，中国外交部部长周恩来代表中国政府致电联合国，郑重声明：中华人民共和国中央人民政府为唯一能代表中国人民之政府。国民党政府已经“丧失了代表中国人民的任何法律的与事实的根据”，要求取消它继续代表中国人民参加联合国的一切权力。新政协第一号提案的实施在国内外产生了重大的政治影响。尽管由于美国把持着联合国，拖延了22年才接受了新政协一号提案要求，但是，它已经向世界表明：新中国成立了！中国人民当家作主的时代已经来临！占世界人口总数四分之一的中国人，不但站起来了，而且将以自己的力量为世界的和平与发展作出贡献！

新中国成立后，李济深带领民革始终坚持中国共产党的领导，始终与中国共产党风雨同舟、荣辱与共，为国家的繁荣昌盛和祖国统一忘我工作、呕心沥血、殚精竭虑，直至终生。

李济深为民革的事业呕心沥血，殚精竭虑，作出了卓越贡献。直到去世前夕，他还临终嘱咐：民革一定要接受共产党领导，走社会主义道路，这是民革本身历史发展的自然归宿，犹如江河之归大海。又说，我们对共产党提意见，发挥监督作用，“态度必须诚恳，用词不可过激”，长期共存、互相监督方针既经提出，我们就要负起责任来，协助中共执政下去。1959年10月9日，国庆10周年纪念活动刚刚结束，李济深因劳累过度在北京病逝，终年75岁。

上面我们简要回顾了民革第一任名誉主席宋庆龄和第一届主席李济深与中国共产党亲密合作、风雨同舟、荣辱与共的历史，从中我们可以看到，两位前辈都始终坚定不移地坚持中国共产党的领导，这也是前辈们创建民革的初心，是他们留给我们后人最宝贵的财富，是我们必须坚持的民革初心！

二、加强自身建设，积极履行职能，是民革的成事之方、奉献之道

在新中国的各个历史阶段，民革始终坚定地坚持中国共产党领导，围绕国家中心任务努力奉献。改革开放以后，特别是中共中央1989年14号文件发布后，民革成为中国特色政党制度中的参政党，自身建设进入了新的境界，思想建设、组织建设、制度建设、领导班子建设和参政能力建设不断加强，在国家政治生活中发挥了积极作用，树立了民革良好的参政党形象。

中共十八大以来，以习近平同志为核心的中共中央高瞻远瞩、举旗定

向，统筹推进“五位一体”总体布局、协调推进“四个全面”战略布局，作出了加强社会主义协商民主建设广泛多层制度化发展的重大部署，先后出台了《关于加强社会主义协商民主建设的意见》《中国共产党统一战线工作条例（试行）》《关于加强政党协商的实施意见》等一系列重要文件，为多党合作制度的不断巩固完善提供了制度保障和方向指引，为民革的自身建设和参政议政奠定了更为深厚的基础和广阔的平台。

为国家人民利益、为执政党的治国理政献良策、建真言，是民革存在发展的价值和理由。人民政协历史上的第一个提案，就是由民革主要创始人李济深等 44 人联名提出的。新中国成立后，百废待兴、百业待举，民革带领全体党员及所联系的社会人士，通过参加最高国务会议等形式，积极参加关于国家管理和重大决策的讨论，为社会主义革命和建设作出了自己的贡献。中共十一届三中全会以后，民革更加注重充分整合各方资源、发挥集体作用。民革中央和各地组织相继设置专门负责参政议政的调研机构，参政议政工作不断向制度化、规范化方向发展并日益完善。经过长时期不懈探索，民革利用和发挥自身优势，逐步形成了社会和法制、“三农”、促进祖国和平统一等参政议政工作重点领域，取得了一系列调研成果，形成大量参政议政意见建议，得到中共中央、国务院和各级党委、政府的肯定。

特别是近年来，中国特色社会主义进入新时代，我们按照习近平总书记“多党合作要有新气象，思想共识要有新提高，履职尽责要有新作为，参政党要有新面貌”的重要指示精神，努力增强责任和担当，坚持以思想政治建设为统领，全面加强自身建设，“举全党之力抓参政议政”，把智慧和力量统一到中国共产党和国家重大决策部署上来，不断提高政党协商、政协协商等建言质量，成果丰硕，成效显著。

三、孙中山爱国、革命、不断进步精神，是民革的理想之核、情怀之光

作为由原国民党民主派为主创建的民主党派，民革对孙中山先生一向怀有崇高的敬意和深厚的感情。成立 70 多年来，民革始终以孙中山振兴中华

理想引导自己，始终以孙中山爱国、革命、不断进步精神激励自己，把对孙中山振兴中华理想的情怀，转化为坚持中国共产党领导、实现中华民族伟大复兴的中国梦的巨大精神动力。继承发扬孙中山爱国、革命、不断进步精神是民革的优良传统和基本特色，并被郑重写入了民革《章程》中，我们一定要代代相传，发扬光大。

中共十九大是在全面建成小康社会决胜阶段、中国特色社会主义进入新时代的关键时期召开的一次十分重要的大会，在中国共产党和国家发展进程中具有划时代的里程碑意义。习近平总书记的十九大报告系统阐明新时代中国特色社会主义思想，作出了我国已经进入中国特色社会主义新时代的重大判断，深刻分析了新时代的基本矛盾和主要任务，描绘了中华民族伟大复兴中国梦的宏伟蓝图。中共十九届五中全会和今年全国两会的召开，我国第十四个五年规划和 2035 年远景目标已确定。民革全党一定要更加紧密地团结在以习近平同志为核心的中共中央周围，以习近平新时代中国特色社会主义思想为指导，增强“四个意识”，坚定“四个自信”，做到“两个维护”，不忘合作初心，继续携手前进，以优异成绩迎接中国共产党建党 100 周年，为夺取新时代中国特色社会主义伟大胜利、实现中华民族伟大复兴的中国梦、实现人民对美好生活的向往而努力奋斗。

2021 年 4 月 21 日

中国共产党和民主党派团结合作的历程

赵雨森*

习近平总书记2016年7月1日在庆祝中国共产党成立95周年大会上的重要讲话中指出："我们党已经走过95年的历程，但我们要永远保持建党时中国共产党人的奋斗精神，永远保持对人民的赤子之心。一切向前走，都不能忘记走过的路；走得再远、走到再光辉的未来，也不能忘记走过的过去，不能忘记为什么出发。面向未来，面对挑战，全党同志一定要不忘初心，继续前进。"

我国民主党派是在新民主主义革命的历史过程中形成和发展起来的，是以民族资产阶级、上层小资产阶级及其知识分子为主体，包括其他爱国民主人士和一些进步分子参加的具有阶级联盟性质的政党。其最初产生于大革命失败之后，并在反蒋抗日、反帝爱国、争取民主的斗争中不断发展壮大起来。它的出现绝非偶然，而是各种历史因素整合的必然结果，有其特定的社会历史条件。这正如马克思所说的"一切社会现象的出现，都是一定社会阶级矛盾激化的结果。它的产生、发展和演变及消亡，都具有深刻的阶级根源与历史根源。"

首先，政党是社会经济和阶级斗争发展到一定历史阶段的产物，是一定阶级或阶层的积极分子基于共同意志、共同利益而建立起来的政治组织。任何政党都是阶级斗争的产物，都联系代表一定的阶级，为一定阶级服务。我

* 赵雨森，第十一、十二、十三届全国政协常委，黑龙江省政协副主席，民盟中央常委、黑龙江省主委。

国的各民主党派就是民族资产阶级、城市小资产阶级，同这些阶级相联系的知识分子，以及爱国民主分子这些中间阶级或阶层，这些中间阶级、阶层的人们，在新民主主义革命时期，尤其是在抗日战争时期和解放战争时期，基于反帝爱国和争取民主的共同要求，经过长期的酝酿和分化组合，先后形成和建立起来的。

其次，大革命失败后，代表无产阶级和劳动人民利益的共产党与代表大地主大资产阶级利益的国民党处于尖锐对立的状态。这一阶级关系的新变化使中国社会的政治斗争出现了新的格局，从而为新的党派组织产生创造了特殊的政治土壤，这使得处于国共两党之间的第三种政治势力有可能崭露头角，角逐于政治舞台，并在国共两党之间发挥着重要作用，我国的一些民主党派正是在国共两党激烈的政治斗争中产生并逐步发展起来的。

产生于半殖民地半封建社会下的民主党派，除了具有一般政党的共性外，还有其自己独有的特点。周恩来曾指出："各民主党派，不论名称叫什么，仍然是政党，都有一定的代表性。但不能用英、美政党的标准来衡量他们。他们是从中国的土壤中生长出来的。"

一是民主党派成分复杂，从来就不是单一阶级的政党，而是具有阶级联盟的性质。其成分又常从统治阶级内部的反对派一直包含到进步分子。一部分是民族资产阶级和上层小资产阶级及其知识分子。代表人物有民盟的创始人黄炎培、罗隆基，以及何香凝、邓演达、李济深、施复亮等。他们是民主党派的主体，有相当的社会地位和影响力。另一部分是其他爱国民主人士，其代表人物有民盟的创始人梁漱溟，以及司徒美堂等。再一部分是革命知识分子，代表人物有著名的民盟领导人李公朴、闻一多、杨明轩，以及邹韬奋、周建人、谭平山等。他们是民主党派中最积极、最有觉悟的力量，是党与民主党派联系的纽带，最终跟随共产党。二是民主党派具有革命性和妥协性的两重性，但以革命性为主，并且随着革命的发展而不断前进。

民主革命时期，中国共产党与民主党派的关系的产生，是一个不以人的意志为转移的客观历史发展过程。这一政党关系在我国产生和发展，绝非偶然，它是一定的阶级基础和社会基础条件下的必然产物，是整个社会、经济、政治、历史等方面因素综合作用的必然结果。近代中国半殖民地半封建的社会性质，帝国主义侵略和封建主义压迫阻碍着民族独立和社会进步，决定了帝国主义和中华民族的矛盾、封建主义和人民大众的矛盾成为中国社会的主要矛盾。在这一社会历史条件下，都为中共与民主党派关系的形成及演变提供了阶级和社会基础。

大革命失败后，近代中国社会的特殊国情为中共同代表中间势力的民主党派合作创造了具体条件。一方面，中共在革命斗争中有必要同各民主党派合作，共同争取民主革命的胜利。另一方面，民主党派由于自身力量的不足和客观条件的限制也需要寻求合作者，基于反帝反封建的共同利益和目标，他们在历史的发展中认识了解共产党，“在民主革命时期逐步在国民党与共产党两大党的对立斗争中选择了共产党”。

在民主革命时期，中国共产党与民主党派形成了极其复杂、特殊的党派关系，双方最终走向团结合作并非一蹴而就，而是一个从量的积累到质的飞跃的过程。即从怀疑到信任，从对立到合作，从不自觉合作到自觉合作，最终确认接受共产党政治领导的历程。

1927 年大革命的失败使中国社会政治格局发生了剧烈变动和重组，国共合作破裂，国共两党从亲密合作的友党变为兵戎相见的政敌。革命阵营的分化和阶级关系的剧变，使一批明确声明既反蒋又反共的中间派别组织应运而生了。在这个时期出现的有影响的中间派别主要有邓演达、谭平山领导的“第三党”；汪精卫、陈公博等创办的“改组派”；胡适、罗隆基等为代表的“新月派”；张君劢、张东荪建立的中国国家社会党以及曾琦、李璜领导的中国青年党。它们的主张和活动大致反映了中间派别在这段时期内的政治倾向。

1931 年九一八事变爆发，中日民族矛盾迅速上升，引起中国社会内部各阶级各党派关系的深刻变化。在此民族危亡之际，中国共产党率先举起“抗日救亡”的大旗，中国社会各阶级、各阶层人民反日情绪持续高涨，抵御日军成为各革命阶级、政党的一致要求。而以蒋介石为首的国民党统治集团却抛出了“攘外必先安内”的反动政策，将自己置于全国各阶层人民要求救亡图存的对立面，从而激起了中间阶级政治代表及其政党政派的强烈不满，他们纷纷打出“抗日反蒋”的旗帜来表明自己的政治立场，这就使得各中间派别与中共在“抗日”和“反蒋”问题上有了共同的语言和目标。此时，以毛泽东、周恩来、刘少奇为代表的中国共产党人，在争取并团结中间势力方面做了大量卓有成效的工作。正确处理同中间党派的关系，扩大革命统一战线，以实现全民族团结抗战。

1935 年夏，日本帝国主义策动了华北事变，中华民族面临亡国灭种的严重危机。伴随着民族矛盾的加深和尖锐，国内阶级关系和政治格局发生了急剧的变动。遍及全国、大规模的全民族抗日救亡运动迅速开展起来。其中，代表中间阶级利益的中间党派，从这时起也发生了重大转变和出现了新动向。他们纷纷公开要求抗日，积极投身于挽救民族危亡运动的革命洪流。“民族矛盾的上升激起民族抗日心理的高涨，因此，不同的政派做出了共同的选择”。至 1937 年 7 月，随着中共关于抗日民族统一战线政策的提出和确立，以及抗日民族统一战线的初步形成，中共开始改变了对中间党派的态度，提出了争取中间党派的政策。

1935 年《八一宣言》发表，中共第一次比较完整地提出了抗日民族统一战线的方针，“宣言”呼吁全国各党派、各军队、各界同胞，不论过去和现在有任何政见和利害的不同，有任何敌对行为，都应当停止内战，集中一切国力为抗日而奋斗。同时，宣言申明中国共产党愿意立刻同各党派、各团体、各名流学者，政治家以及一切地方军政机关，就抗日救国问题进行谈判。从中共与民主党派关系的角度分析来看，这一“宣言”的发布成为中共对中间党派态度转变的重要标志。随后，为适应形势发展的要求，中共于 12 月召开了政治局会议——“瓦窑堡会议”，正式确立了建立抗日民族统一战线的新的策略和总方针。会后，中共加强了对中间党派的统一战线工作。仅 1936 年，毛泽东写给各爱国民主人士的信函就达数十封，在信中希望他们利用自己的地位和威望，推动抗日民族统一战线的形成；同时，中共还派出代表负责联络工作，给他们送去党的文件，解释和传达党的方针政策，征求他们的意见和要求，以共同“从事统一战线之伟业”。

为了团结全国的救国力量，以推动各党派的联合，全国各界救国联合会于 1936 年 5 月底在上海成立。由于“救国会”是一个有着广泛社会基础的抗日救国阵线组织，因此相当数量的共产党员加入，并成为其中的骨干。他们把中共关于建立广泛的抗日民族统一战线的主张带进“救国会”，从而沟通了共产党与救国会领袖之间的联系，使中共的这一主张不仅为他们所接受，而且化作他们的自觉行动。7 月 15 日，“全救会”领袖沈钧儒、章乃器等 4 人联名发表文章，明确表示赞成和支持中共在《八一宣言》中所提出的停止内战，联合各党派共同抗日救国的主张。

由于“全救会”所显示出的声势和威力，日益为国民党当局所不能容忍，1936 年 11 月，国民党南京政府在上海公然逮捕了七位救国会领袖，制造了“救国有罪”的“七君子事件”。中共为营救“七君子”倾心竭力，对“救国会”不仅给予有力的声援，而且予以实际的帮助，同全国人民开展了声势浩大的营救斗争。中共通过推动营救七君子运动，造成了逼蒋抗日的强大政治攻势，壮大了统一战线的力量。“救国会”则通过制定和提出各党各派团结御侮的纲领主张和其领导的实际抗日救亡运动，日益加强了与中共之间的密切联系，成为当时各党派中与中共联系最密切，并在思想政治上接受中共领导的一个党派，这就为以后在抗日救国运动中双方的进一步合作打下了坚实的基础。中华民族革命同盟是在华北危机的影响和中国共产党人的帮助下建立起来的。

七七事变揭开了日本帝国主义蓄谋已久的全面侵华战争的序幕。从此之后，全国各阶层人民在中共倡导的抗日民族统一战线的旗帜下，结束了一盘散沙的混乱局面，开始以空前的民族大团结和高涨的爱国主义激情，投入了这场“百年以来未曾有过的全国范围的对外斗争”。在历时 14 年的抗战中，中共与各抗日的爱国党派在坚持抗战反对投降、坚持团结反对分裂、坚持进步反对倒退的共同斗争中，由民主革命的同盟者发展成为团结合作的友党。

团结、抗战、民主，是抗日战争时期中国政治生活的三大主题。在团结抗战的旗帜下，国共两党实现了第二次合作，建立了抗日民族统一战线，为抗日战争的伟大胜利提供了坚实的政治保障。而国民党执政当局顽固坚持一党专政的训政体制，无视中共与中间党派的民主诉求，导致民主宪政运动的两度兴起。中共与中间党派在共同争取民主政治的运动中形成了广泛的共识，开展了紧密的合作，这不仅有力地推动了中国政治民主化的进程，而且促进了中间党派在政治上向中共靠拢，从而成为中共领导下的多党合作事业的历史渊源和良好开端。

随着中日民族矛盾的日益严峻，中共和各民主党派在民主和抗战问题上越来越取得共识；在中共和各党派的一再呼吁下，国民党在 1938 年 3 月召开的临时全国代表大会上决定设立“国民参政会”。由于有了“参政会”这个纽带的联结，各党派联系的形式就有了合法的依据。在整个抗战期间，各党派负责人和中共领导人为了能在“国民参政会”上更好地合作，经常利用聚餐会、座谈会、茶话会、拜访等多种形式进行参政活动。这对中共与各民主党派沟通思想，促进团结合作，起了重大的作用。可以说，“国民参政会”成为抗日战争时期反映中共与民主党派关系的一个缩影。

在“国民参政会”上，中共参政员和各党派及国民党内的爱国者共同为争取民主政治进行了坚持不懈的斗争。在一届四次参政会上发展成为声势浩大的要结束训政、实施宪政的“宪政运动”。一时间，“宪政”问题成为举国瞩目的大事。一场轰轰烈烈的民主宪政运动教育了人民，特别是教育了“中间党派”，使他们对国民党独裁统治的本质有了较实际较深刻的认识。尤其是在这次运动中，中共与中间党派开始了初步的具体合作，而且还配合得相当默契，相互之间加深了了解。使中间党派认识到中共是他们的同盟军和强大后盾，为后来双方建立更密切的联系与合作，奠定了基础。

抗战后期，由于国民党专制独裁统治所造成的严重政治、经济、军事危机，广大民众迫切要求国民党改弦更张，实行民主政治，以挽救危局。迫于国内外的责难和压力，国民党当局只好再次打出“宪政”的旗号，声称“战争结束后一年，召集国民大会，制定宪法而颁布之”。第二次“民主宪政运动”由此揭开了序幕。在这次运动中，民主党派发挥了重大作用，“民主宪政运动”的热烈气氛，打破了国统区两三年来的沉闷，形成了一股强大的民主政治潮流，冲击了国民党独裁专制统治。而且，通过这次运动，使中共与民主党派在关于建立民主国家问题上有了一定的交流，并取得了初步的共识。

为了把全国各界人士在“民主宪政运动”中所提出的要求概括为一个明确的共同斗争目标，中共与中国民主同盟领导人共同协商，由林伯渠在 1944 年 9 月 15 日的三届三次国民参政会上提出“组织各抗日党派联合政府”的主张。立即在国内外引起了强烈反响，使正在开展的“宪政运动”演变成为声势浩大的“联合政府运动”。9 月 24 日，民盟和各党派领导人，国民党民主派及爱国民主人士500多人在重庆迁川大厦礼堂隆重聚会，要求结束国民党一党专政，响应中共“联合政府”的号召。10月10日，中国民主同盟发表《对抗战最后阶段的政治主张》明确提出“立即结束一党专政，建立各党派之联合政权”。

1945年4月至6月间，随着中共七大和国民党六大的召开，国共两党的斗争日趋尖锐。为了调停国共关系，促成团结，7月1日，黄炎培、左舜生、章伯钧等6位参政员亲赴延安与中共领导人进行正式会谈。最后，会谈双方形成了以《会谈记录》形式达成的协议。这是抗战以来中共与民主党派及民主人士达成的第一个正式协议，体现了双方求同存异的精神，标志着双方的合作迈入了一个新的更深的层次。

随着抗日相持阶段的到来，蒋介石的抗日锐气渐减，反共反民主的活动却日益升级。1940年10月又掀起了第二次反共高潮，制造了震惊中外的皖南事变。

各中间党派和广大民主人士对国民党的这种破坏抗战团结的倒行逆施极为愤慨，他们或发表谈话、或举行集会，谴责国民党军队的暴行，对中共表示同情和支持。在皖南的军事行动尚未结束时，救国会坚定地站在共产党一边，坚持正义立场，痛斥国民党顽固派破坏团结抗战、同室操戈的罪恶行径。职教社更是一针见血地指出，这次事变“不仅是国共两党问题，而且是民众与反动势力斗争问题”。致公党则认为这是“自毁长城，自促亡国”。国共两党关系的日趋恶化及国民党专制独裁、限制异党活动的倒行逆施，使各中间党派深感焦虑。

国民党政府一意孤行，不仅对共产党的军事进攻不断升级，而且也加紧了对民主党派和民主人士的政治迫害。国民党的专制独裁行径，使中间党派深感为民主和反内战有进一步团结起来的必要。只有各中间党派进一步联合起来，形成一个强大的“第三者”的政治集团，才能够左右国共两党，发挥其特有的政治作用。

正是基于这一认识，他们自身加紧了酝酿建立联合组织的工作。在中共的大力支持下，1941年3月9日，中国民主政团同盟成立大会在重庆秘密召开。中共与中间党派在反对国民党独裁统治的斗争中并肩战斗，相互支持，相互帮助，一道走过了一段艰难的历程。

抗战胜利后，中国面临着向何处去的历史性抉择。国共两党尖锐对立的建国方针，强烈冲击着抗战以来形成的政治格局，阶级阵线发生了深刻演变，党派关系处于剧烈变动之中。以民盟为代表的中间势力，经过抗战的洗礼，其政治声誉和影响有了显著提高，一批新的民主党派组织也相继建立。面对中国向何处去的重大问题，他们也提出了自己的建国主张“第三条道路”。在中共的帮助和影响下，在国家面临光明与黑暗两种命运抉择的关键时刻，共同反对国民党的独裁统治，民主党派彻底放弃了“中间道路”的幻想，最终在国共两党之间选择了代表中国光明前途的中国共产党。

重庆谈判后，中共与各民主党派从反对内战、反对独裁、争取和平民主的共同基点出发团结合作，迫使国民党于 1946 年 1 月 10 日签订了停战协定，并同日在重庆召开了各党派的政治协商会议。会议期间，中共代表团与各民主党派，特别是民盟代表，建立了和衷共济的合作关系。双方相互协商、相互支持、相互配合，同国民党进行了针锋相对的斗争，在政治上取得了重大胜利。在整个会议期间，中共与民盟为代表的各民主党派结成了反内战反独裁的政治联盟。对政协会上的各种重大问题的讨论，中共与民盟均遵照会前彼此协商的“君子协定”总是事先交换意见取得一致，“共产党同民盟双方的代表每天的晚间总是聚在一起来共同讨论”。“白天开会，晚上到特园碰头，互相交换情况和意见。”正是在中共和各民主党派的不懈努力下，会议最终通过了有利于人民而不利于国民党独裁统治的“五项决议”。

在 1946 年初召开的政协会议上，周恩来率领的中国共产党代表团与各民主党派和进步势力携手合作。在代表名额问题上中国共产党与民盟密切合作。政治协商会议最初商定的名额是：国民党 9 人，共产党 9 人，民盟 9 人，社会贤达 9 人，共 36 人。后来，国民党为了拉拢青年党，对民盟进行分化瓦解，以孤立共产党，硬要民盟让出 5 个名额给青年党。这期间周恩来等人一再到特园向民盟负责人表明态度，民盟 9 个代表席位不能动，不能让步，“希望民盟坚持这个意见”，最后商定的结果是青年党单独参加政协会议，不占民盟名额，由中国共产党让出 2 名，国民党让出 1 名，总名额增加到 38 个，民盟维持 9 个名额不变。

会议在讨论各决议案中都体现了共产党和各民主党派的通力合作，互相支持，共产党的真心诚意得到了民主党派的赞许。民盟的代表说："共产党的方案的确是根据和平、民主、团结、统一的原则真心实意提出来的。"他还向马歇尔赞扬了当时共产党为了和平民主而作出较大让步的大公无私精神。当马歇尔问他："是不是民主同盟去劝共产党让步的?"民盟代表回答说："恰恰相反，有些问题还是共产党说服民盟让步的。"

按照"政协决议"，真正的国民大会应当在内战完全停止之后，由改组后的各党派共同组成的民主联合政府召集。但是，在美帝国主义支持下的国民党政府，一面大打内战，一面开始进行政治欺骗，企图诱使中共和民盟参加伪国大，为其独裁统治披上"民主"的外衣。为此，各民主党派与中共就参加"国大"问题进行了坚决的抵制斗争。

1946 年 10 月 11 日，蒋介石公开违背政协决议，单方面宣告召开国民大会。中共对此表示坚决反对。15 日国大开幕日，民盟于当日清晨召开紧急会议，正式批准黄炎培、章伯钧代表民盟阐明不参加国大的政治立场，并议定了拒绝参加国大的声明。12 月 24 日，民盟中央还做出决定将参加国大的国社党开除出盟。在这一年多维护政协决议、反对非法国大的共同斗争中，共产党与民主党派的关系经受了严峻考验，进一步巩固了团结。

国民党发动的全面内战造成严重的政治与经济危机，迫使国统区人民奋起斗争，在中共的领导下，以学生为中心，包括各阶层在内，民主党派和爱国民主人士积极参加的反美反蒋的爱国民主运动如火如荼地开展起来，形成了反蒋斗争的第二条战线。"沈崇事件"的发生，引发了一场规模巨大的抗议美军暴行的群众爱国斗争。1947 年 5 月，上海各校学生举行示威游行，进而在全国掀起了"反饥饿、反内战、反迫害"运动。各民主党派积极参加并推动这一运动向前发展。民盟与中共地下党密切配合，积极声援学生的爱国反蒋斗争。黄炎培、章伯钧等民盟中央领导人轮流到中央大学等校讲演，向国民党政府提出抗议。这一波澜壮阔的反美反蒋斗争，正如毛泽东所指出的："和全民为敌的蒋介石政府，现在已经发现它自己处在全民的包围中。"

这一时期，各民主党派积极投身国统区的爱国民主运动，与中共并肩战斗在"第二条战线"，表明民主党派的斗争与中共领导的人民革命斗争已经紧密结合在一起，并已成为国统区反对蒋介石独裁统治的重要力量。

1946 年 7 月 11 日，著名民主活动家、中国民主同盟中央执行委员会委员、昆明民主运动的重要领导人李公朴在昆明遭国民党特务暗杀。15 日，民盟云南支部负责人、西南联合大学教授、民主战士闻一多也在同一城市遭国民党特务狙击身亡。“李闻惨案”震惊全国，毛泽东、朱德分别致电李公朴、闻一多的家属，对两位先生的遇害表示沉痛哀悼。延安各界举行了反内战、反特务大会。朱德总司令在大会上讲话，号召全国人民团结起来，坚决反对国民党的法西斯内战政策和特务政策。在南京，周恩来代表中共中央向国民党出席政协会议的代表团提出强烈抗议，强烈要求国民政府严惩凶手、安葬死者、取消特务机关等。民盟中央主席张澜从成都致电蒋介石，怒斥国民党的罪恶行径。在全国各地，人民群众的抗议此起彼伏，掀起了反内战、反迫害、争民主的斗争高潮。

自伪国大召开之后，国民党撕去利诱的假面具，对民盟及其他民主党派施以赤裸裸的政治迫害。面对蒋介石政府的政治高压，民盟被迫于 1947 年 11 月 6 日宣告解散。在这种形势下，从 1947 年底到 1948 年初，各民主党派在中国共产党的帮助和推动下，抛弃了“中间路线”，倒向了新民主主义一边，倒向了人民的一边，实现了历史性的转折。大部分民主党派人士已认识到，“中间路线”是行不通的，共产党领导新民主主义革命胜利的必然性。

中国共产党一方面对民主党派政治上的进步表示热烈的欢迎和支持，同时强调指出：“中国新民主主义革命要胜利，没有一个包括全民族绝大多数人口的最广泛的统一战线是不可能的”。但是，这个统一战线必须在中国共产党的领导下，“没有中国共产党的坚强领导，任何革命统一战线也是不可能胜利的”。随着革命形势的迅速发展，各民主党派在实际斗争中经受了进一步的教育和考验。

1948 年春，人民解放战争胜利在望，国民党的统治陷入全面危机，在这种形势下，各民主党派的政治态度发生了重大变化。在新政协运动中，民主党派完全接受了新民主主义革命路线，明确承认共产党在中国革命中的领导地位。最终于 1949 年初表明其愿意接受中共的领导、拥护革命进行到底的决心，与共产党一道为新中国的诞生共同奋斗。

1948 年 4 月 30 日，在中国人民解放战争的胜利已经不可避免的形势下，中共中央发布《纪念五一劳动节口号》，提出：“各民主党派、各人民团体、各社会贤达迅速召开政治协商会议，讨论并实现召集人民代表大会，成立民主联合政府。”

“五一口号”发布后，立即得到了各民主党派的积极响应。5 月 2 日，总部设在香港的各民主党派集会讨论，一致认为召开新政协会议是“我国政治上的必经途径”，“民主人士自应起来响应”。5 月 5 日，民革、民盟、民进等领导人联名致电毛泽东，指出中共“五一口号”，“密合人民时势之要求”。此外，各民主党派还分别发表了宣言、声明，拥护共产党的号召。

各民主党派在热烈响应中共“五一”号召的同时，就“目前形势与新政协”举行座谈，无党派人士郭沫若提出：在新的局面下，应承认中共的领导权，承认新民主主义的指导思想，承认毛泽东为中国人民的领袖。民盟代表冯裕芳认为：中国革命的领导者是中共，这是无可否认的，中国必须要实行新民主主义，这也是无可否认的。民进领导人马叙伦声称，中国共产党就是新政协的“当然领导者”。民革领导人谭平山认为，新政协领导人的责任，“不得不放在中国共产党肩上”，上述认识的确立，具有十分重大的意义。各民主党派在这个认识上的飞跃，促成了中国共产党与各民主党派关系的新发展，即在团结合作的友党关系上，增加了政治上领导与自觉接受领导的新型政党关系的内涵。

各民主党派在纷纷响应中共“五一”号召后，在国统区开展了各种形式的活动和斗争，积极支持人民解放战争取得最后胜利。

一是积极配合共产党进行推翻国民党统治的军事斗争。从 1948 年初起，民革、民盟、民促等在全国各地建立了大小不等的数十支武装，以配合人民解放战争的胜利推进。在策反和搜集军事情报工作等方面做出了许多连共产党员都不容易取得的成绩。

二是宣传中国共产党的政策。民盟三中全会以后，开始学习和宣传中共关于新民主主义理论和方针政策，并动员在蒋管区的中上层人士、民族工商业资本家留下来参加新中国的建设工作。

三是各民主党派组织了不同形式的护厂护校斗争，为迎接人民解放军进城做了大量准备，并取得了一定的成绩。

从 1948 年 8 月起，各民主党派和民主人士代表受到中共的邀请陆续到达解放区，参加新政协的筹备工作。在共商建国大计的过程中，中共为同各民主党派沟通思想，加强团结合作，做了大量深入细致的工作。通过这些工作，增强了对中共的信任，在重大政治问题上与中共取得了一致。1949 年 3 月，中共召开了具有重大历史意义的七届二中全会。在会上，毛泽东强调，“为了革命的彻底胜利和新中国的建设事业，我党同党外民主人士长期合作的政策，必须在全党思想上和工作上确定下来”。

这些思想奠定了中共关于多党合作制的理论基础，成为全党处理党派关系的基本指导方针。9 月 21 日，经过中共和民主党派的共同努力，中国人民政治协商会议在北平隆重开幕。从此，新政协成为多党合作的基本组织形式，中国共产党领导的多党合作的新型政党关系格局基本形成。

中国共产党在取得解放战争的决定性胜利以后，于 1948 年 4 月 30 日颁布了纪念“五一”劳动节口号，发出“各民主党派、各人民团体和社会贤达迅速召开政治协商会议，讨论并实现召集人民代表大会，成立民主联合政府”的号召。

1949 年 6 月 15 日，毛泽东在新政治协商会议筹备会上的讲话中指出：“必须召集一个包含各民主党派、各人民团体、各界民主人士、国内少数民族和海外华侨代表人物的政治协商会议，宣告中华人民共和国的成立，并选举代表这个共和国的联合政府，才能使我们伟大的祖国脱离半殖民地的和半封建的命运，走上独立、自由、和平、统一和强盛的道路。”

各民主党派和各族各界人士热烈响应这一号召，并认真参与了相关的筹备工作。1949 年 9 月 21—29 日，中国人民政治协商会议第一次全体会议在北京召开，人民政协正式成立了。人民政协成立后，执政的中国共产党和包括各民主党派人士在内的全国各族各界人士一起，在人民政协的平台上光荣地完成了建立新中国的历史使命，揭开了新中国历史的第一页。

参加人民政协的各民主党派人士参与制定了中国人民政治协商会议组织法、中华人民共和国中央人民政府组织法和中国人民政治协商会议共同纲领；决定北京为中华人民共和国国都、五星红旗为中华人民共和国国旗、《义勇军进行曲》为代国歌，中华人民共和国的纪年采用世界公元纪年，选举了中国人民政治协商会议全国委员会和中华人民共和国中央人民政府委员会。

在中国共产党支持下，各民主党派直接参加了新政权的管理。新中国成立后，中国共产党还对民主党派代表人士参加各级人民政府的管理给予极大的关心和支持。周恩来向党内的干部指出："非党人士要有职有权。""有职、有权、有责，自然会发挥他们的积极性。"新中国成立初期，民主党派与中国共产党在各级政府中合作共事，说明在新政权中，各民主党派既不是在野党，也不是反对党，而是参加国家政权建设和管理的参政党。

中央人民政府的人事安排是：副主席 6 人中，党外人士 3 人，即宋庆龄、李济深、张澜；委员 56 人，其中党外人士 27 人，即何香凝、赛福鼎、陈嘉庚、马寅初、马叙伦、郭沫若、沈钧儒、沈雁冰、陈叔通、司徒美堂、李锡九、黄炎培、蔡廷锴、彭泽民、张治中、傅作义、李烛尘、李章达、章伯钧、程潜、张奚若、陈铭枢、谭平山、张难先、柳亚子、张东荪、龙云。

政务院的人事安排是：4 名副总理中，有党外人士 2 人，即黄炎培、郭沫若；15 名政务委员中，党外人士 9 人，即谭平山、章伯钧、马叙伦、罗隆基、张乃器、邵力子、黄绍竑、陈绍先、王昆仑。

在政务院所辖的部、会、院、署、行中，担任正职的党外人士 14 人，即：文化教育委员会主任兼中国科学院院长郭沫若、人民监察委员会主任谭平山、轻工业部部长黄炎培、邮电部部长朱学范、交通部部长章伯钧、农业部部长李书城、林垦部部长梁希、水利部部长傅作义、文化部部长沈雁冰（茅盾）、教育部部长马叙伦、卫生部部长李德全、司法部部长史良、华侨事务委员会主任何香凝、出版总署署长胡愈之等。

可以看出，当时各民主党派真是人才济济啊，今天我们不得不叹服。

改革开放以后，邓小平继承和发展了我们党关于多党合作的思想，对民主党派地位的重新审视和认定。在 1979 年 6 月召开的全国政协二次会议上，邓小平指出"我国的民主党派已经成为各自所联系的一部分社会主义劳动者和一部分拥护社会主义的爱国者的政治联盟，都是在中国共产党领导下为社会主义服务的政治力量。"同年 10 月，邓小平在全国政协、中共中央统战部为出席各民主党派和全国工商联代表大会代表举行的宴会上指出："各民主党派和工商联同我们党有过长期合作、共同战斗的历史，是我们的亲密朋友。”

1982年，邓小平在中国共产党第十二次全国代表大会上指出：“各民主党派在民主革命时期同我们共同奋斗，在社会主义时期同我们一道前进，一道经受考验。在今后的建设中，我们还同所有的民主党派和爱国人士长期合作。”

以江泽民为核心的中共中央第三代领导集体，在总结中国共产党与民主党派长期合作的基础上，在新的实践基础上，对民主党派的地位和作用作了新的概括和总结，明确民主党派在我国国家政权中的参政党地位。1989年12月下发的《中共中央关于坚持和完善中国共产党领导的多党合作和政治协商制度的意见》指出：“各民主党派是接受中国共产党领导的、同中共通力合作、共同致力于社会主义事业的亲密友党，是参政党。”

1993年3月，第八届全国人民代表大会第一次会议通过的《中华人民共和国宪法修正案》，把“中国共产党领导的多党合作和政治协商制度将长期存在和发展”等内容写进《宪法》的序言部分，上升为国家意志。

以胡锦涛为总书记的党中央结合时代的发展，在新世纪新阶段就我国的政党关系提出了一些新的符合实际的理论观点。2005年2月颁布的《中共中央关于进一步加强中国共产党领导的多党合作和政治协商制度建设的意见》，成为新世纪新阶段正确认识和处理政党关系的纲领性文件。该《意见》强调，要加强和改善中国共产党对多党合作和政治协商的领导。

2017年10月，中国共产党胜利召开了举世瞩目、意义重大的第十九次全国代表大会，开启了全面建设社会主义国家新征程；11月27日至12月24日，八个民主党派也相继陆续召开了五年一次的全国代表大会，分别完成既定议程，顺利实现新老交替。以习近平同志为核心的党中央对各民主党派全国代表大会高度重视，中共中央各位常委分别出席了八个民主党派全国代表大会开幕式，亲切会见全体与会代表并代表中共中央致贺词。贺词立意高远，内涵丰富，不仅对民主党派创造的光辉业绩给予充分肯定，而且还满怀深情为民主党派事业在新时代实现新发展指明了方向和使命，言辞恳切，感人至深。

贺词指出："中国各民主党派同中国共产党有着长期合作的光荣历史，具有爱国革命的优良传统。自诞生之日起，一代又一代民主党派中央领导人团结带领广大成员，同中国共产党栉风沐雨、一路同行，走上了接受中国共产党领导、矢志不渝同中国共产党亲密合作、建设中国特色社会主义的道路，走上了把我国建设成为富强民主文明和谐美丽的社会主义现代化强国、实现中华民族伟大复兴中国梦的道路，为统一战线和多党合作事业不断发展作出了重要贡献，为实现民族独立和解放、建立新中国、建设中国特色社会主义事业发挥了重要作用。实践已经充分证明，而且必将进一步证明，民主党派作为中国共产党久经考验的亲密友党和中国特色社会主义参政党，……是实现中华民族伟大复兴中国梦的一支重要力量。"

贺词聚焦"不忘合作初心，继续携手前进"，诚挚地对进一步推动多党合作事业在新时代实现新发展共同作出努力，提出了殷切希望。

一要深入学习宣传贯彻中共十九大精神。夯实多党合作共同思想政治基础。

二要始终坚持和维护中国共产党的领导，走中国特色社会主义道路。

三要以习近平新时代中国特色社会主义思想为指导，大力弘扬民主党派的优良传统，进一步深化政治交接。

四要聚焦党和国家的中心任务履行参政党职能，为实现中华民族伟大复兴中国梦凝心聚力。

五要不断加强各民主党派自身建设。更好地承担起中国特色社会主义事业亲历者、实践者、维护者、捍卫者的责任担当。

中国共产党与民主党派团结合作的历史经验告诉我们，只有坚持中国共产党对多党合作的领导才能确保多党合作沿着正确的道路继续前进，只有坚持中国共产党对多党合作的领导才是我国各项事业取得胜利的根本保证，只有坚持中国共产党对多党合作的领导才能使"两个一百年"奋斗目标顺利实现，只有坚持中国共产党对多党合作的领导才能实现中华民族伟大复兴的中国梦。

2021 年 4 月 28 日

七十五载风雨同舟　不忘初心携手前进

陈百灵 *

一、民主建国会的创立

民主建国会 1945 年 12 月 16 日在重庆成立。当时，中国人民经过 14 年浴血奋战打败了日本侵略者，取得了抗日战争的伟大胜利。抗战胜利后的中华民族，面临着建立新民主主义国家还是维持大地主大资产阶级专政国家两种前途、两种命运的抉择。为了争取光明前途，一部分爱国民族工商业家和知识分子在重庆创建了民主建国会。

民建成立的发起人包括黄炎培、胡厥文、章乃器、施复亮、胡西园、李烛尘、孙起孟等。黄炎培参加过辛亥革命，在蔡元培先生的影响和感染下，他逐步形成了教育救国的志向。“兴教育、办学堂”是黄炎培早期救国思想的核心。1917 年 5 月 6 日，黄炎培在上海成立了我国近代教育史上第一个全国性职业教育机构——中华职业教育社。胡厥文 26 岁时创办上海新民机器厂，开始实业救国道路的摸索，1927 年又发起创办了上海铜铁机器业同业公会。1932 年 1 月 28 日，日本帝国主义军队进犯上海，胡厥文与黄炎培合作，通过中华职业教育社等组织，发动上海市工商界支援抗战。爱国企业家日夜赶制手榴弹、炮弹、水雷、地雷，支援前线守军。几十天里，胡厥文

---

* 陈百灵，第十三届全国政协委员，民建中央调研部部长，北京市政协常委。

日夜奔忙，无暇理发剃须，竟至鬓髯盈颊，他索性蓄须以记国难。

1937 年，抗日战争全面爆发。在民族存亡的紧急关头，爱国工商界发扬反帝爱国的传统，与全国人民一道，积极投身抗日救亡运动。胡厥文等多方奔走，拟将自办工厂迁往内地，以实际行动支援抗日战争。在爱国实业家胡厥文、颜耀秋、支秉渊、吴羹梅等人的推动下，8 月 27 日，首批 27 艘满载工厂人员、设备的船只开始了内迁的征程。此后，大批工厂陆续内迁。到 1940 年，沿海民营工业迁入四川、广西、贵州、陕西等地的企业共有 452 家。实现了史无前例的民族工业大迁徙，为保存民族工业，支援抗战的军需民用作出重要贡献。

抗战胜利前夕，中国民族工商业者盼望国家走上和平统一、独立富强、民主自由的道路，主张和平民主，反对内战独裁，希望在良好的环境中振兴民族工商业。但是，国民党的倒行逆施使他们的希望最终成为泡影。

面对国民党的消极态度和官僚资本掠夺蚕食的严酷现实，民族工商界的代表人物开始总结历史的经验和教训，感到靠实业救国的理想并不能挽救国家和民族的命运，也不能为民族工商业拓展足够的生存与发展空间，需要建立一个既能在民主团结、和平建国中发挥作用，又能维护切身利益的政治组织。

与此同时，毛泽东在中共七大《论联合政府》的报告正在重庆印发流传，黄炎培等人读后颇有触动。为了推动国共谈判，他与冷遹等 6 位国民参政会参政员于 1945 年 7 月访问延安。

在延安期间，黄炎培亲眼目睹了中国共产党的施政政策和解放区建设的成就，接触和认识了大部分中共中央领导人和高级将领，特别是有机会与毛泽东多次促膝长谈。在一次谈话中，黄炎培说："我生六十多年，耳闻的不说，所亲眼看到的，真所谓'其兴也浡焉''其亡也忽焉'，一人，一家，一团体，一地方，乃至一国，不少不少单位都没有能跳出这周期率的支配力。""中共诸君从过去到现在，我略略了解的了，就是希望找出一条新路，来跳出这周期率的支配。"毛泽东答："我们已经找到新路，我们能跳出这周期率。这条新路，就是民主。只有让人民来监督政府，政府才不敢松懈。只有人人起来负责，才不会人亡政息。"黄炎培说："这话是对的，只有把大政方针决之于公众，个人功业欲才不会发生。只有把每个地方的事，公之于每个地方的人，才能使得地地得人，人人得事。把民主来打破这周期率，怕是有效的。”这就是历史上著名的“窑洞对”。

这次延安之行，使黄炎培眼界大开，对中国共产党有了新的认识，对中国的光明前途有了新的信心，鼓舞了他追求真理的勇气，成为他一生中一个重大的转折点，为日后新政党的筹组和发起奠定了思想基础。回到重庆以后，黄炎培自行出版了《延安归来》一书，盛赞中共的政策和解放区的形势，在重庆产生了良好的影响。

基于对当时局势的认识判断以及中国共产党政策的影响，民族工商业代表人物和与其有联系的知识分子开始酝酿成立政治团体。在紧张筹备的关键时刻，1945 年 10 月 19 日，周恩来应西南实业协会邀请，发表了题为“当前经济大势”的演讲，肯定了工商界关心政治是个进步。周恩来的演讲对筹组民主建国会起了积极的促进作用。

经过紧张的筹备，1945 年 12 月 16 日下午，民主建国会成立大会在重庆白象街西南实业大厦举行。参加民主建国会发起签名的 134 人中，约半数是民族工商业者、金融界代表人物，约半数是与工商界有密切联系的文教界中上层知识分子和经济工作者，还有少数中共党员。当日大会公推黄炎培、胡厥文、黄墨涵组成主席团。大会通过了《民主建国会成立宣言》《民主建国会章程》《民主建国会政纲》《民主建国会组织原则》等重要文件，选举了民主建国会领导机关。从此，民主建国会宣告诞生，一个新的政党出现在中国的政治舞台。

二、致力于民主建国

民建成立以后，以民主和建设为宗旨，提出推进民主、反对独裁，争取和平、反对内战，要求建设、反对破坏的政治主张，并与中国共产党和各界人士一道积极投入反内战、保和平的民主斗争中，为新民主主义革命的胜利作出了重要贡献。

促进政治协商会议成功。1945 年重庆谈判后，国共双方签署“双十协定”。然而协定签署不久，蒋介石就发布了进攻解放区的密令，总兵力达190万人以上，激起全国人民的强烈愤怒。迫于压力，蒋介石同意召开政治协商会议。民建因为刚刚成立，又未被国民党政府承认，因此没有代表。黄炎培以民盟代表身份参加，李烛尘以无党派社会贤达代表身份参加。但他们经常与民建领导成员一起交换意见，实际上代表了民建的意见。为促进政治协商会议成功，民建联合其他团体成立了政治协商会议陪都各界协进会，先后举行8次各界民众大会，遭到国民党特务的一连串骚扰破坏，史称“沧白堂事件”。政治协商会议闭幕后，蒋介石撕毁协议，加紧部署全面内战。对此，民建进行针锋相对的斗争，联合20多个团体，1946年2月10日在重庆较场口举行大会，再次遭到国民党特务的殴打破坏，史称“陪都血案”，又称“较场口事件”。“沧白堂事件”和“较场口事件”，使民建在争取和平民主的斗争中经受了一次战斗的洗礼。

反对内战争取和平。1946年5月，国民党政府迁回南京。为适应当时的局势，民建总会于1946年4月12日迁到上海。1946年5月5日，民建、民进等上海53个政团成立上海人民团体联合会，决定赴南京请愿。6月21日，民建在《联合晚报》《大公报》《时代报》《中华时报》发表了《为挽救国运解决国是奠定永久和平而呼吁》的声明。6月23日，上海人民团体代表团赴京请愿，得到了中共上海地下党的支持，动员组织了数万人前往欢送。请愿团下午7时到达南京下关车站后，遭到数百名伪装成苏北难民的国民党特务围殴，长达四五个小时。当受伤代表被送到中央医院救治时，已是6月24日凌晨。这就是震惊中外的下关事件。下关事件发生后，在南京的中共代表周恩来、董必武、邓颖超等闻讯立即到医院慰问。7月19日，周恩来写信给民建等17个政团，代表中国共产党对他们反对内战、坚持和平的态度表示肯定。下关事件使民建从血的教训中逐渐觉醒过来，进一步认清了国民党政府坚持内战、镇压人民的真实面目。

反对“美援”和美军驻华。美国为了支持国民党打内战，在中国境内派驻了14万军队。为反对美国政府支持国民党打内战，1946年8月13日，民建发表《对马歇尔特使及司徒雷登大使联合公报的意见》，刊于《联合晚报》《文汇报》《时代报》《时事新报》，并译成英文分送上海各外文报社和马歇尔、司徒雷登。9 月 7 日，民建发言人发表《民主建国会反对签订中美物资协定的谈话》，并与九三学社、上海人民团体联合会等 13 个政团从 9 月 23 日开始，发起了“美军退出中国周”的活动，致电联合国和美国政府，要求美军退出中国。声势浩大的宣传活动，对于配合解放军粉碎国民党军队的进攻发挥了积极作用。

反对召开“国民大会”。1946 年 10 月 11 日，国民党政府宣布召开“国民大会”，以“改组政府、制定宪法”为诱饵，企图拉拢民主党派，孤立中国共产党。对此，民建于 11 月初致函第三方面和有关团体，呼吁各界保卫和平、反对内战、维护政协决议。国民党派出陶希圣、张群、钱新之、杜月笙轮番做黄炎培的工作，动员他参加国大，遭到黄炎培的坚决拒绝。在共产党和各民主党派拒绝参加国民大会后，国民党在 1946 年 11 月 15 日单独召开了所谓的“国民大会”，通过了“一党宪法”。1947 年 4 月 22 日，民建针对国民党“改组政府”发表声明，一针见血地指出“在内战中改组的政府，哪里说得到政协路线，和扩大政府的群众基础”，并表示中国要走上和平、民主、团结、统一、独立、进步的道路，“只有重新恢复政协的精神和原则，组织全国统一的真正民主的联合政府，彻底实行和平建国纲领。”

三、迎接新中国的诞生

响应中共“五一口号”。1948 年 4 月 30 日，中共中央发布纪念“五一”劳动节口号，随后，民建于 5 月 23 日在上海秘密举行了常务理、监事联席会议。经过讨论，一致通过了“赞成中共‘五一’号召，筹开新政协，成立联合政府。并推章乃器、孙起孟为驻港代表，同中共驻港负责人及其他民主党派驻港负责人保持联系”的决议。这个决议，是民建在发展历史上的一个极为重要的里程碑，标志着民建政治立场、政治纲领的转折。它实际上宣布民建放弃了最初成立时“不右倾、不左袒”的中间路线，在国共两党的激烈斗争中，最终选择了接受中国共产党的领导、与中共团结合作的立场，为以后民建事业的发展，奠定了正确的思想基础。

北上解放区。1948 年秋天，解放战争进入最后阶段。1948 年 11 月和

1949 年 1 月，中共中央两次致电中共华南分局，邀请在上海和香港响应“五一口号”的各民主党派和爱国民主人士代表进入解放区，共同商讨筹备召开人民政协和组织联合政府等问题。民建总会接到邀请后，黄炎培、胡厥文、盛丕华协商决定，推派章乃器、施复亮、孙起孟代表民建到解放区参加新政协的筹备工作。1948 年 12 月 26 日晚，章乃器、施复亮、孙起孟等 30 余位民主人士在中共安排下，登上苏联货船“阿尔丹”号驶离香港，开始北上。1949 年 1 月 10 日到达沈阳，受到了中共代表李富春、张闻天的热烈欢迎。1949 年 3 月 14 日，黄炎培一行离港，25 日到达北平，受到中共领导人的热烈欢迎。至 3 月底，民建的主要负责人陆续到达北平。

积极配合大城市的解放。1949 年 4 月，中国人民解放军攻克南京，宣告了国民党政权的垮台。毛泽东、周恩来多次嘱勉民建理、监事为解放上海效力。在解放上海的过程中，许多民建会员利用各自的地位和社会关系做了大量实际工作。4 月 24 日夜，黄炎培在电台作了《为人民解放军迫近上海，劝上海同胞作局部和平运动》的广播。黄炎培、章乃器、施复亮起草了《欢迎人民解放军宣言》，姚惠泉、陆勋把上海碉堡的分布图及时送到解放军部队，为进军上海创造了条件。胡方、夏循元组织人员保管工厂账册、图纸，保护机器设备等物资。5 月 27 日，上海解放。6 月 25 日，中共中央发出《关于决定聘请黄炎培等十四人为上海市政府顾问给华东局电》，其中黄炎培、施复亮、盛丕华、包达三等 9 人为民建会员。他们在 1 个多月时间里，与中共中央华东局和上海市委领导一起，集中商讨了粮食、劳资、就业、公用事业等问题，为协助做好上海接管工作贡献了力量。民建为天津、成都、武汉等城市的解放也作出了积极的贡献。

发表对美国“白皮书”的声明。1949 年 8 月 5 日，美国国务院发表了题为《美国与中国的关系》白皮书。针对美国的白皮书，毛泽东先后发表了 5 篇评论文章，揭露美国对华政策的帝国主义本质，批评了一部分资产阶级知识分子对美帝国主义的幻想。民建经过集体讨论，由孙起孟执笔，起草了《加强内部团结和警惕，答告美帝好梦做不成的声明》，发表在 8 月 24 日的《人民日报》上，阐明了我国民族资产阶级接受中国共产党领导，走新民主主义道路的历史必然性。声明的发表，受到中国共产党的高度评价。毛泽东在声明发表的当天致信黄炎培，称赞“民建发言人对白皮书的声明写得极好，这对于民族资产阶级的教育作用是极大的，民建的这一类文件（生动的积极的有原则的有前途的有希望的），当使民建建立了自己的主动性，而这种主动性是一个政党必不可少的。”

参加新政协。1949 年 9 月 21—30 日，中国人民政治协商会议第一届全体会议在北平举行。参加会议的有 45 个单位，正式代表 510 人、候补代表 77 人、特邀代表 75 人。民建有 12 名正式代表、2 名候补代表，其他界别民建成员或以后加入民建的还有 40 多人。9 月 29 日，会议一致通过了《中国人民政治协商会议共同纲领》。这是一次划时代的会议，标志着中国共产党和各民主党派在《共同纲领》基础上，建立起新的合作共事关系，开创了具有中国特色的新的政党格局，开始了中国共产党领导的多党合作的新纪元。开幕式后的主席团第一次会议上，郭沫若、李济深、沈钧儒、黄炎培、马叙伦等 44 人提请以大会名义急电联合国否认国民党反动政府代表提案在国内外产生了重大的政治影响。

四、为新中国的建设献计出力

1949 年 10 月 1 日，中华人民共和国成立，从此中国进入了由新民主主义有步骤地转变到社会主义的过渡时期，各民主党派也由此进入了一个新的历史发展阶段。民建明确宣布以《共同纲领》为自己的政治纲领，团结和引导成员，与中国共产党通力合作，发挥自身特点和优势，为贯彻实施《共同纲领》贡献自己的力量。

一批民建成员在中央人民政府担任了领导职务。黄炎培任中央人民政府委员、政务院副总理兼轻工业部部长，李烛尘任中央人民政府委员，南汉宸任中国人民银行行长，章乃器任政务院政务委员、编制委员会主任，孙起孟任政务院副秘书长，罗叔章任中央人民政府委员会办公厅副主任，沙千里任贸易部副部长，施复亮任劳动部副部长，陈维稷任纺织工业部副部长，王绍鏊任财政部副部长，吴觉农任农业部副部长，杨卫玉、王新元任轻工业部副部长，还有一批民建成员在地方人民政府中担任领导职务。

在恢复国民经济过程中，民建积极参加了重大问题的协商讨论，发表了很好的意见。章乃器向周恩来建议，应发行人民胜利折实公债。1949 年 12 月 2 日，中央人民政府政务院第四次会议通过了发行公债的决定。广大民建会员爱国热情高涨，在认购、推销、交款入库工作中积极带头，按时超额完成了任务，为克服国家财政经济困难发挥了重要作用。

民建还积极协助政府平抑物价，配合做好私营批发商转业工作，推动工商界依法纳税、努力恢复生产、稳定市场。在中国共产党的领导和推动下，民建积极参加抗美援朝、土地改革、镇压反革命运动，为争取国民经济状况的根本好转，捍卫新生的人民政权，发挥了积极作用。在抗美援朝运动中，上海民建成员捐献战斗机 179 架，不少民建成员或成员亲属参军赴朝作战。

1951 年底和 1952 年初，中共中央开展了“三反”（反贪污、反浪费、反官僚主义）“五反”（反对资产阶级行贿、偷税漏税、盗骗国家财产、偷工减料、盗窃国家经济情况）运动。民建各级组织和成员积极参加，经历了一次接受改造的考验和守法经营教育。民建积极协助政府处理“五反”运动中的“退赔”问题，对调整公私关系、劳资关系发挥了重要作用。

1952 年底，中共中央提出“过渡时期总路线”。民建动员全体成员团结广大私营工商业者，在贯彻国家过渡时期总路线过程中发挥了重要作用。1952 年前后公私合营的企业主要以工业为主，其中民建成员经营的企业占绝大多数。民建成员不仅将自己经营的企业率先实行公私合营，并且做了大量宣传工作，解除了工商业者的疑虑，在对资本主义工商业的和平改造当中发挥了带头作用。

1954 年 9 月 15 日，第一届全国人民代表大会第一次会议在北京举行。黄炎培、李烛尘、章乃器分别参加了宪法起草委员会和选举法起草委员会的工作。民建各级组织结合贯彻过渡时期总路线，广泛开展学习宣传宪法活动，极大地提高了民建组织和成员对社会主义建设和社会主义改造的认识。

1956 年，在我国社会主义改造基本完成以后，中国共产党召开了第八次全国代表大会。会议科学地提出了国内的主要矛盾已经不再是工人阶级与资产阶级的矛盾，而是人民对于经济文化迅速发展的需要同当前经济文化不能满足人民需要的状况之间的矛盾，全国人民的主要任务是集中力量发展社会生产力。在处理中共与民主党派的关系上，再次强调了“长期共存、互相监督”的方针。但遗憾的是，中共八大以后，由于越来越严重的“左”的错误，八大的正确路线没有得到应有的贯彻，民建的工作也受到“左”的错误的干扰，面临严峻的考验。

从 1966 年开始的“文化大革命”，使国家遭受了长达十年之久的浩劫。在“十年内乱”中，民建被迫停止活动，但广大民建成员始终没有动摇对中国共产党的信任和走社会主义道路的信念，没有动摇爱国爱党的感情，与中共风雨同舟、患难与共，在困难中经受了锻炼和考验。

五、积极投身改革开放和社会主义现代化建设

1978 年 12 月 18—22 日，中共中央召开十一届三中全会，把工作重点转移到社会主义现代化建设上来，开启了改革开放和社会主义现代化的伟大征程。多党合作也由此进入新的发展阶段，民建在工作上和组织上都呈现出勃勃生机。

1979 年 1 月 17 日，邓小平在人民大会堂福建厅约见胡厥文、胡子昂、荣毅仁、周叔弢、古耕虞 5 位民建、工商联老同志。邓小平首先提出：“听说你们对如何搞好经济建设有很好的建议，我们很高兴，今天就谈谈这个问题。”胡厥文发言说，原工商业者的技术专长不能发挥，统战部的投降主义帽子没有摘掉，这些问题不解决，工商界心有余悸。胡子昂补充说，原工商业者在技术管理专长方面大有人力可挖。荣毅仁发言提出，吸引外资需要有一个部门，避免多头对外。古耕虞谈到，只有明确建国以来 17 年的统战政策是正确的，才能解决干部心有余悸的问题。他建议摘掉资本家的帽子，并递交了书面建议。邓小平认真听取了“五老”的意见，提出要落实原工商业者的政策，钱要用起来，人也要用起来。

谈话不知不觉到了中午，邓小平风趣地说，肚子饿了，该吃饭了，今天我们聚聚，我请大家吃涮羊肉。大家围着热气腾腾的火锅边吃边谈，气氛十分融洽。这次具有历史意义的谈话活动被誉为“五老火锅宴”。邓小平这次谈话打开了非公有制经济发展的禁区，极大地调动了工商界人士的政治热情

和工作积极性。

在邓小平约见民建、工商联“五老”以后，荣毅仁于 1979 年 2 月向中共中央、国务院提出设立国际投资信托公司的建议。6 月 27 日，国务院正式批准成立中国国际信托投资公司，荣毅仁出任董事长兼总经理。1983 年 4 月，在王光英的积极努力下，中国光大集团有限公司正式成立（又称光大实业公司），总部设在香港，王光英出任董事长兼总经理。两个公司的成立，作为中国对外开放的重要窗口，对引进资金、技术和人才，进一步做好进出口贸易等方面的工作发挥了积极作用。

与此同时，民建积极协助中共和政府加紧解决有关历史遗留问题，认真落实各项政策，兴办企业，安置待业青年，开展调查研究和咨询、培训工作，开展支边扶贫和对外经贸联络，发挥参政和监督作用，探索为四化服务的新途径、新路子。截至 1982 年底，各地民建、工商联共组织 6000 多名成员，自办集体企业 208 家、合办 133 家、协办 3003 家，安置待业青年 9 万多人。到民建四大召开前的 5 年间，经民建、工商联牵线搭桥与港澳等达成协议的各种项目有 337 项，总金额达 2 亿多美元。

中共十二大以后，中国共产党和各民主党派的政治协商逐步朝着制度化、规范化的方向发展，国家政治、经济生活中的重大问题，都向民主党派和党外人士通报情况、征求意见。在此过程中，民建本着肝胆相照的精神，坦诚地提出意见和建议。从 1979 年初到 1986 年底，包括民建在内的民主党派领导人出席中共中央主要领导人召集的各种协商会 33 次，民建提出的经济体制改革等方面意见建议受到中共党委和政府的重视和采纳。

1987 年 10 月召开的中共第十三次代表大会，确定了社会主义初级阶段的基本路线，提出了我国经济发展战略和经济体制改革、政治体制改革等一系列方针、任务和要求。1989 年底，《中共中央关于坚持和完善中国共产党领导的多党合作和政治协商制度的意见》颁布实施，民主党派参与协商的广度和深度有了很大发展。这一期间，民建先后就价格、工资改革方案、关于进一步清理整顿和深化改革的决定、关于加强党同人民群众联系的决定、关于制定国民经济和社会发展十年规划和“八五”计划的建议、关于教育发展和改革若干问题的决定、搞好国营大中型企业、加强农业和农村工作等提出了意见和建议。

1993 年，八届全国人大一次会议将对宪法部分内容作出修改。孙起孟得知这一消息，力主抓住时机，把中国共产党领导的多党合作和政治协商制度这一具有中国特色的政治制度写入我国的根本大法。1993 年 3 月 1 日，民建中央向中共中央提出了《民建中央关于在宪法中明确规定中国共产党领导的多党合作和政治协商制度的建议》。

在 3 月 6 日江泽民主持的民主协商会上，孙起孟再次提出，把中国共产党领导的多党合作和政治协商制度写进宪法。王洪昌等 2 人还向全国政协八届一次会议提交了《关于在宪法中补充规定有关“中国共产党领导的多党合作和政治协商制度”的提案》。民建的建议，得到中共中央的采纳。3 月 14 日，中共中央向八届全国人大一次会议主席团提出了《关于修改宪法的补充建议案》。其中第一条就是在宪法序言第十自然段增加“中国共产党领导的多党合作和政治协商制度将长期存在和发展”。3 月 18 日，八届全国人大一次会议主席团举行第二次会议，会议决定将中共中央建议案提请八届全国人大一次会议表决。3 月 29 日，八届全国人大一次会议通过中华人民共和国宪法修正案，把“中国共产党领导的多党合作和政治协商制度将长期存在和发展”作为补充条款写进宪法。

宪法的这一修改，具有重要的现实意义和深远的历史意义。把中国共产党领导的多党合作和政治协商制度上升为国家意志，向世界昭示了中国共产党和各民主党派坚定不移地坚持这一制度的信念，要求各政党、各团体和所有公民必须认真遵从，成为我国多党合作历史上的又一里程碑。

1997 年，始于泰国的金融风暴席卷东南亚，亚洲乃至全球的经济都受到冲击和影响。为应对危机，民建中央主席成思危组织成立了“风险投资研讨会”领导小组，在研讨成果的基础上，民建中央形成了《关于加快发展我国风险投资事业的提案》，提交全国政协九届一次会议。这份提案被列为大会“一号提案”，极大助推了我国风险投资事业发展。自 1999 年开始，民建中央每年主办“中国风险投资论坛”，成为中国风险投资业界的盛会。由于成思危对中国风险投资事业的热心推动和努力，使他被誉为“中国风险投资之父”。1999 年，民建中央发起成立的原“中国工商经济咨询有限公司”也正式更名为中国风险投资有限公司。

为促进非公有制经济健康发展，2003 年 12 月，民建中央联合湖北省人民政府，以“中国民营经济发展环境研究”为主题，在武汉举办了“2003 中国民营经济发展论坛”。这次论坛也被视为“中国非公有制经济发展论坛”的发端。2004 年，第二届论坛改名为“中国非公有制经济发展论坛”并一直沿用至今。多年来，中国非公有制经济发展论坛的举办水平不断提高，为政府的政策制定者、专家学者、非公企业等各方搭建了互相沟通交流的平台，为地方政府与企业、企业与企业之间搭建了合作共赢的平台，为促进地方经济发展、非公有制经济发展以及民建的参政议政发挥了积极作用。

在中央统战部的支持下，由民建中央发起的中华思源工程扶贫基金会于 2007 年 3 月 22 日获民政部批准成立。2007 年 7 月 4 日，中华思源工程扶贫基金会召开成立大会，成思危出任首任理事长，春雨计划、扬帆计划等 10 个项目也一同启动实施。截至 2007 年底，民建共建立扶贫联系点 115 个，开展为“三农”办实事活动 1000 多次，为贫困地区修建沼气池 4200 个，修建人畜饮水工程 415 个，助建希望学校 400 所，建生态林 80 多万亩，发动会员企业安置农村转移劳动力及城市下岗职工再就业 30 余万人，无偿支持扶贫县建设资金 1150 万元。截至 2007 年底，中华思源工程扶贫基金会共募集资金 4256 万元。

六、建设新时代中国特色社会主义参政党

2012 年 11 月 8 日，中国共产党召开第十八次全国代表大会，强调坚持长期共存、互相监督、肝胆相照、荣辱与共的方针，加强同民主党派和无党派人士团结合作，促进思想上同心同德、目标上同心同向、行动上同心同行，为包括民建在内的各民主党派发挥参政党作用提供了更加广阔的舞台。

为全面建成小康社会贡献力量。从 2013—2017 年，民建中央领导同志参加中共中央和国务院举行的高层协商会 22 次，就中共十九大报告、编制和实施“十三五”规划、政府工作报告，以及深化改革、依法治国、从严治党、经济形势等重大问题和重要人事安排，提出意见建议，内容涉及推动城

镇化科学发展；有效降低实体经济和小微企业融资成本；发展清洁能源和环保产业；健全多层次资本市场；防范和化解金融风险；推动长江经济带健康发展；深入推进供给侧结构性改革；大力培育具有核心竞争力的创新型企业；降低基本养老保险缴费率；落实和完善营改增试点政策；推进现代职业教育发展等多个方面，受到中共中央的重视和采纳。

2016 年 6 月以来，受中共中央委托，各民主党派中央对口 8 个脱贫攻坚任务重的中西部省区，开展脱贫攻坚民主监督工作。这是各民主党派中央首次对国家重大战略决策进行专项监督，是民主党派民主监督的创新与发展，具有重要的实践意义和理论价值。民建中央高度重视，迅速行动，启动了对口广西壮族自治区脱贫攻坚民主监督工作。

民建中央注重寓监督于帮扶之中，多次组织会内专家、企业家赴广西投资考察，推动合作项目签约 755.35 亿元。针对“两不愁三保障”存在的薄弱环节，协调资金 950 万元助力“同心水柜”建设，向贫困地区乡镇卫生院捐赠 229 辆救护车；引入资金 1000 余万元，帮助受水灾影响的 8 个县；协调资金 1532 万元开展“生态教育移民扬帆班”等教育扶贫项目。针对农产品销售难等问题，通过“中国特产 · 思源农特馆”（京东商城）项目，推介广西农特产品，展示了新型政党制度的独特优势和实践成果。

此外，民建一直坚持做好定点帮扶工作。自 1988 年以黔西县为重点参与毕节试验区建设和 1991 年定点帮扶丰宁县以来，民建全会倾力投入，合力推动两县经济社会发展。在持续不断地帮扶下，黔西县、丰宁县分别于 2018 年 9 月、2020 年 2 月脱贫摘帽。黔西县荣获了 2018 年全国脱贫攻坚组织创新奖。

全力投入新冠肺炎疫情防控阻击战。2020 年，以习近平同志为核心的中共中央团结带领全国各族人民，付出巨大努力，取得抗击新冠肺炎疫情斗争重大战略成果。在这场同疫情的殊死较量中，民建坚决贯彻落实习近平总书记关于疫情防控工作系列重要讲话精神和中共中央决策部署，以实际行动践行多党合作初心，交出一份合格的答卷。

疫情期间，民建各级组织、会员企业和广大会员为抗击新冠肺炎疫情捐款 8 亿多元，捐献物资价值超过 10 亿元。民建中央对定点帮扶县黔西和丰宁的疫情防控高度关注，经与中华思源工程扶贫基金会、相关省级组织协同作战，共向两地援助 370 多万元抗疫物资。在新冠肺炎疫情防控的主战场湖北，有 90 名医务工作者会员奋战在一线，1166 名会员坚守生产建设一线。民建湖北省委副主委周汉生、张文彤、韩民春等同志，分别承担组织企业满负荷生产防疫物资，建设火神山、雷神山和方舱医院，以及保障武汉市居民生活物资等工作。

加强中国特色社会主义参政党建设。民建坚持以习近平新时代中国特色社会主义思想为指导，不忘合作初心，继续携手前进，把思想政治建设摆在首位，扎实推进组织建设，全面加强作风建设，把制度建设贯穿于自身建设、履行职能全过程，对标“四新”“三好”，坚持建言资政和凝聚共识双向发力。为深入贯彻落实中共中央关于加强中国特色社会主义参政党建设的相关文件精神，民建将 2021 年确定为会的履职能力建设年，动员全会不断提高会的自身建设质量，围绕适应新发展阶段、贯彻新发展理念、构建新发展格局，努力为全面建设社会主义现代化国家开好局、起好步发挥应有作用。

时间是伟大的书写者，也是忠实的见证者。75 年来，民建积极投身建立新中国、建设新中国、探索改革路、实现中国梦的伟大实践，走过了一条不断追求探索、不断有所作为、不断成长进步的发展道路。如今，民建已经发展成为主要由经济界人士组成的、具有政治联盟特点的政党，是接受中国共产党领导、与中国共产党通力合作的中国特色社会主义参政党。会员人数从当初发起时的 100 余人，发展到现在的 20 万余人。实践证明，民建作为中国共产党久经考验的亲密友党和中国特色社会主义参政党，是中国从站起来、富起来到强起来伟大征程中的一支重要力量，是决胜全面建成小康社会、夺取新时代中国特色社会主义伟大胜利的一支重要力量，是实现中华民族伟大复兴中国梦的一支重要力量。

“物有甘苦，尝之者识；道有夷险，履之者知。”回顾民建 75 年来的奋斗实践和发展进步，我们更加深切地体会到，接受中国共产党领导是民建做出的正确历史抉择，是民建最大的政治共识；更加深切地体会到，中国共产党领导的多党合作和政治协商制度是中国共产党、中国人民和各民主党派、无党派人士的伟大政治创造，是从中国土壤中生长出来的新型政党制度；更加深切地体会到，中国共产党领导和我国社会主义制度、我国国家治理体系具有强大生命力和显著优越性。作为中国特色社会主义参政党，我们要更加自觉坚持中国共产党领导，始终做到初心如磐；要更加自觉坚持以习近平新时代中国特色社会主义思想为指导，始终做到理论清醒；要更加自觉致力于中国特色社会主义伟大事业，始终做到履职尽责；要更加自觉走中国特色社会主义政治发展道路，始终做到政治自信；要更加自觉提高中国特色社会主义参政党建设水平，始终做到素质过硬。

站在“两个一百年”奋斗目标的历史交汇点上，让我们更加紧密地团结在以习近平同志为核心的中共中央周围，增强“四个意识”、坚定“四个自信”、做到“两个维护”，同心同德，顽强奋斗，在全面建设社会主义现代化国家的新征程上创造新的历史伟业！

2021 年 5 月 12 日

传承优良传统　共担时代使命

潘碧灵 *

2021 年，伟大的中国共产党迎来了百年华诞。一百年来，中国共产党团结带领人民接续奋斗，创造了伟大历史，建立了伟大功业，铸就了伟大精神，形成了宝贵经验。历史是一面映照现实的明镜，也是一本最富哲理的教科书。只有加深对历史经验的理解，才能从中得到规律性的认识。

在庆祝中国共产党百年华诞的重大时刻和“两个一百年”奋斗目标历史交汇的关键节点，中共中央决定在全党开展党史学习教育，要求学史明理、学史增信、学史崇德、学史力行，从党的百年伟大奋斗历程中汲取继续前进的智慧和力量。习近平总书记在党史学习教育动员大会上发表重要讲话，站在统筹中华民族伟大复兴战略全局和世界百年未有之大变局的时代高度，对开展好党史学习教育作出全面动员和部署，并用“三个必然要求”深刻阐明了开展党史学习教育的重大意义。习近平总书记的重要讲话高屋建瓴、视野宏大、思想深邃，为开展好党史学习教育指明了方向、提供了根本遵循。

1844 年 2 月，恩格斯在《德法年鉴》上发表《英国状况——评托马斯·卡莱尔的〈过去和现在〉》一文。在这篇文章中，恩格斯提出了一个重要观点，即“历史就是我们的一切”，表现了马克思主义伟大的创始人对“历史的启示”的重视。注重从历史中总结经验教训，是马克思主义政党的

* 潘碧灵，第十一、十二届全国政协委员，第十三届全国政协常委，民进中央常委、湖南省主委，湖南省生态环境厅副厅长。

优良传统和独特政治优势。厚重的百年党史中蕴含着丰富的经验和智慧，是我们取之不尽、用之不竭的精神财富和力量源泉，是中国人民和中华民族继往开来、奋勇前进的现实基础。“党的历史是最生动、最有说服力的教科书”。习近平总书记在回顾毛泽东、邓小平、江泽民、胡锦涛同志在不同历史时期关于学党史、用党史的重要论述时深刻指出：“我们党历来重视党史学习教育，注重用党的奋斗历程和伟大成就鼓舞斗志、明确方向，用党的光荣传统和优良作风坚定信念、凝聚力量，用党的实践创造和历史经验启迪智慧、砥砺品格。”

中国共产党领导的多党合作历史，本身也是中共党史的重要组成部分。学习党史，不仅仅是中共党员的重要任务，也是民主党派成员的重要任务。汪洋主席在参加全国政协十三届四次会议民进九三界别联组讨论时深刻指出，中国共产党的百年发展史，包含着中共与各民主党派肝胆相照、携手前进的同心奋斗史。各民主党派要认真学习领会习近平新时代中国特色社会主义思想，以庆祝中国共产党成立 100 周年为契机，加强中共党史学习教育，不断增进对中国共产党和中国特色社会主义的政治认同、思想认同、理论认同、情感认同。汪洋主席的讲话通篇贯穿了习近平总书记关于加强和改进统一战线工作的重要思想，贯彻了习近平总书记在党史学习教育动员大会上的重要讲话精神，深刻阐明了加强以中共党史为重点的“四史”学习教育的重大意义、重点任务和工作要求，彰显出超凡的政治高度、宽广的历史维度、深邃的思想深度，是一次极为生动系统的政治辅导和理论宣讲，为各民主党派进一步加强思想政治引领，广泛凝聚共识，夯实多党合作共同的思想政治基础，扎实全面开展好学习教育指明了方向、提供了遵循。

中国民主促进会自 1945 年成立以来，始终弘扬坚持接受中国共产党领导，坚持爱国、民主、团结、求实，坚持立会为公的优良传统，始终同中国共产党肝胆相照、荣辱与共，在反独裁争民主、反内战争和平的爱国民主运动中风雨同舟，在建立新中国、建设社会主义国家的伟大实践中并肩奋斗，在坚持和发展中国特色社会主义的壮阔征程中勠力同心，为中国革命、建设、改革伟大事业作出了重要贡献。回顾民进的历史，就是一部与中国共产党肝胆相照、荣辱与共，致力于国家富强、民族复兴、人民幸福的光辉历史。76年来，民进始终与中国共产党一路同行，同中国共产党长期合作奋斗，民进的前辈在数十载的奋斗历程中形成了光荣的优良传统，创下了可歌可泣的优秀业绩，为广大民进会员树立了光辉的榜样。民进的历史，是中国共产党领导的多党合作历史的重要组成部分，是对全体民进会员进行多党合作思想理论教育的生动教材。

一、在反独裁争民主、反内战争和平的爱国民主运动中与中国共产党风雨同舟

中国民主促进会的诞生不是偶然的，它是时代的产物。它的诞生有着深刻的社会历史背景，有着深远的思想渊源，有着坚实的社会基础，并且被现实斗争所催生。

抗战胜利，上海就成了爱国民主运动的前沿阵地。这时，党的地下组织在国民党白色恐怖下多次遭到破坏，不便于公开出面活动，因此，德高望重、富于社团经验和斗争精神、具有凝聚力的马叙伦就自然地成为联络上海民主人士和各爱国民主团体的核心人物。

马叙伦，1885年4月27日出生于浙江杭州。青年时期就树立了救国救民、精忠报国的思想，辛亥革命前加入柳亚子等发起的南社。1919年五四运动期间，任北京中等以上学校教职员联合会主席，参加过反帝反封建的斗争，马叙伦不负众望，担当起了历史赋予他的责任。

当初，中国民主促进会主要由两部分民主力量组成。一部分是马叙伦所联系的从事文化、出版、教育等工作的爱国民主人士，另一部分是王绍鏊所联系的上海工商界和文化界爱国民主人士。他们共同的特点是都有强烈的爱国民主思想。早在抗战爆发前，他们就在不同的岗位上，共同呼吁团结御敌，一致抗日；抗战期间，他们留居上海，在敌伪统治的恶劣环境里，坚持不屈地斗争；抗战胜利后，他们目睹国民党当局违背人民意愿、倒行逆施的种种罪行，怀着满腔愤慨，积极投身到反对内战、反对独裁、反对出卖国家主权的爱国民主运动中来。

1945年12月30日，中国民主促进会在上海爱麦虞限路中国科学社

（今陕西南路 235 号的黄浦区明复图书馆，2011 年以前称卢湾区图书馆）正式宣告成立。出席成立大会签到的有 26 人，马叙伦担任会议主席，他首先向大会报告了发起该组织的原因和经过。他说，纵览目前国是，非促进民主不足以建永固之国基，经各方交换意见后，认为有组织团体以谋群策群力之必要。取名为民主促进会是要发扬民主精神以促进中国民主政治之实现。大会一致通过了马叙伦的报告。这次大会作出了四项重要决议：一、一致决议本次集会为本会的成立大会；二、一致通过本会简章；三、原则通过本会对时局的宣言，同时继续广泛征求意见，由理事会修改后立即公开发表；四、决议本会暂设理事 11 人，常务理事 3 人，并决定在理事会未选举产生前，会务由马叙伦负责，王绍鏊、严景耀、陈巳生 3 人协助。

大会通过的中国民主促进会简章明确规定了民进的性质、任务和组织原则。简章指出：中国民主促进会“以发扬民主精神推进中国民主政治之实践为宗旨”。简章规定民进的最高权力机关为会员大会，“一切本会之意志表示，概由会员大会决议”。简章规定了纪律：“会员如有破坏本会名誉或违反本会宗旨之言论与行动者，经会员二人以上之提议，由会员大会通过，得取消其会员资格。”鉴于当时的政治形势和认识上的局限，简章还规定：“本会至国民代表最高权力机构成立后，由大会决议宣告结束。”这部简章表明，中国民主促进会从成立之日起，就是一个有纲领、有组织、有纪律的政治组织。

民进成立后，支持并响应中国共产党“在和平民主团结的基础上，实现全国的统一，建设独立自由与富强的新中国”的政治主张，并立即以积极战斗的姿态，投入反对内战、反对独裁、反对卖国的爱国民主运动之中。

（一）下关事件

在共产党的领导下，民进参与成立上海人民团体联合会，促成上海民主力量的大联合。1946 年 6 月 23 日，民进参与发起并组织在上海北火车站的 10 万群众反内战大会，欢送以马叙伦为团长的上海人民和平代表团赴南京请愿，请愿团在下关车站被国民党特务暴徒围攻殴打，马叙伦、雷洁琼身受重伤，全国震惊。事件发生后，周恩来立即赶到医院看望，毛泽东、朱德从延安致电慰问并对国民党当局严重抗议。震惊中外的下关事件，激起了全国人民的极大愤慨，推动了国民党统治区爱国民主运动的新高潮，它是“血写的路标”，昭示只有共产党才能救中国。“六二三”下关事件具有重大的历史意义，它撕下了蒋介石的伪装，教育了广大人民群众，使他们从根本上打破了对国民党政府的幻想，认识到只有自己行动起来，投入反对内战的人民运动中去，内战才有可能制止，认识到中国共产党才是中国真正的希望所在。正如马叙伦对周恩来说的：“中国的希望只能寄托在你们身上了。”

为了制止内战、争取和平，中国民主促进会与上海人民团体联合会等一起，在中国共产党的影响和帮助下，成功地发起了一场大规模的群众运动，在中国人民解放事业中留下了光辉的一页，民进为此作出了重要贡献，也付出了沉重的代价。代表团团长马叙伦是下关事件中暴徒们的主要攻击对象，国民党特务欲置其于死地，大打出手，鲜血沾湿了长衫，身上伤痕累累；雷洁琼不畏强暴，奋力抗争，一边保护马叙伦，一边死死抱住代表团的文件袋，遭受暴徒痛击，被殴成重伤，“她为新民主主义的胜利付出了血的代价”。他们的鲜血为中国向何处去写下了醒目的路标，警醒和教育了人民。国民党的暴行并没有吓住他们本人和民进广大会员，相反通过这次斗争，更增强了大家的斗志和反对蒋介石黑暗统治的决心。民进也在斗争中经受了考验，日趋成熟，更加强大。民进在中国共产党的带动和影响下，为促进上海爱国民主运动的发展作出了自己的贡献，在民主革命史上留下了光辉的一页。雷洁琼在回忆这段历史时说：“从这一天起，我的眼界更加开阔了，我同人民群众靠得更近了，我的心跟着党的心一齐跳动。”

（二）响应“五一口号”

1948 年 4 月 30 日，中共中央发布“五一”口号。民进领导人马叙伦、王绍鏊以及其他党派的领导人与各界民主人士，联名致电中共中央毛泽东主席，表示响应中共“五一口号”。5 月 24 日，民进还单独发表了《响应中共“五一”号召的宣言》，指出：中国的议事日程，到今日已不再仅是新民主义“是什么”的问题，而是新民主义“怎样做”的问题。“五一口号”23 条，把实现中国新民主国家的具体任务，完整无缺地呈现在中国人民面前，它是近百年来中国革命的结晶，是今后中国政治运动航向的指标，中国的民主人士及民主党派就是要团结在这一口号的周围形成坚固的爱国民主统一战线，为反帝国主义、反封建主义、反官僚资本主义而奋斗。《宣言》公开明确表示共产党是中国人民革命的当然领导者，首次公开庄严宣布民进接受中国共产党的领导，这是民进作出的重大历史选择和转折。在1949年1月发表的《中国民主促进会为争取永久和平的宣言》中，也称赞“唯中国共产党早已经担起了历史的任务，领导着人民解放的革命”，提出由共产党来领导全国人民建立建设新中国的诚恳期望。民进与共产党在民主革命的洪流中同声相应，同气相求，民进领导人对共产党的态度也从“朋友式的同情”发展为“全身心地拥护”，这种态度和立场伴随他们一生，无论顺境逆境从未改变过。1958年，病中的马叙伦留下了他的政治遗嘱，“我们只有跟着共产党走，才是在正道上行，才有良好的结果，否则根本上就错了”。这是他在经历了旧民主主义、新民主主义，最终走上社会主义的人生选择后，积一生艰苦探索奋斗的实践经验得出的结论，也是留给民进的宝贵精神财富。

二、在建立新中国、建设社会主义国家的伟大实践中并肩奋斗

（一）参加筹建新政协 建立新中国

新中国成立前后，民进自觉团结在中国共产党的周围，积极参加新政协的筹备和《共同纲领》的制定，为建立中国共产党领导的多党合作制度，建设社会主义民主政治作出了自己的贡献。应中共中央的邀请，原在国民党统治区的爱国民主人士从1948年秋开始，陆续从全国各地和海外进入解放区。时任燕京大学社会学系教授的雷洁琼接到民进负责人马叙伦由哈尔滨的来信，请她和爱人严景耀代表中国民主促进会去华北解放区参加中共中央召开的民主党派会议。不久，中国人民解放军四野先遣部队负责人刘道生又亲自向他们发出邀请，请他们到华北解放区，参加筹备召开新政协。雷洁琼夫妇欣然同意。1949年1月中旬，雷洁琼夫妇与民主同盟成员费孝通、张东荪一行4人由解放军战士护送，从北平西郊八大处出发，乘大卡车前往中共中央驻地西柏坡。到达西柏坡后，毛泽东、刘少奇、周恩来、朱德、任弼时、邓颖超等人在朴素整洁的饭厅里与他们共进晚餐。中共中央领导人平易近人，谈笑风生，使气氛十分轻松愉快。饭后，毛泽东邀请雷洁琼一行来到他

的办公室，围着书桌坐下。相遇有见解的朋友，毛泽东谈兴甚浓，谈话的范围很广。针对在民主党派和知识界中，有些人主张“和谈”“划江而治”“中间路线”的错误主张，毛泽东精辟地分析了当时的形势，指出摆在中国人民和民主党派、人民团体面前的问题必须是将革命进行到底。毛泽东还详细询问了北平西北郊区解放后，北平知识分子的思想、工作和生活情况，询问了留在上海的张澜等爱国民主人士的情况，要雷洁琼等在座的几位贤达广泛推荐人才，为建立新中国出力。在谈到学术思想的各种派别问题时，毛泽东主张通过自由讨论来统一思想，促进艺术的发展、科学的进步和文化的繁荣。一席长谈，从傍晚开始直到深夜结束。这是雷洁琼与毛泽东的第一次见面，也是一次令其毕生难忘的谈话。后来，她在回忆文章中说：“毛主席的话使我受到了极大的启发和深刻的教育，认清了民主党派的政治方向，更坚定了我在中国共产党领导下继续参加爱国民主运动的决心。我始终铭记这番话，实践着这番话。”

1949 年 9 月 21 日至 30 日，中国人民政治协商会议第一届全体会议在北平举行。民进经过民主协商，一致推举马叙伦、许广平、周建人、王绍鏊、梅达君、徐伯昕、林汉达、雷洁琼为正式代表，严景耀为候补代表，出席第一届政治协商会议。另外，赵朴初作为宗教界民主人士代表，郑振铎作为全国文联代表，葛志成作为全国教育工作者候补代表，冯少山作为全国工商界候补代表也参加了大会。马叙伦还被推为大会主席团常务委员。会议期间，王绍鏊、赵朴初担任大会《政协组织法》草案整理委员会委员，许广平为《共同纲领》草案整理委员会委员，周建人为《政府组织法》草案整理委员会委员，雷洁琼为《大会宣言》起草委员会委员，马叙伦、郑振铎为《国旗、国徽、国都、纪年方案》审查委员会委员，马叙伦并为该委员会召集人。民进代表积极投入各项筹备工作。人民政协成立以来，包括民进在内的各民主党派、人民团体以高度的政治热情和历史使命感，围绕国家工作重点和群众普遍关注的热点问题，提出了大量有针对性的提案，为巩固人民民主政权，恢复和发展国民经济，推进改革开放和现代化建设事业作出了重要贡献。新中国国旗、国歌、国徽是中华人民共和国的标志和象征，所以，拟定国旗、国歌、国徽是新政协的一项重要任务。在这项工作中，民进代表们参与其中，各抒己见，经过集思广益，最终确定五星红旗为国旗，《义勇军进行曲》为代国歌。关于国旗、国歌的确定，反映了中国共产党领导人和民主党派领导人以及政协各界民主人士共商国是共筹大计的真实场景，体现了民主党派人士精诚建言的爱国之心和担当精神，也体现了毛泽东、周恩来等人采众议、纳嘉言的民主作风和宽广胸怀。

中国民主促进会作为新政治协商会议的组成单位之一，参加了中央人民政府的组建和部分领导工作。马叙伦当选为中央人民政府委员、政务院政务委员，并任文化教育委员会副主任、教育部部长；王绍鏊任财政部副部长；许广平任政务院副秘书长；周建人任出版总署副署长；徐伯昕任出版总署办公厅副主任；雷洁琼任政务院文化教育委员会委员；葛志成任教育部办公厅副主任；陈巳生、谢仁冰任华东军政委员会委员。

中华人民共和国的成立，标志着一个独立、统一、人民当家作主的新中国屹立于世界的东方，开始了中华民族伟大复兴的新篇章。新中国的成立，也使民进走上了新的历史征程。

（二）为文教事业发展建言献策

在这一时期，民进在推动会员参加各项政治运动的同时，还积极鼓励大家为全面恢复国民经济出力。民进会员以教育、文化、出版工作者为主，做好本职工作，使我国的文教出版事业迅速得到恢复和发展，就是为恢复国民经济出力。广大会员把本职工作同整个革命事业联系起来，为恢复和发展国家的文教出版事业，努力工作，积极履职，默默奉献。时任教育部部长的马叙伦特别关心学生的健康问题，他看到一份反映学生健康水准有所下降的报告，非常着急，及时向毛主席作了汇报，毛泽东听后，旋即手书“健康第一”。1950 年 6 月 19 日，毛泽东又专门为此致函马叙伦：“此事宜速解决，要各校注意健康第一，学习第二，营养不足，宜酌增经费，学习和开会的时间宜大减，病人应有特殊待遇，全国一切学校都应如此。”1951 年 1 月 15 日，毛主席就学生健康问题再次写信给马叙伦，信中说：“关于学生健康问题，前与先生谈过，此问题深值注意。”“提出‘健康第一，学习第二’的方针，我以为是正确的。”“提议采取行政步骤，具体地解决此问题。”根据毛泽东的批示，马叙伦立即领导教育部着手组织开展调查研究，拟订了具体解决措施，并将其作为1951年教育工作的指导方针和主要任务重点落实，切实解决问题。1951年1月18日，马叙伦致信毛主席，汇报了邀集财政部、卫生部、青年团、学联及有关部门洽商此事的进展情况，并请卫生部给学生作一次全面检查。第一次全国中等教育会议讨论通过了《关于学生健康问题的决定》。随后，马叙伦参加了1951年7月召开的专门讨论学生健康的政务院政务会议，这次会议发布了《关于改善各级学校学生健康状况的决定》。1951年4月5日，《人民日报》为此还专门发表了社论。在教育部和全国各级各类学校的一致努力下，学生的健康状况逐步得到改善。

民进还为推动我国出版事业的繁荣发展贡献了力量。民进常务理事、国家出版总署副署长周建人协助胡愈之署长开创了新中国的出版事业，建树很多。1950年9月15日，全国出版会议在北京召开，周建人参加会议并为大会题词："人民不但要吃、饮、住、衣，来维持身体的健康，还需要优良的'精神食粮'来增进精神的健康，所以出版者应尽力出版真正滋养精神的好出版物，并把它们运到读者面前供他们阅读。"这一题词，对新中国的出版事业起到了指导作用。

（三）民进与教师节和《教师法》的故事

1981年11月，在全国政协五届四次会议上，民进17位政协委员联名提交了《建议确定全国教师节日期及活动内容案》。提案人包括了民进中央第三任主席、第六届全国政协副主席叶圣陶，民进中央第四任主席、第六届全国政协副主席、第七届和第八届全国人大常委会副委员长雷洁琼，曾任民进中央副主席的徐伯昕、吴贻芳、葛志成、叶至善，曾任民进中央参议委员会副主席的张明养、柯灵、方明。由此可见民进对这份提案的高度重视和这份提案的分量之重。这份提案的主要发起人及撰稿人是方明，时任中国教育工会主席、分党组书记、民进中央常委。

1983年6月，在全国政协六届一次会议上，包括方明、葛志成、霍懋征、段力佩在内的民进19位政协委员再次联名提交了《为提高教师的社会地位，造成尊师重教的社会风尚，建议恢复教师节案》。提案由中宣部会同教育部研究办理。12月，由教育部部长何东昌和方明共同签发的教育部党组和全国教育工会分党组《关于恢复"教师节"的请示》送中宣部。1984

年 10 月，万里、习仲勋等中央领导对请示作了圈阅。12 月，教育部党组和全国教育工会分党组《关于建立“教师节”的报告》送中共中央书记处并报国务院。报告中说：“根据中央领导同志的指示精神，我们进行了研究，建议确定每年 9 月 10 日为教师节，在新学年开始，新生一入学，即开展尊师活动……如中央和国务院原则上同意建立‘教师节’，我们建议由国务院提请全国人民代表大会常务委员会批准颁布。”

1985 年 1 月，国务院总理在全国人大常委会上提出建立教师节的议案，全国人大常委会通过了这一议案，确定每年 9 月 10 日为教师节，1985 年 9 月 10 日为新中国第一个教师节。就这样，从 1981—1985 年，前后经历 5 个年头，广大教师终于迎来了属于自己的节日！应该说，是民进率先在国家政治舞台上发出设立教师节的呼声，见证并推动了设立教师节的整个过程。

不仅是教师节，《中华人民共和国教师法》（简称《教师法》）的出台，同样凝聚着民进人的心血。

20 世纪 80 年代曾一度出现教师外流、弃教改行的情况，教师队伍不稳定成为普教事业发展潜在的危机。1984 年，全国教育工会、民进和全国政协教育组联合开展了历时一年多的调研，一致认为：必须抓紧教育立法，制定《教师法》，用法律保障教师的政治地位、社会地位、经济利益和合法权益，从而在根本上稳定教师队伍。1986 年 2 月，全国教育工会、民进中央和中国陶行知研究会、北京师范大学教育科学研究所、北京市教育科学研究所，共同组成《教师法》联合起草小组，方明任组长。3 月，在全国政协六届四次会议上，民进 21 位政协委员联名提交了《尽早制定〈教师法〉案》。同年，联合起草小组写出了《教师法》草案（一稿），并通过全国教育工会和民进中央两个渠道，组织了约有 1 万人参加的讨论。起草小组随后又写出草案的二稿、三稿、四稿。

为使《教师法》尽快出台，1988 年 3 月全国政协七届一次会议上，方明和葛志成联名作了“制定《教师法》，提高教师地位和待遇”的大会发言，引起委员们的强烈共鸣，发言中响起 16 次掌声。经过反复修改论证，1993 年 10 月 31 日，《教师法》由第八届全国人大常委会第四次会议通过并公布，自 1994 年 1 月 1 日起施行。《教师法》从酝酿、调研、提出、起草、民进的全国政协委员联名提案到颁布，前后经历了 10 个年头。长期以来，民进先后还为《义务教育法》《职业技术教育法》《学前教育法》等教育立法工作献计出力。民进中央向全国政协十二届三次会议提交的《关于修订〈中华人民共和国教育法〉，规范国家通用语言文字表述的提案》更是直接促成了《教育法》的修改。作为一个以从事教育文化出版工作的高中级知识分子为主的参政党，民进近 70% 的会员来自教育界。改革开放 40 年来，民进参与和见证了中国教育的发展和改革。

三、在坚持和发展中国特色社会主义的壮阔征程中与中国共产党勠力同心

中共十八大以来，民进坚持秉持“为执政党助力、为国家尽责、为人民服务”的使命担当，坚持“有思有行、集智聚力、顺势而为、开拓创新”的工作方针，认真履行参政党职能，为推进改革开放和社会主义现代化建设作出了重要贡献。围绕推进义务教育均衡发展、职业教育改革助推制造业发展、构建现代公共文化服务体系、推进农村扶贫供给侧结构性改革等重大问题深入调研、建言献策，提出了一系列高质量的意见和建议。扎实开展脱贫攻坚民主监督，为助力打赢脱贫攻坚战、探索开展民主监督新形式发挥了积极作用。持续参与毕节试验区建设，扎实推进定点扶贫，持续深化“同心·彩虹行动”等品牌项目，大力倡导“服务就在身边，人人可以参与”的微公益理念，社会服务工作取得显著成效。以中华传统文化为纽带，充分发挥教育文化特色优势，积极打造“两岸学者共话”学术对话平台，多形式开展基础教育交流，增进两岸民众的相互了解、理解和共识。不断加强自身建设，深入开展坚持和发展中国特色社会主义学习实践活动，举办民进成立 70 周年纪念活动，深化历史传统教育，巩固扩大政治共识。加强人才队伍建设，积极稳妥推进会内监督，为履行参政党职能提供了坚实保障。

（一）举办长江保护与发展论坛

长期以来，由于开发过度和保护滞后，长江正面临着水资源、水灾害、水环境、水生态四大水问题的困扰。民进作为参政党，始终高度关注长江的

展“走进湘桂黔边·关注老少山穷”摄影活动，出版《脱贫攻坚民主监督：中国民主促进会的实践与探索》，制作“为湖南脱贫攻坚注入民主监督之力”短片，展现脱贫攻坚伟大实践，讲好多党合作故事。

此外，作为民进对口监督省份的省级组织，民进湖南省委会自 2016 年以来，在民进中央和中共湖南省委的坚强领导下，以推进中共中央、国务院脱贫攻坚决策部署落实为方向，以助力地方党委和政府扶贫工作为重点，深入调查研究，积极建言献策，脱贫攻坚民主监督取得实效，彰显了中国特色社会主义参政党省级组织的作为。

全程配合民进中央，当好桥梁和纽带。建立了县、村两级脱贫攻坚民主监督定点观察窗口，所有观察窗口覆盖了全省 14 个市州，解决了民进在娄底市和湘西州没有市级组织的困难，为民进中央开展跟踪调研、对比调研提供了便利，大大提高了调研成效。

全面提升监督效果，打造抓手和平台。将问题当课题。以课题组形式组建专业研究团队，确保脱贫攻坚民主监督调研有数支固定队伍、有专家执笔人、能完成专业调研报告，聚焦重点问题，聚力开展研究。用带头来带动。民进省委会主委班子成员带队，到各自联系的基层组织开展调研，下到扶贫一线，掌握一手资料，示范带动各级民进组织开展民主监督调研。将在调研中发现的扶贫问题用社情民意信息和“直通车”信息形式及时反映，提高了民主监督的时效性。用会议进行会商。每年 6—7 月，对脱贫攻坚民主监督调研进展、调研报告撰写进度进行中期检查，用专题常委会交流调研成果，查漏补缺促进调研成果提质。用效果检验成果。近年来，有 10 多项调研成果被中共中央、民进中央、中共省委和省人民政府领导批示，并获民进中央调研成果一等奖，民进湖南省委会多次被民进中央评为“参政议政工作先进单位”。

全员参与脱贫攻坚，激发活力和潜力。按照“寓帮扶于监督”的要求，通过各种途径筹措资金 600 多万元用于湖南脱贫攻坚。引进项目精准扶贫，铁皮石斛、山茶花种植、种牛养殖等项目在怀化中方县、新晃县、通道县落地，铁皮石斛种植一期已投资 2000 万元，二期规划已完成；种牛养殖业已投资 3.6 亿元；山茶花项目投资 6 亿元打造山茶花主题公园；民进上海市委会助力促成上海与长沙、衡阳、张家界等地职业学校的校际合作，并建立了合作共建基地，海川剑鑫教育集团将湖南省多名贫困农村家庭子女送到上海开放大学进行为期 5 年的全免费学习，毕业时将为这些学生推荐工作。民进中央开明基金筹措 50 万元用于湖南的脱贫攻坚工作。广大会员投身扶贫实践，民进湖南省委会主委班子成员热心参与扶贫，在农村学校捐建多所书屋，组织开展了大型医疗扶贫健康惠民行动。通过“阅读·梦飞翔”项目，推动农村学校图书室建设，力促教育扶贫。民进会员企业“搜农坊”积极参与贫困地区电商扶贫工作；民进会员促成江苏赛沃公司到怀化芷江开展用工培训。2016 年以来，每年均有两位以上民进会员入选当年的“湖南省百名最美扶贫人物”。注重脱贫攻坚的真实记录，讲好中国共产党领导的多党合作故事，组织了历时 5 年的“走进湘桂黔边·关注老少山穷”摄影活动，全景式展现三省脱贫攻坚历史进程。

（三）同心战疫

面对突如其来的新冠肺炎疫情，面对“大战”“大考”，包括民进在内的各民主党派，积极响应中共中央号召，把做好疫情防控作为当前最紧迫、最重要的政治任务，以实际行动践行中国特色社会主义参政党的使命担当。在疫情防控阻击战中，民进中央深入学习习近平总书记关于抗击疫情系列重要讲话精神，坚决拥护和积极响应中共中央的决策部署，在应对新冠肺炎疫情冲击的非常之时，切实担负起非常之责，坚定不移同中国共产党想在一起、站在一起、干在一起，坚定不移同中国共产党同舟共济、风雨与共，全力以赴投入疫情防控的人民战争、总体战、阻击战中，或义无反顾、日夜奋战，弘扬医者仁心；或守望相助、捐款捐物，奉献真情义举；或正面引导、建言献策，践行合作初心，充分体现了新时代民进人的责任担当和家国情怀。民进中央第一时间成立领导小组，动员和组织全会参加疫情防控，及时报送抗疫建议 28 件、社情民意信息 327 期，大力宣传抗疫事迹和先进人物；全会 5548 名医卫界会员逆行出征、奋战一线，甚至以身殉职，全会各级组织和广大会员团结一心、守望相助、倾力奉献，累计捐款 1.44 亿元，捐物估值 5.15 亿元，积极开展建言献策、线上教学、心理辅导、文艺展演、产品助销等各种支援活动，为抗击疫情斗争取得重大战略成果贡献力量，涌现出大量可歌可泣的感人事迹，受到了党和国家的隆重表彰，赢得了社会各界的高度赞誉，弘扬了民进的优良传统，展现了民进会员的时代风采。

三湘大地民进健儿亦勇担责任，冲锋在前，全省有 65 名医卫界会员直接参与一线防控和救治，共收集报送社情民意信息 230 余条，累计捐款捐物逾 1150 万元，创作弘扬伟大战疫精神的文艺作品 120 余件，编发战疫人物和事迹的新闻稿件 150 余条，涌现出一批战疫“双岗建功”先进典型。

习近平总书记指出：“一切向前走，都不能忘记走过的路；走得再远、走到再光辉的未来，也不能忘记走过的过去，不能忘记为什么出发。”

值此庆祝伟大的中国共产党百年诞辰之际，抚今追昔，回首中国发展进步的伟大历程，回首中国共产党带领全国各族人民前赴后继、顽强奋斗，不断夺取革命、建设、改革的重大胜利，回首民进会史和多党合作史，同样有着值得铭记的历史和不能忘却的初心。

回望民进人的坚定响应，读到的是情怀。老一辈民进人将个人的“小我”融于国家和民族的“大我”之中，将爱国之情、强国之志化为报国之行，这是他们一生践行的“安身立命之处”，是坚定前行的“政治操守”，是深植于心的“千秋家国梦”，这种浓烈而深沉的家国情怀铸就了民进事业鲜明的底色，奠定了民进事业坚实的政治基础。

回望民进人的矢志不移，读到的是信念。正是在中国共产党的领导下，民进走过了一条从爱国主义到新民主主义，再从新民主主义向社会主义，进而走上中国特色社会主义的光辉历史道路。我们的政党制度是唱大合唱，要大合唱，就要有指挥，这个指挥无论从历史还是现实来看，都只有中国共产党才能胜任；唱大合唱，就要有主旋律，这个主旋律就是建设中国特色社会主义。历经岁月的沉淀，衷心拥护和坚持中国共产党领导、矢志不渝走中国特色社会主义道路的坚定信念已成为我们民进“立会为公，参政为民”这一价值追求的灵魂所在，这种信念虔诚而执着、志信而深厚，为民进事业持续健康发展提供了坚实的思想保障。

回望民进人的薪火相传，读到的是传承。民进的事业之所以不断向前发展，既离不开中国共产党的坚强领导，也在于将与中国共产党长期团结合作中形成的坚定信念、优良传统代代相传、接力传递。历届民进领导人的高风亮节、身先垂范，为人民解放而抗争、为国家振兴而力行的道德风范激励着一代又一代的民进会员。政治交接，不惟一时；薪火相传，期在绵久。这种富有生命力的传承，穿越了时间、空间，铸就了我们参与多党合作事业生生不息的精神航道，使得感情永存、信念永恒、传统永续，成为民进事业的生命线。

回望民进人的奋斗历程，读到的是力量。新中国成立前后，民进积极参加了新政协的筹备和《共同纲领》的制定，参与中央人民政府的组建，为新中国的诞生作出了历史性贡献。在建设新中国的征程上，特别是进入改革开放新时期，民进围绕经济建设中心和改革发展稳定的大局，认真履行参政党职能，为科教兴国、西部大开发、振兴东北等老工业基地、促进中部崛起等国家战略的实施，发挥了积极的作用。中共十八大以来，民进紧紧围绕统筹推进“五位一体”总体布局、协调推进“四个全面”战略布局，深入调研积极建言，扎实推进脱贫攻坚民主监督，在帮助中国共产党科学决策、民主决策、依法决策上作出了新的贡献。

民进自成立到响应“五一口号”并参与多党合作事业以来的光辉历程，有一种不变的初心贯穿始终、历久弥坚，成为我们民进事业的“根”和“魂”，这种初心就是：坚持中国共产党领导，坚定不移走中国特色社会主义道路，致力于国家富强、民族振兴和人民幸福。这种初心，是民进人代代相传、永恒不变的自觉坚守，是与中国共产党同心同向同行 76 年栉风沐雨、稳步前行的经验总结，已成为我们民进鲜明的政治品格和精神特质。

我们要把加强以中共党史为重点的“四史”学习教育作为当前和今后一段时期的一项重大政治任务，把思想和行动统一到中共中央的各项决策部署和要求上来，全面领会习近平总书记在党史学习教育动员大会上的重要讲话精神和汪洋主席在参加民进九三界别联组讨论时发表的讲话精神的丰富内涵、精神实质和实践要求，在学思践悟中筑牢理想信念，在知行合一中坚定初心使命，在融会贯通中汲取奋进力量，以昂扬姿态奋力投入全面建设社会主义现代化国家新征程，以优异履职成绩迎接建党 100 周年。

在深入学习上下更大功夫。原原本本、认认真真学习习近平《论中国共产党历史》和《毛泽东、邓小平、江泽民、胡锦涛关于中国共产党历史论述摘编》等指定书目文章，深入学习中共党史、新中国史、改革开放史、社会主义发展史与统一战线史、民进会史，通过学习弄清楚中国共产党为什么“能”，马克思主义为什么“行”，中国特色社会主义为什么“好”。以学习教育提高政治站位、深化思想共识，始终做中国特色社会主义事业的坚定信仰者、坚决拥护者、忠实践行者、接续奋斗者。通过学习深刻认识中国共产党的百年发展史，也包含着中共与各民主党派肝胆相照、携手前进的同心奋斗史。坚持接受中国共产党的领导是各民主党派在血与火的洗礼中自觉自愿的政治选择，坚守初心使命，坚定不移听党话，矢志不渝跟党走，始终与中国共产党同心同向，同向同行。

在深刻领会上下更大功夫。对国之大者做到心中有数，在涉及多党合作事业和民进自身建设发展的方向性、原则性问题上，必须坚定向习近平总书记看齐，向中共中央看齐，自觉把增强“四个意识”、坚定“四个自信”、做到“两个维护”落实到自身建设和履职尽责各领域各方面各环节，体现到巩固共同思想政治基础的实际行动中。在全面系统学习的基础上，准确把握“两个大局”和当前工作面临的时和势，危和机，发扬斗争精神，增强斗争本领，把中共党史学习教育融入全面加强自身建设各个方面，不断增强自身建设的自觉性，不断提高政治把握能力、参政议政能力、组织领导能力、合作共事能力、解决自身问题能力，提升多党合作制度的效能。要坚持以党为师、从严治会，以高标准严要求，加强思想政治建设、组织建设、履职能力建设、制度建设和作风建设。

在深化落实上下更大功夫，认真组织好、部署好、落实好学史活动，把握目标要求，突出学习重点，做实各项工作，务求取得实效。坚持学以致用，努力把学习教育成果转化为履职动力和实效，紧紧围绕“十四五”规划确定的各项目标任务，把中共中央的各项重大决策部署和对多党合作事业的要求落地落实，转化为思想共识、具体任务和自觉行动。紧扣高质量发展这个主题，把握“三个新发展”这条主线，把所联系界别群众的智慧和力量凝聚起来，紧紧围绕“十四五”规划的实施监督议政，多建睿智之言，多献务实之策，为全面建设社会主义现代化国家开好局、起好步作出积极贡献。

知之愈明，则行之愈笃。深厚的思想政治共识始终是多党合作的“压舱石”。站在两个一百年的历史交汇点上，我们要不断加强思想政治建设，进一步加强政治引领、思想引导、共识教育，不忘合作初心，发扬优良传统，在事关道路、制度、旗帜、方向等根本问题上的立场不含糊、原则不动摇，做到学史明理，毫不动摇地坚持中国共产党的领导；学史增信，增强中国特色社会主义制度的自信；学史崇德，继承发扬多党合作优良传统；学史力行，切实担负起参政党的历史重任，始终做中国共产党的好参谋好帮手好同事，切实担负起我国新型政党制度参与者、实践者、推动者的责任，奋斗十四五，奋进新征程，展现新作为，谱写新篇章，共同致力于中华民族伟大复兴，让根植于中国土壤的新型政党制度焕发出更大的生机与活力！

2021年5月19日

坚定政治选择，携手奋进新征程
——多党合作中的农工党故事

邓蓉玲 *

结合学习中国共产党百年党史，我深刻体会到中国农工民主党坚持正确政治路线，选择跟随共产党，接受共产党的领导。因此，走过了一条从爱国主义到社会主义的历史道路，为中华民族的解放事业，为社会主义革命、建设和改革开放事业，作出了重要的历史贡献。

进入新时代，中国农工民主党是以医药卫生、人口资源和生态环境领域高中级知识分子为主，由一部分社会主义劳动者、社会主义事业建设者和拥护社会主义的爱国者组成的，具有政治联盟特点的中国特色社会主义参政党，是中国共产党领导的多党合作和政治协商制度中，同中国共产党通力合作的亲密友党。

一、农工党 1930 年成立到自觉接受中国共产党领导的历史

1927 年大革命失败后，国民革命力量分裂。

以蒋介石为代表的国民党右派集团，窃取了北伐战争的成果，夺得国民党中央的领导权，右派集团控制的国民党蜕变成为大资产阶级和帝国主义的代理人。

---

* 邓蓉玲，第十二届全国政协委员，农工党中央秘书长、组织部部长。

中国共产党则退出国民政府，举起“苏维埃”旗帜，领导工农群众独立开展新民主主义革命斗争。

邓演达等国民党左派力量，坚持孙中山的“三民主义”和“三大政策”，酝酿建立新的革命政党，继续领导国民革命。1927 年 5 月，宋庆龄同邓演达、陈友仁、彭泽民、徐谦等交换意见，提出“相约集合同志，为继承孙中山的遗教而奋斗到底”。11 月，宋庆龄、邓演达、陈友仁在莫斯科以“中国国民党临时行动委员会”的名义发表了由邓演达起草的《对中国及世界革命民众宣言》。表达了继承孙中山遗志、寻求民族解放的决心，为团结大革命失败后彷徨苦闷的革命同志树起了旗帜。

1930 年 5 月，中国农工民主党创始人、革命先烈邓演达秘密回国。8 月 9 日，他在上海主持召开第一次全国干部会议，正式创立了“中国国民党临时行动委员会”（简称“临委会”）。

邓演达，字择生，1895 年生于广东惠阳，1909 年 14 岁时考入广东陆军小学学习，毕业后，又先后进入广东陆军速成学校、武昌陆军第二预备学校、保定陆军军官学校学习。1911 年加入同盟会，其戎马一生，是孙中山坚定的追随者，竭诚拥护、忠诚贯彻孙中山“联俄、联共、扶助农工”三大政策。在黄埔军校任职期间和北伐战争中，同共产党人亲密合作，建立了深厚的友谊。蒋介石“四一二”反革命政变以后，为忠于孙中山的“三民主义”“三大政策”，为寻找中国革命的方向，他流亡至苏联，辗转欧亚诸国考察。在此期间，发表了《对中国及世界革命民众宣言》，这是“中国国民党临时行动委员会”正式成立以前的政治宣言，形成了邓演达“平民革命”理论的基础。在全国第一次干部会议上，邓演达提出了以“平民革命”理论为基础的建党政治纲领《我们的政治主张》，概括起来就是“解放中国民族、建立平民政权、实现社会主义”。

之后，为实现其政治主张，邓演达公开发表反对蒋介石、汪精卫的文章，联络反蒋军事力量共同反蒋，组建“黄埔革命同学会”。超过 5000 名黄埔军校各期学生深受其影响，其中一批骨干力量成了“临委会”组建反蒋武装的基础。蒋介石对邓演达在军队中的号召力和社会影响力深感焦虑，四处悬赏逮捕他。1931 年 8 月因叛徒告密邓演达在上海被捕，后被蒋秘密杀害。

邓演达遇害后，“临委会”的同志继承他的遗志，继续革命。1933 年，以国民党第十九路军为主力，在福州发动了抗日反蒋的福建事变，并于同年 11 月 20 日在福州召开中国人民临时代表大会，发表《人民权利宣言》，宣告成立中华共和国人民革命政府。“临委会”是福建事变重要的参与力量，多位骨干在事变中成立的革命政府担任重要职务。1934 年 1 月，在蒋介石镇压和内部产生巨大分歧的情况下，成立不到百日的“人民革命政府”宣告夭折。

1934 年 3 月 21 日，福建事变失败后，农工党领导人在香港举行临时会议，决定分散隐蔽。

在遭遇一系列重大挫折后，“临委会”何去何从，深陷迷茫。

1935 年，中华苏维埃中央政府、中共中央在红军长征途中发表了《为抗日救国告全体同胞书》，即著名的《八一宣言》，号召各方面力量联合抗日。“临委会”领导人在挫折中认识到：“共产党是斗争的主力，要革命必须与红军取得联系”。并迅即召开全国第二次干部会议，将党名改为“中华民族解放行动委员会”，实行“抗日、联共、反蒋”总方针，明确要“同中国共产党政治上保持一致、斗争中站在一边”。从此，农工党走上了同中国共产党亲密合作的道路。

全面抗战开始后，农工党坚定支持中国共产党领导的抗日民族统一战线，黄琪翔率部在正面战场直击日军主力，季方配合新四军开辟巩固敌后抗日根据地，章伯钧在皖南事变后拒绝单独参加国民党政府。为了更好与中国共产党合作，“中华民族解放行动委员会”先后两次整党，肃清“中间路线”影响，坚定政治立场。周恩来同志曾经这样评价农工党，“凡在大是大非的斗争中，都站在共产党一边，采取了积极的态度。”

抗战胜利后，1947 年 2 月在上海召开第四次全国干部会议，为纪念邓演达的“平民革命”理论和其所坚持的“联俄、联共、扶助农工”三大政策，决定将党的名称正式确定为“中国农工民主党”，简称“农工党”。

在解放战争中，农工党自觉从思想上、政治上、军事上全面接受中国共产党领导，积极开展在中共领导下的“新的军事运动”，搜集军事情报，策反国民党军队起义。在南方部分地方的武装队伍，配合解放军作战，为解放全中国贡献力量。农工党的武装力量在解放后接受了统一的改编。

1948 年，中共中央发布“五一口号”，农工党公开发表声明积极响应。同时在通过的中央政治决议中指出：“中共采取新民主主义的道路，与本党历来主张的以农工为中心的平民民主政权则完全相同，将来为实现社会主义的目的又是一致的”。

回顾这段历史，农工党的先辈们在争取国家独立、民族解放的艰难曲折的斗争中，深刻认识到自身的局限性；认识到只有中国共产党，才能根本扭转中华民族的命运；认识到要实现建党时的初心，必须走与中国共产党合作的道路，并作出接受中国共产党领导的政治选择，这是历史的必然，也是当下农工党在国家政治生活中发挥作用的基石。

中共中央致农工党十三大贺词中说：“中国农工民主党具有光荣的爱国革命传统。自 1930 年成立以来，在血与火的考验中，农工民主党同我们党建立了互相信任、互相支持的亲密关系，为新民主主义革命的胜利和新中国的建立作出了重要贡献。”

1949 年 1 月 22 日，包括农工党领导人彭泽民、章伯钧等在内的 55 位已到达解放区的民主党派领导人和著名民主人士联合发表声明，明确宣告“愿在中共领导下，献其绵薄，贯彻始终，以冀中国人民民主革命之迅速成功，独立、自由、和平、幸福的新中国之早日实现”。彭泽民先生等 12 人代表农工党参加中国人民政治协商会议第一届全体会议，一批农工党党员直接参加筹建新中国的工作。

二、农工党形成以医药卫生、人口资源和生态环境为主体的界别

关于医药卫生为主：1956 年初，中共中央领导人与各民主党派中央负责人座谈，协商明确了各党派活动的主要范围和组织发展重点。之后，农工党六届二中全会决定：“扩大对中上层知识分子的团结，并以医药卫生界人员为联系和发展重点，积极吸收医药卫生工作者参加组织”。1956 年底，党员中的医务人员所占比例，由 1955 年底的 5.34% 上升为 1956 年的 40.25%，由此开始形成农工党以医药卫生界为主的界别特色。

关于人口资源和生态环境为主：鉴于农工党 2002 年以来对资源环境领

域高度关注和持续调研建言，中共中央2007年在致农工党十四大的贺词中，希望农工党“发挥在医药卫生界联系广泛的优势，就推进医疗卫生事业改革发展、实施环境保护基本国策、加强生态文明建设等问题加强调研，建言献策”。2009年，在中共中央统战部《关于协助民主党派进一步做好组织发展工作若干问题的意见》中增加：农工党可重点发展环境保护和人口资源领域的代表性人士。2012年，农工党十五大修改党章时，表述为：农工党是以医药卫生、人口资源和生态环境领域高中级知识分子为主……

三、农工党参与国家政治生活参政议政的历史故事

（一）“三老上书”传佳话

改革开放初期，农工党中央专门针对中药事业发展问题，发动15个省、市组织开展广泛调研，会同民建、工商联邀请各自组织成员中的著名老中医、老中药学家和从事中药业经营管理的老行家联合召开“中药专业咨询座谈会”，此后3位中央主席联名向中共中央提出了《扶持和振兴中药事业的建议》。当时，农工党中央主席季方92岁，民建中央主席胡厥文87岁，全国工商联主席胡子昂85岁。时任中共中央总书记的胡耀邦同志看过联名建议书后，为3位老人对医药卫生事业的高度责任感深深打动，立即批示将建议书“转发给专管此事的同志，并请他们同这批党外朋友密切合作，看如何把中药这件事搞得更好些，以造福于人民”。中共中央、国务院其他领导人也都作了批示，认为建议书“提了许多好意见，值得我们重视”“党外确有能人”“‘建议’应当予以重视”。这份建议为改变我国中药业的落后状况，促进中药事业的振兴，起了积极的作用，并推动在1986年成立了国家中医管理局。从此，“三老上书”成为社会主义建设时期多党合作的一段经典佳话。

（二）卢嘉锡与科教兴国

卢嘉锡主席是国内外享有盛誉的科学家，1946年放弃了国外优越的待遇和科研条件，满怀赤子之心报效祖国。1988年，卢嘉锡主席被任命为第三世界科学院副院长，成为担任这一职务的首位中国人。他曾说：科学没有国界，但科学家有祖国。中国知识分子的根只有深深地扎在中国这块广阔肥

沃的土壤中才能长成参天大树。

卢嘉锡主席一生以科技和教育兴国为己任，为国家的科技进步和教育发展呕心沥血，殚精竭虑。他始终认为，科学研究应该独立自主地走自己的创新道路，“不能让人家牵着鼻子走，要显示出自己的本领”。1991 年，卢嘉锡主席以 76 岁高龄在全国政协七届四次会议上作大会发言，提出“科技兴国”“兴国先育才”和“百年大计教育为本”思想，建议国家确立科技兴国战略、坚持把教育放在优先发展的战略地位，为实现第二步战略目标而奋斗。1995 年，《中共中央国务院关于加速科学技术进步的决定》正式颁布，明确提出实施科教兴国的战略。

四、目前农工党在做什么

当前，陈竺主席率领第十六届农工党中央领导集体和全体农工党员紧密围绕以习近平同志为核心的中共中央战略部署，深入贯彻落实习近平新时代中国特色社会主义思想，科学谋划，全面推进农工党自身建设，不断提升参政履职的质量和水平。总体归纳为“12345 工作思路”。

1. 实现一个目标：将农工党建设成为政治坚定、组织坚实、履职有为、作风优良、制度健全的新时代高素质中国特色社会主义参政党。

2. 抓住两条工作主线：健康中国、美丽中国。

3. 履行三项职能：参政议政、民主监督、参加中国共产党领导的政治协商。

4. 发挥四个作用：参加国家政权；参与国家大政方针的制定；参与国家事务的管理；参与国家法律、法规、政策的制定和执行。

5. 实施五大战略：政治建党、人才强党、履职兴党、作风固党、规则治党。

在健康中国方面，围绕卫生与健康事业改革发展的中心工作，聚焦卫生立法、规划制定、医药卫生体制改革、医学人才培养等方面积极资政建言。2014 年，围绕“卫生立法推动医药卫生体制改革”等问题开展的系列大考察所形成的相关建议，为推动《基本医疗卫生与健康促进法》这部中国第一部卫生健康母法的诞生作出积极贡献。2015 年，受国家卫生计生委委托，开展健康中国“十三五”建设规划的第三方平行研究形成的研究报告，为《“健康中国 2030”规划纲要》《“十三五”卫生与健康规划》《“十三五”深化医药卫生体制改革规划》的制定提供了有益参考。2018 年 1 月召开的党外人士座谈会上，农工党中央提出的关于“建立大卫生管理体制，组建‘三保合一’、功能综合、运行独立的国家医疗保障局”“设立统一的国有自然资源资产管理和自然生态监管机构，实现管用分开”等建议被吸收采纳，在《深化党和国家机构改革方案》中得到体现。2018 年 12 月报送的《关于开展国家癌症攻坚行动计划的建议》，得到习近平总书记重要批示，李克强总理主持召开国务院常务会议进行专题部署，卫健委等多部门联合开展专题调研，研究制定癌症防治战略措施。

在美丽中国方面，着眼推进生态文明建设，围绕综合防治大气、水、土壤污染问题持续发声。2013 年初，农工党中央在深入调研基础上形成的《关于积极应对区域灰霾污染的有关工作建议》，习近平总书记作出批示，给予了充分肯定。国务院迅速开展研究，采纳我党关于 PM2.5 纳入政府政绩考核、区域联防联控、京津冀等重点区域重点治理等多项建议，出台《关于印发大气污染防治行动计划的通知》（即“大气十条”），拉开了全国上下强力治理灰霾污染的序幕。2015 年、2016 年，分别围绕水污染防治和土壤污染防治进行调研，所提建议得到国务院领导同志和相关部门重视，为我国加强水体和土壤污染防治工作提供了有益参考。

在国家重大战略方面，围绕“十三五”规划、“一带一路”建设、京津冀协同发展、长江经济带发展、海南自贸区（港）建设等积极贡献智慧。农工党中央在党外人士座谈会上提出的关于“十三五”期间 GDP 年增速达到 6.5%，即可实现 2020 年经济总量比 2010 年翻一番的意见在《中共中央关于制定国民经济和社会发展第十三个五年规划的建议》中得到体现。关于“将人均期望寿命提高 1 岁列为‘十三五’规划的预期性指标”等建议，被“十三五”规划纲要吸收采纳。关于“研究启动全面放开二孩政策”的建议，在中共十八届五中全会文件中得到体现。关于加强长江水资源开发与保护、制定《长江法》等建议，得到中共中央、全国人大、国务院领导的高度重视。与海南省人民政府签署战略合作协议，以助力海南健康产业高质量发展为切入点，积极探索民主党派助推中共中央大政方针落实和地方党委政府支持民主党派建设的新途径新模式。

在聚焦定点扶贫投身脱贫攻坚方面，持续 33 年参与毕节试验区建设，动员全党参与大方县定点扶贫。以健康扶贫、智力扶贫、产业扶贫、公益扶贫、消费扶贫为重点，持续加大帮扶力度和实效。实施“同心助医工程”“同心全科医生特岗人才计划”“同心圆博爱家园”等扶持项目，支持大方县不断提升基层卫生服务能力，协助推进石漠化治理、农村环境提升，帮助编制中药产业发展规划，建设食品药品产业园和猕猴桃特色产业基地，援建同心农工中等职业技术学校，培训基层干部和教师。

在民主监督方面，扎实开展对口云南省脱贫攻坚民主监督。坚持政治监督定位，协调 16 个省级组织对口云南省 16 个州（市），持续深入考察调研、强化协商监督，探索出一套从发现问题、提出建议、沟通会商到跟踪整改落实的闭环工作模式。形成的监督报告得到中共中央、国务院领导的重要批示，被国务院扶贫开发领导小组考评体系采纳。坚持“寓帮于监、寓监于帮”，帮扶镇雄县、会泽县等贫困地区提升医疗、教育服务能力，为云南省脱贫攻坚贡献参政党一份力量。

在目标要求上可概括为四个方面，即学史明理、学史增信、学史崇德、学史力行。对民主党派而言，“明理”最根本的就是坚持中国共产党的领导，这是包括农工党在内各民主党派经过血与火的洗礼自觉、自愿作出的历史选择，是一代又一代民主党派人士坚贞不渝的政治信念，是中国共产党领导的多党合作事业持续健康发展的根本保证。“增信”就是要坚定中国特色社会主义理想信念，不断增进对中国共产党和中国特色社会主义的政治认同、思想认同、理论认同、情感认同，坚定中国特色社会主义的道路自信、理论自信、制度自信、文化自信。“崇德”就是要传承弘扬多党合作优良传统，包括农工党爱国、革命、奉献的优良传统，确保多党合作事业薪火相传、根基永固。“力行”就是要切实履行好参政党职能，加强中国特色社会主义参政党建设，担负起我国新型政党制度参与者、实践者、推动者的责任使命。

2021 年 5 月 27 日

百年奋进话致公　风雨同舟谋复兴

徐晓兰*

作为新中国参政议政的八大民主党派之一，致公党到底是一个什么样的政党，与其他民主党派的区别在哪里呢？当大家翻开《中国致公党章程》，里面第一句话就写明了致公党的属性："中国致公党是以归侨、侨眷和其他有海外关系的代表性人士为主组成的，具有政治联盟特点的政党，是中国共产党领导的多党合作和政治协商制度中的中国特色社会主义的政党。"因此，在我国的八个民主党派中，"侨""海"特色是致公党所独有的。正是这一特点决定了中国致公党从成立那天起，就和遍布全世界的华侨有着千丝万缕的联系。

一、辛亥革命孕育的政党

致公党的历史要从一个多世纪前海外最大的华侨社团组织"洪门"说起。清朝末年，清政府的腐败无能、帝国主义的殖民压榨，导致国内长期动乱、民不聊生。许多百姓在国内无以为生，只得漂洋过海讨生活。他们有的去了南洋，有的到了美国、加拿大以及其他国家。素以勤劳勇敢著称的中华儿女到了海外，本想以汗水挣得面包牛奶，却不承想处处受到压迫剥削和种族歧视，过尽了苦日子。

* 徐晓兰，第十一、十二、十三届全国政协委员，工业和信息化部副部长，致公党中央常委。

哪里有压迫，哪里就有反抗。正是因为华人在海外遭受的屈辱，催生了早期的洪门会堂。洪门会堂成立的初心，就是团结华人、互助共济、扶危解困。据梁启超《新大陆游记》中的记载，美洲洪门致公堂是当时规模较大、力量雄厚的海外洪门组织。

孙中山先生的加入，彻底改变了美洲洪门。1904 年 1 月，孙中山在檀香山加入美洲洪门，任职“洪棍”，也就是主管党内纪律的高级军事人员，亲自拟定了洪门致公堂 80 条章程，把“驱除鞑虏，恢复中华，创立民国，平均地权”作为洪门致公堂的宗旨，从而迈出了改组致公堂的关键性一步。

此后，洪门致公堂为孙中山领导的民主革命筹集了大量资金，对推翻清政府的封建统治，作出了巨大的贡献。辛亥革命后，就任中华民国临时大总统的孙中山有感于洪门在革命中的爱国表现，由衷地赞叹说“华侨是革命之母”。

1925 年 10 月 10 日，中国致公党在旧金山成立，自此从一个为华人华侨自身利益而斗争的社团转变成为国家民族命运而斗争的政党，向现代政党迈出了关键性一步。

二、经受战火洗礼的政党

1931 年的九一八事变，使中华民族面临生死存亡的考验。事变之后，面对广大国民和华侨日益增长的抗战爱国热情，致公党中央发出号召，“海内外各处党员，一致参加抗战工作，出钱出力，以尽职责”，1937 年七七事变后，致公党每年筹措的抗日款项就达 2 亿美元。中国共产党高度赞赏中国致公党的抗日爱国运动，在 1935 年 8 月 1 日发表的《为抗日救国告全体同胞书》中，把致公党列入参加抗日救国事业的党派团体。

1941 年 1 月 6 日，国民党顽固派制造震惊中外的皖南事变。作为始作俑者，蒋介石不仅遭到了全国人民的谴责，也遭到了海外侨胞的强烈抗议。中国致公党创始人司徒美堂随即发表通电，强烈谴责国民党的这种令人发指的行为，要求蒋介石马上停止对新四军的“围剿”。毛泽东于 3 月 14 日复电，指出中国共产党始终以民族为重，坚持团结抗日的主张，立场坚定，旗帜鲜明，合作抗日到底。至此，中国致公党深刻地认识到，只有中国共产党才是真正为国家谋解放，为人民谋幸福、为民族谋复兴的政党。

1947 年 4 月 29 日，中国致公党在香港召开了具有历史转折意义的第三次代表大会，发表了《中国致公党第三次代表大会宣言》《中国致公党第三次代表大会告海外同胞书》《致杜鲁门总统电文》，一致决议加入中国共产党领导的人民民主统一战线，坚决拥护中国共产党领导。致公党三大是致公党参加中国共产党领导的统一战线这 70 年历史长河的发源地，是致公党历史道路上一座光辉的里程碑。中国致公党自此从一个为华侨谋权益的政党成了坚决拥护中国共产党领导的爱国的政党。

1948 年 4 月 30 日，中共中央发布《纪念“五一”劳动节口号》，发出了“各民主党派各人民团体及社会贤达，迅速召开政治协商会议，讨论并实现召集人民代表大会，成立民主联合政府”的号召。5 天后，致公党领导人陈其尤与李济深、何香凝、沈钧儒、郭沫若等联名向国内各报馆、各团体及全国同胞发出《各民主党派为召开新政协致海内外电》和《各民主党派为召开新政协致中国共产党电》。6 月 9 日，致公党还单独发表了《中国致公党响应中共中央“五一”号召宣言》。

1949 年 1 月致公党又发表了《拥护毛泽东时局声明》，提出“兹幸中共领导人民革命，已近全面胜利，甚望彻底肃清反动残余势力，使中国得到真正民主和平”的主张，并发出“本党代表海外数十万华侨，伫望祖国和平统一，独立富强，自当同为新民主主义而奋斗到底”的呼声。这一时期，致公党的领导人还不断发表文章，支持新政协，支持中国共产党领导的新民主主义革命。

三、见证全国政协成立的政党

1949 年 9 月 21 日，中国人民政治协商会议第一届全体会议在北平中南海隆重开幕，宣告中国人民政治协商会议正式成立。人民政协是中国人民爱国统一战线的组织，是中国共产党领导的多党合作和政治协商的重要机构，是中国政治生活中发扬社会主义民主的一种重要形式。

这次会议通过了《中国人民政治协商会议共同纲领》《中国人民政治协商会议组织法》《中华人民共和国中央人民政府组织法》这三个为新中国奠基的历史性文件，还通过了关于国旗、国歌、国都、纪年等决议，选举了中国人民政治协商会议第一届全国委员会的委员。中国人民政治协商会议在当时还不具备召开普选的全国人民代表大会的条件下，肩负起执行全国人民代表大会职权的重任，完成了建立新中国的历史使命，揭开了新中国历史的第一页。

中国人民政治协商会议又称“新政协”，以别于 1946 年 1 月召开的“旧政协”。1945 年抗日战争胜利后，中国共产党和国民党在重庆谈判，决定为组建新政府而召开政治协商会议。1946 年 1 月 10 日，政治协商会议在重庆召开，参加这次会议的有中国国民党、中国共产党、中国民主同盟、中国青年党和社会贤达五个方面。同年 11 月，国民党撕毁政治协商会议决议，单方面宣布召开“国民大会”，遂使政治协商会议即旧政协解体。

在中国人民政治协商第一届全体会议上，致公党以党派名义递交了一份《由中央人民政府研究和实行护侨政策案》，开创了民主党派在全国政协会议上提交团体提案的先河。这份提案也是反映致公党“侨”“海”特色、为侨服务的第一份提案。

1949 年 10 月 1 日，致公党代表陈其尤等人登上天安门城楼，参加开国大典，见证了毛泽东主席向全世界庄严宣告中华人民共和国中央人民政府成立这一开天辟地的伟大历史时刻。致公党在中国共产党的影响和帮助下，从此走上了新民主主义的道路。

四、立足“侨”“海”的政党

改革开放之后的 1988 年，中国致公党九大通过的《中国致公党章程》中，明确指出了致公党的基本任务是“充分发挥本党组织和党员与海外社团、洪门团体和各界人士有广泛联系的特点，积极开展海外联谊活动，扩大友好往来，做好各项引进工作，为推进祖国统一，振兴中华而努力。”

1997 年担任致公党主席的罗豪才同志，在参政议政中更是致力于发挥“侨”“海”特色和优势，为团结“侨”“海”，调动他们的爱国热情，维护他们的合法权益，深入调查研究，积极建言献策。

（一）积极倡导“五侨”联动

当时中央涉侨单位有全国人大华侨委员会、国务院侨务办公室、全国政协港澳台侨委员会、致公党中央、中国侨联五家（简称“五侨”）。罗主席上任伊始，就提出了“五侨”联动的思路，带领致公党有关领导，走访了国务院侨办、中国侨联等单位。这一加强“五侨”单位沟通合作，做到信息共享、资源共用、工作互动，形成合力的建议，不但得到了各涉侨单位的认同，还得到了中共中央的肯定和支持。此后，“五侨”开展了多领域、多渠道的密切合作，合作形式不断活跃，合作内容不断丰富，合作机制不断完善。2001 年，致公党中央和其他涉侨单位一道，在调查研究的基础上，在财政部的大力支持下，解决了华侨农场归（难）侨和侨眷的生活困难问题。

（二）提倡“侨务资源可持续发展”

一些年来，国内有些地方和部门对海外侨务资源存在“重利用而轻保护，重索取而轻给予”的倾向。如何使海外侨务资源得到有效的保护，成为侨务工作中一个急需解决的重要问题。2004 年，在罗豪才主席的亲自指导下，致公党中央在广泛深入调研的基础上向中共中央提出了《关于加强海外侨务工作，促进海外侨务资源可持续发展的几点建议》。中共中央领导同志高度重视，不久就召集 20 多个有关部门负责人的联席会议，研究贯彻落实相关建议。

（三）催生“中国绿卡”

改革开放和现代化建设的迅猛发展，促使很多已取得外国国籍的中国留学人员回到故土创业，不少外国专家也希望到中国工作。他们迫切需要一张“中国绿卡”。针对这一问题，致公党中央走访了公安部出入境管理局和其他有关管理部门，并于 2000 年 3 月全国政协九届三次会议上，提出了《关于给予来华创业的高层次人才长期居留权的建议》。2004 年 8 月 15 日，我国正式出台了《外国人在中国永久居留审批管理办法》，并发放了“中国绿卡”——《外国人永久居留证》。

2012 年 12 月，习近平总书记在走访致公党中央机关时，殷切希望致公党在新时期注重发挥自身优势，切实做好“侨”“海”这篇大文章。中共十八大以来，致公党从中央到地方各级组织按照习总书记的指示精神，继承“侨”“海”传统，发挥“侨”“海”优势，自2007年以来，致公党中央提交的侨海特色提案累计达40余件，在促进留学人员创业园的健康发展等问题上积极建言献策。

五、服务国家战略的政党

中国共产党第十九次全国代表大会拉开了中国特色社会主义进入新时代的序幕。正如习近平总书记所说的那样，一代人有一代人的长征，一代人有一代人的担当。进入新时代，我们就必须贯彻新发展理念，努力实现更高质量、更有效率、更加公平、更可持续的发展。那么国内民主党派应如何定位，如何发挥自身参政议政的重要作用呢？

2021年，全国政协主席汪洋在政协常委会工作报告中指出，将推进协商议政质量体系建设，建立应用型智库和参政议政人才库，为高质量履职建言提供支撑。这为新时期民主党派加强参政议政质量能力建设工作提出了新要求，赋予了新使命。

新时代，致公党在万钢主席的带领下，全力投身服务国家战略的伟大事业中。

（一）积极推动“一带一路”倡议

自2013年“一带一路”倡议提出以来，为绘就“一带一路”美好蓝图贡献智慧和力量。万钢主席、蒋作君常务副主席等亲自率队，先后围绕丝绸之路经济带战略实施和区域合作共赢、“一带一路”国际贸易大通道建设、推进“一带一路”与草原之路战略对接、“一带一路”文化交融等问题开展调研近10次，足迹遍布甘肃、宁夏、内蒙古、福建、新疆等“一带一路”沿线数省，并出访新西兰、法属波利尼西亚和新加坡进行了调研。为推动“一带一路”建设提出了中国致公党的调研建议。

记得在2017年4月18—27日随同全国政协常委、副秘书长，致公党中央常务副主席蒋作君访问新西兰、法属波利尼西亚和新加坡，在调研中发生的几件事情让我感触良多。

在新西兰、法属波利尼西亚、新加坡访问期间，特别向他们介绍了中国提出的“一带一路”倡议，倡议得到越来越多国家的响应，带动沿线国家共同发展，造福各国人民；同时也介绍了中国的经济社会发展情况和中国共产党领导的多党合作和政治协商制度。法波自治政府主席 Edouard Fritch 先生表示华侨华人在法波经济中占有 60% 比例，在当地经济发展中扮演着重要角色，当地政府与华侨华人关系很好。他还表示，以前只知道中国是共产党一党执政，通过代表团的来访，了解了中国还有八个参政党，各政党互相配合，高效推动决策实施，很有特色。通过交流，他们对中国经济持续稳定发展，中国这个特色的政治制度的优势给予了高度评价。

为此我们提出建议，可充分发挥民主党派作用，以现身说法宣传中国共产党领导的多党合作和政治协商制度，用亲身经历向国外介绍民主党派参加国家政权，参与国家大政方针的制定、参与国家事务的管理、参与国家法律、法规、政策的制定和执行过程中发挥的重要作用，让国外，特别是“一带一路”国家更好地理解我国的民主政治制度。

我们通过座谈交流等多种方式，向侨胞积极宣传中国经济建设所取得的辉煌成就，并重点宣传我国提出的“一带一路”倡议。鼓励华侨以当地人熟悉的方式讲好“中国故事”，成为“一带一路”倡议的宣传者；利用熟悉当地政策、文化、法律的优势，帮助中资企业更好地融入当地社会，成为“一带一路”倡议的服务者；使自身转型发展与“一带一路”倡议相结合，成为“一带一路”倡议的受益者。代表团的介绍激起海外侨胞的强烈共鸣，纷纷表达了参与推进“一带一路”倡议的愿望和决心。

我们还分别在中资企业集聚的新西兰奥克兰和“一带一路”沿线重要国家新加坡与航空、石油、金融、电信、林业、制造业等多个行业的中资企业代表进行座谈，中资企业是“一带一路”的先行者，要从中国“走出去”，在所在国“走进去”，才能“走下去”。在展现经济硬实力的同时，还要注重文化软实力，树立中国企业形象。

在奥克兰和新加坡，我们与两国的留学人员代表进行了座谈，在新西兰和新加坡两国的留学人员普遍年轻，多为高中或本科毕业后出国接受本科或研究生教育。对于回国就业，他们普遍担心薪资待遇、工作环境；对于创新创业，他们表示对国内的政策和市场环境了解不够充分，与国内社会相对脱节，既不够了解国内就业情况、创业政策，更不了解回国以后的孩子教育、医疗保障等一些实际问题的解决途径。目前我国出国留学本科和硕士很多，这些年轻留学人员，既没有资历享受高层次人才吸引政策，也不能享受国内高校毕业生创新创业扶持政策，他们对回国就业发展的前景比较担忧。为此我们提出建议，比如建设离岸创新创业成果转化和人才信息孵化共享平台，多方参与，为海外留学人员提供一站式服务。又比如这些孩子更了解国际交往习惯和沟通方式，可以更好地组织他们，加强培训，从而发挥这些留学生在“一带一路”中的作用。

（二）脱贫攻坚授人以渔

中共十八大以来，习近平总书记站在全面建成小康社会、实现中华民族伟大复兴中国梦的战略高度，把脱贫攻坚摆到治国理政突出位置，提出一系列新思想新观点，作出一系列新决策新部署，推动中国减贫事业取得巨大成就，为世界减贫进程作出了重大贡献。

在脱贫攻坚、推动共同富裕的道路上，我们一直不断地探索和实践，到底以什么方式能更好地发挥作用呢？致公党认为先要授人以鱼，但最重要的是授人以渔。

1.“扶贫先扶智”，实现科教消贫

开展教育扶贫是改变穷困地区面貌的智力基石；推广科普教育是可持续发展的有效途径。通过合作共建“致公科普活动中心”，将科普之光照进致公党帮扶地孩子们的课堂。例如，于 2008 年正式建成运营的四川都江堰安龙中心学校科普中心，以其新颖的科教设备、互动的教学模式，成为学生们最喜爱的课堂，让一个个小发明、小创造在这里“生根发芽”。

这样的“科教携手”已持续 10 年。10 年间，致公党中央、致福慈善基金会与致公党上海市委会相继在四川、贵州、云南、重庆四地为留守儿童集中的贫困地区陆续建成了 13 所致公科普活动中心，实实在在地把科普教育带入贫困乡镇的课堂。

2. 助推重庆市酉阳县早日脱贫摘帽

“致西合作”的情谊源起于 1991 年春，在致公党中央的指导下，致公党重庆市委会首次率队来酉阳开展考察调研，由此拉开了“智力支边、科技扶贫”的序幕。28 年来，致公党见证和参与了酉阳发展的全过程。致公党中央主席万钢多次强调：“实现全面小康，既是执政党的重要使命，也是参政党义不容辞的责任”“围绕精准扶贫、精准脱贫，以教育扶贫、科技扶贫、健康扶贫为主要抓手，以重庆酉阳等定点帮扶和对口支援地区为主战场，积极探索参与推进深度贫困地区脱贫攻坚的新思路和新模式”。在 2018 年 12 月 17 日至 19 日致公党中央十五届二中全会期间发生了一个小故事，在会场看到两边摆出了许多农产品，正在疑惑中，突然看到万钢主席，致公党许多领导和党员都在现场购买或上网站购买，我很好奇，一打听，原来是我们致公党探索的消费扶贫以购代捐新的公益模式，在“中国致公”微信平台等开通上线了我们定点扶贫的重庆市酉阳县电商扶贫平台“酉好货”，这样的方式既帮助了农民扶贫，又帮助了农民致富。

六、政协委员的新使命新担当

进入新时代，国际环境波谲云诡，国内改革发展重任在肩。全国政协委员应如何贯彻落实中共中央和全国政协对参政议政的一系列要求，如何积极服务国家战略，真正做到为人民谋幸福，为民族谋复兴呢？

首先，坚定政治方向，全心全意服务国家战略。面对新时代、新机遇、新挑战，民主党派要坚定正确的政治方向，充分发挥自身为社会主义服务的进步性与广泛代表性，把参政议政、履职尽责的重点统一到新时代中国特色社会主义战略部署上来，在服务大局中找准履职尽责的切入点，切实履行参政议政、民主监督、政治协商职能，进一步增强履行职能的使命感和责任感。

其次，求真务实，确保高质量参政议政的战略性先导性。密切关注和研判国际国内发展趋势，着眼深化供给侧结构性改革，建设现代化经济体系的现实需求，通过专家研讨、调研访谈、座谈讨论等多种方式，支撑高质量参政议政的战略性、先导性、科学性，助力新时代高质量发展。

接下来，我给大家分享两个自己亲身经历的参政议政的案例，第一个是

“大江大河青山绿水”，通过站高望远服务国家战略；第二个是“小小一支笔的故事”，通过脚踏实地解决产业发展中的实际问题。

（一）大江大河青山绿水

同志们都知道，长江、淮河是哺育中华文明的相当重要的河流，如今不但养育了近 4.7 亿人口，而且还串联起了长三角经济带和中西部经济带，已成为我国经济社会发展的名副其实的“大动脉”。因此，长江、淮河的绿色协调发展，对我国经济高质量发展至关重要。

可能大家不太知道的是，由于受到地理位置、资源环境等诸多因素的影响，长江经济带各地区经济发展水平和产业基础差距较大，产业同质化严重、地区发展不均衡、基础设施建设不完善、生态环境恶化十分明显；而淮河流域经济发展水平相对落后，存在制约经济社会发展的诸多问题，主要体现在水资源分配不均、水污染形势严峻、水利设施防洪能力相对不足、出海航道未能全线贯通、现代农业基础薄弱、农业面源污染严重、产业结构层次低、二三产业发展相对落后等方面。

为解决这些问题，致公党中央在组织座谈、多次多地实地调研的基础上，汇集专家学者意见和建议，2015 年前后起草并提交了《关于建设长江经济带的建议》《关于促进淮河流域经济与生态环境协同发展的建议》。2016 年 9 月，国务院正式发布了《长江经济带发展规划纲要》。《纲要》确立了长江经济带“一轴、两翼、三极、多点”的发展新格局：“一轴”是以长江黄金水道为依托，发挥上海、武汉、重庆的核心作用，推动经济由沿海溯江而上梯度发展；“两翼”分别指沪瑞和沪蓉南北两大运输通道，这是长江经济带的发展基础；“三极”指的是长江三角洲城市群、长江中游城市群和成渝城市群，充分发挥中心城市的辐射作用，打造长江经济带的三大增长极；“多点”是指发挥三大城市群以外地级城市的支撑作用。

2018 年 11 月，中共中央、国务院又明确要求充分发挥长江经济带横跨东中西三大板块的区位优势，以共抓大保护、不搞大开发为导向，以生态优先、绿色发展为引领，依托长江黄金水道，推动长江上中下游地区协调发展和沿江地区高质量发展。

中共中央和国务院出台的相关决策与规划，已充分说明国家更加重视长江经济带的发展，在制定政策时也吸纳了致公党中央所提的意见或建议。致公党中央先前所做的一系列求真务实的调研，不但有力支撑了中央决策，体现了参政议政的战略性和先导性，还贯彻落实了习总书记关于“青山绿水就是金山银山”的重要战略思想。

（二）小小一支笔的故事

2016 年初，小小的圆珠笔引起了媒体、公众的广泛关注和热议。事情起因于当年 1 月 4 日李克强总理在山西太原主持召开钢铁煤炭行业化解过剩产能、实现脱困发展座谈会时提出：“去年（2015 年），我们在钢铁产量严重过剩的情况下，仍然进口了一些特殊品类的高质量钢材。我们还不具备生产模具钢的能力，包括圆珠笔头上的‘圆珠’，目前仍然需要进口。这都需要调整结构。”

有人不禁会问，我们已在高性能计算机、载人航天、探月工程、量子通讯、载人深潜、高速铁路等领域走在了世界前列，却为何连一个小小的圆珠笔头都无法生产？其实早在 2010 年，我作为全国政协委员带着同样的疑惑参加了全国政协组织的“制笔产业核心技术和关键部件国产化问题”专题调研。

据调查，我国有 3000 多家制笔企业，年产 400 多亿支笔，占世界市场 80% 的份额，为全球人均提供了 6 支笔。但令人尴尬的是，我国虽是当之无愧的制笔大国，但却长期处于制笔行业价值链底端，制笔的核心技术和关键材料、设备高度依赖进口。以圆珠笔为例，90% 的笔尖球珠来自进口，80% 的墨水也要从日韩等国进口，笔尖球座体的生产设备更是全部从瑞士、日本等国进口。更让人揪心的是，由于不具备生产笔尖球座体所需的易切削不锈钢线材的能力，在钢铁产能严重过剩的情况下，我国每年仍需进口特殊品类的高质量钢材。小小的圆珠笔成了中国制造业抹不去的“痛”。

在全国政协的积极推动下，2011 年科技部拨专款 6000 万元对圆珠笔核心技术和关键部件进行攻关。历经 5 年的不懈努力，已有三项核心技术实现了从“无”到“有”的突破：一是攻克笔头钢材生产技术。国内企业完全掌握了笔头钢规模化生产关键技术。2016 年 1—9 月份，已成功生产出 120 吨合格的笔头钢，开始在国内知名笔头加工和制笔企业进行推广应用。二是笔头生产设备取得突破。已成功研制出24工位笔头机，在国内投入应用的同时，还出口马来西亚。三是国产墨水逐步推广应用。中性、水性、中油圆珠笔墨水已接近国际先进水平，尤其是水性、中油圆珠笔墨水已实现了批量替代进口，并开始出口。接下来，这些成果将在实际应用中不断完善，以实现从“有”到“好”又一次飞跃。

破解“圆珠笔之问”的成功经验，完全实践了习近平总书记关于“创新是引领发展的第一动力”和“抓创新就是抓发展，谋创新就是谋未来；不创新就要落后，创新慢了也要落后”“落后了就要挨打”的重要论断。既然我们已经能上九天揽月，能下五洋探海，能在量子领域独领风骚，也能造出小小圆珠笔，那还有什么难题是聪明、自信、勤奋、敬业的中国人攻克不了的呢！敢作敢为，一定大有可为！

同时，破解“圆珠笔之问”可以给我们带来如下启迪：

1. 我们要从“汗水型经济”走向“智慧型经济”

就必须坚持走中国特色自主创新道路，发挥科技创新在供给侧结构性改革中的引领作用，以科技创新作为改善产品和服务供给、充分释放全社会创新创业潜能的核心动力，做好内需市场这篇大文章。

2. 要找差距补短板强弱项，攻坚克难抓落实

卡脖子逼着我们卧薪尝胆、自力更生、奋起直追。实践证明，我国在航天、核工业等军工领域之所以能够取得突破性成就，一个重要的原因是发达国家对我禁运封锁，倒逼几十年来自主创新发展的结果；我们要充分发挥制度优势和庞大的国内的内需市场，在被卡脖子的核心芯片、基础软件、工业互联网等领域补短板，在5G等领域加长板，制定详细的路线图、分工表、时间点，狠抓落实。

3. 要勇于啃“硬骨头”，敢于用“自家货”

以掌握自主可控知识产权、形成中国乃至世界标准为目标，发挥社团组织、领军企业在资源整合中的积极作用，既要重视先进技术的自主创新，又要勇于啃基础材料和制造工艺领域的“硬骨头”，更要敢于在实践中用“自家货”。

时光荏苒，岁月变迁，中国致公党迄今已走过了94年的光辉历程。近

百年的风雨沧桑告诉我们，致公党自身的发展并不是一帆风顺的，是在中国共产党的领导和帮助下，才选择了一条符合自身实际的发展道路，成为中国特色社会主义参政党。正如黄鼎臣这位致公党历史重大转折的亲历者、见证者所感悟的：“没有中国共产党就没有今天的致公党。”没有中国共产党就没有新中国。

中国共产党成立也已近百年，其为劳苦大众谋解放，为中国人民谋幸福，为中华民族谋复兴的初心和情怀感召着所有中国人民和民主党派。大家在中国共产党的领导下，团结一心，荣辱与共，克服了一个又一个艰难险阻，取得了一个又一个伟大胜利！

今后，在中国共产党的坚强领导下，高举习近平新时代中国特色社会主义伟大旗帜，发挥致公党侨海特色，团结一切可以团结的力量，与各民主党派同仁一起画好新时代最大的同心圆，中华民族伟大复兴的中国梦一定会实现！

2021 年 6 月 2 日

不忘合作初心　继续携手前进

许　进*

2021年2月1日，习近平总书记同各民主党派中央、全国工商联负责人和无党派人士代表欢聚一堂，共迎佳节。习总书记指出，“中共中央决定，今年在全党开展中共党史学习教育，激励全党不忘初心、牢记使命，在新时代不断加强党的建设。各民主党派和无党派人士要结合庆祝中国共产党成立100周年，全面回顾同中国共产党团结合作的奋斗历程，发扬光荣传统，坚守合作初心，加强自身建设”。

2021年3月6日上午，中共中央政治局常委、全国政协主席汪洋同志参加了民进、九三学社界委员联组会。在听取委员发言后，他指出，在中国共产党领导下，各民主党派在建立新中国、建设新中国、探索改革路、实现中国梦的伟大实践中作出了重要贡献，在脱贫攻坚、抗疫斗争中发挥了积极作用。中国共产党的百年发展史，包含着中共与各民主党派肝胆相照、携手前进的同心奋斗史。各民主党派要深刻感悟民主党派老一辈鲜明的政治本色和高尚的道德风范，切实担负起我国新型政党制度参与者、实践者、推动者的责任。

汪洋主席追忆了在民主建国和社会主义建设过程中，民主党派与中国共产党风雨同舟、携手前进的历史，他说，九三学社创始人许德珩先生是五四运动时期的学生领袖之一。他在五四运动中结识了李大钊、毛泽东等中国共

---

* 许进，第十二、十三届全国政协委员，中境国际工程设计有限公司总经理，九三学社中央委员会委员。

产党创始人。汪洋主席提到在1936年，刚刚经过长征到达陕北的红军，物资十分匮乏。许德珩、劳君展夫妇得知此事后，向延安送去了怀表、火腿和布鞋等物资。毛主席给他们写信说，我们与你们之间，精神上完全是一致的。汪洋主席还提到了王淦昌、邓稼先、赵九章、陈芳允和程开甲等九三学社社员对于“两弹一星”事业的贡献，黄汲清和谢家荣等九三学社社员对于中国石油事业的贡献。

1985年9月2日，九三学社举行建社40周年纪念大会。中共中央政治局委员、书记处书记习仲勋同志代表中共中央致贺词，他指出：九三学社是我国的民主党派之一，具有爱国的、进步的优良传统，40年来一贯同我们党亲密合作，风雨同舟，并肩战斗，为我国的革命和建设事业作出了很大的贡献。中国共产党为有九三学社这样志同道合、患难与共、通力合作、共同致力于社会主义现代化建设事业的亲密战友，感到由衷的欣慰和高兴。

下面，我给大家讲述一些九三学社及其社员在建立新中国、建设新中国的过程中与中国共产党风雨同舟、亲密合作的故事。

一、为建立新中国而进行的斗争

（一）创建九三学社

1944年，抗日战争进行到最困难的时期。山河破碎、寇骑深入。日本侵略者侵占了中国的沿海省份，正在从桂林向贵州进犯。一旦日军占领贵州，与之一江之隔的陪都重庆将危在旦夕。

此时，国民党统治集团一方面不断散布投降空气，说什么继续打下去结果还是失败，不如现在投降，还可以保留几分实力。一方面准备继续向西部迁都。

在日本侵略者的蹂躏下，祖国再次面临亡国的危机，客居重庆的五四运动勇将、少年中国学会骨干决心以五四运动民主科学的精神团结知识分子行动起来，坚持抗战到底。

于是，许德珩先生的家成为民主科学座谈会的会场，当年的五四青年共同继承和发扬民主科学精神，共商救国之策。展现出他们的家国情怀和重道义、勇担当的精神。

毛主席恰好在此时来到重庆。

1945 年 8 月 28 日，中共中央主席毛泽东应国民党总裁蒋介石之邀到达重庆，商谈成立联合政府之事。

9 月 9 日，毛泽东约许德珩、劳君展夫妇见面。分别 20 多年后，大家在抗日战争胜利之时重逢，十分高兴。

毛泽东对许德珩说，记得我们在北大好像还有个组织呢。许德珩说，我们参加了李大钊先生发起的少年中国学会。毛泽东对劳君展说，你是知道的，我这个人怎么会打仗呢？我是逢山开路遇水搭桥啊！

叙旧之后转入正题，他们交换了对时局的意见，许德珩、劳君展向毛泽东介绍了他们发起民主科学座谈会，刚刚更名为九三座谈会的情况，毛泽东闻之十分感兴趣，鼓励他们将座谈会发展成为一个永久性的政治组织。

许德珩、劳君展听后面有难色，认为参加座谈会的人数不多，发展成为一个永久性的政治组织有困难。

毛泽东鼓励他们说，尽管人数不多，但每位成员的影响都很大。毛泽东的建议给予许德珩、劳君展很大的鼓舞，他们决心以毛泽东逢山开路，遇水搭桥的精神将民主科学座谈会办成一个永久性的政治组织。

这就是九三学社的缘起。

毛泽东主席在重庆与蒋介石集团谈了 40 多天，他的一举一动受到国民党特务的监视。特务将他们的监视记录编辑成一本小册子《参政员毛泽东在渝市之动态》。

前几年，重庆红岩革命历史博物馆收藏了这本小册子。其中，9 月 9 日的记录是这样的：

> 上午 12 时 30 分有许德珩者来桂园访毛泽东，另一劳姓女子来访王若飞。

看来，为了减小目标，许德珩、劳君展夫妇是分头到桂园的。王若飞同志任中共中央委员、中共南方局工委书记。他随同毛泽东、周恩来同志赴重庆，参加国共两党和平谈判。

1946 年 5 月 4 日，在九三学社成立大会上选举出 16 位理事，8 位监事。他们是九三学社最早的核心成员。

理事：潘菽、张雪岩、褚辅成、许德珩、税西恒、吴藻溪、黄国璋、彭饬三、王卓然、孟宪章、张西曼、涂长望、李士豪、笪移今、张迦陵、严希纯。

监事：卢于道、詹熊来、刘及辰、何鲁、侯外庐、黎锦熙、梁希、陈剑翛。

这 24 名核心成员全部是教授、著名学者。其中：留学归国人员 20 人，占 83.3%；社会科学学者 16 人，占 66.7%；自然科学学者 7 人，占 29.1%；医学工作者 1 人，占 4.2%。

九三学社把 1945 年 9 月 3 日，即世界反法西斯战争和中国人民抗日战争胜利纪念日，也是民主科学座谈会更名为九三座谈会的日子，作为其成立纪念日。

1946 年 5 月 12 日，九三学社在重庆兰园（税西恒先生住所）召开第一次理事、监事联席会议。会议推举褚辅成、许德珩、税西恒、张雪岩、潘菽为常务理事。推举梁希、卢于道、黎锦熙为常务监事。

这是九三学社最早的领导集体。

我给大家介绍一下这 5 位常务理事和 3 位常务监事的生平事迹。

褚辅成（1873—1948），浙江嘉兴人。九三学社常务理事、上海分社主任理事。

1904 年，31 岁的褚辅成东渡日本留学，先后入东京警察分校和政法大学学习。1905 年，加入同盟会，后任同盟会浙江支部长。1912 年，任浙江军政府民政长和政治部长。1913 年，当选为国会议员。因领衔反对袁世凯"善后借款"在蚌埠被袁世凯派人逮捕，押于安庆。袁死后，重入国会。1917 年赴广州，任非常国会副议长，参加孙中山领导的护法斗争。1927 年，任上海法科大学董事长兼校长。

1945 年 7 月 1 日，褚辅成等 6 位参政员由中共代表王若飞陪同，从重庆乘飞机抵达延安，他们受到毛泽东、朱德、周恩来、任弼时等中共领导人的热烈欢迎。中共中央设宴招待6位参政员，周恩来代表中共中央致词，欢迎6位在大后方为抗战、民主、团结奋斗多年的老朋友，感谢他们长期以来对中共的鼓励与赞助，希望他们把解放区人民“建立一个独立、自由、民主、统一与富强的新中国”的愿望带回给大后方各阶层的人民。在延安期间，褚辅成等同毛泽东、周恩来、朱德、刘少奇等进行了3次正式商谈，双方主要讨论国民大会和政治会议问题。7月4日，中共和六位参政员最终达成一致意见：停止国民大会进行；从速召开政治协商会议。7月6日，6位参政员结束对延安的访问，乘飞机返回重庆。随后，他们正式向国民政府提出了停止召开国民大会，从速召开政治会议的建议。

许德珩（1890—1990），江西九江人。1945年创办九三学社，任九三学社常务理事、第一届至第二届中央理事会主席、第三届至第七届中央委员会主席、第八届中央委员会名誉主席。

1919年毕业于北京大学。1920—1927年赴欧洲勤工俭学，主要在巴黎大学学习社会学。

1919年5月4日中午，天安门前汇集了北京各学校的3000余名学生。大会宣读了学生会委托许德珩起草的《北京大学生天安门大会宣言》，即《五四宣言》。《宣言》向全国的学生、民众呐喊：“山东亡，是中国亡矣！我国同胞处其大地，有此河山，岂能目睹此强暴之欺凌我、压迫我、奴隶我、牛马我，而不作万死一生之呼救乎？”

许德珩从不以五四运动学生领袖自居，对于五四运动的结果他并不满意。1919年8月29日，他在致少年中国学会会员曾琦的信中说：“这回运动，好时机，好事业，未从根本上着手去做，致无多大的印象于社会，甚为咎心。个人的学识不足，修养不到，以后当拼命从此处下手。”

1920年2月15日许德珩从上海乘法国博尔多斯号邮船赴法勤工俭学，踏上了学习马克思主义社会学的道路。

1936年10月的一天，中共党员徐冰、张晓梅夫妇到许家做客。他们说，现在延安的物资十分匮乏，情况十分困难。干部指挥作战时没有表，冬天来了，大家脚上还穿着草鞋。许德珩、劳君展夫妇闻听后当即表示要买一些物品送给毛润之。徐冰说，最近有车去延安，你们要买东西就抓紧时间。

许德珩、劳君展决定倾家中的积蓄购买成生活用品，送到延安去。徐冰、张晓梅夫妇走后，他们翻箱倒柜，凑了500多块银圆。那时，一套北京普通的四合院售价200块银圆。据说鲁迅先生当年购买的、位于北京市阜成门内的那个大四合院，就是现在作为北京鲁迅博物馆的院子，花费800银圆。当时，怀表是上层人士的炫富之物。火腿可以长期保存又富有营养。

为了避人耳目，由劳君展与张晓梅两位女士到东安市场买了十几块怀表、30多双布鞋和一些火腿。她们雇了一辆人力车，由张晓梅把东西押运到秘密的地点，转送延安。分手时，张晓梅问劳君展，是否需要毛泽东同志写个收条？劳回答说，我们送给毛润之的东西怎么能要收条呢？

1936年11月2日，毛泽东在收到这份道义上的支持之后挥毫致谢，他在信中说，“我们与你们之间，精神上完全是一致的。”“为驱逐日本帝国主义而奋斗，为中华民主共和国而奋斗，这是全国人民的旗帜！也就是我们与你们共同的旗帜！”

税西恒（1889—1980），四川泸州人。九三学社常务理事、重庆分社主任委员。九三学社第二届中央理事会理事、第三届至第五届中央委员会常务委员，第六届中央委员会副主席。

早年就读于上海中国公学。1912年考取公费赴德留学生，入柏林工业大学机械系学习。1917年，获德国国家工程师证书。

1921年，税先生回国后，任永宁道尹公署建设科长。他起草在洞窝创建水力发电厂的方案，向上呈报。为解决泸州的照明用电，他四处奔走，筹集资金，甚至变卖自己的产业，终于建成济和发电厂。那时的泸州与全中国大部分城市一样，从未见过电灯，家家点菜油灯，生活条件好一点的家庭用煤油灯。由于煤油是进口的，也叫美孚灯、洋油灯。1924年2月洞窝水力发电厂建成运行，泸州城大放光明。人民十分感激税先生。

税先生亲自勘测设计建设的泸州洞窝济和水力发电厂，是继1912年建成的云南省石龙坝水电站之后竣工的我国第二个水力发电厂。

1944年，许德珩先生担任教育部督学。一天，许先生到川康兴业公司与税西恒先生见面并将朱家骅先生的一封信交给他。朱家骅先生是税西恒先生留德时的同学、时任国民政府教育部部长。他邀请税先生与许先生一起到西南各高等学院视察教学情况。

一路上，他们在交谈中对于国民党当局贪污腐败、搜刮民间钱财、提出的“攘外必先安内”口号企图消灭中国共产党等问题看法颇为一致，成为志同道合的朋友。后来，税先生加入民主科学座谈会，为扩大规模以后的座谈会提供了物质基础。

张雪岩（1901—1951），山东潍坊人。九三学社常务理事。

1934年，毕业于南京金陵神学院。同年，创办以反映农民呼声和普及农村科学为主要内容的《田家半月报》。1938—1942年在加拿大多伦多大学和美国康乃尔大学学习，获社会学博士学位。

1916年，张雪岩先生因贫困辍学，被招募到欧洲战场修路、运粮、伐木、挖战壕、修工事……华工们干的是最苦最累最脏的工作。因语言不通，工头和华工们矛盾频发，学过英语的张雪岩担当起了翻译的责任。第一次世界大战结束后，张雪岩先生回到祖国。这段受欺辱的经历使张雪岩先生认识到，中国要摆脱屈辱、独立自强就要唤醒占人口三分之二的三万万农民同胞。

1934年8月，他与孙恩三在齐鲁大学创办了《田家半月报》。《田家》的创办宗旨是“努力服务乡村同胞”。《田家》办刊的原则是“为真理说话，替正义作声；农民是国本，知识是力量”。当年，在齐鲁大地和华北地区的广大农村，《田家》的影响甚大，发行量曾达十几万份之多。在30年代关于新旧文学的讨论中，一度产生过“田家现象”。

潘　菽（1897—1988），江苏宜兴人。九三学社常务理事，第一届至第二届理事会理事，第三届至第四届中央委员会常务委员，第五届至第七届中央委员会副主席。

1920年毕业于北京大学哲学系。1926年获芝加哥大学博士学位。1955

年选聘为中国科学院学部委员（院士）。

潘菽先生是我国现代心理学主要奠基人。他讲授过普通心理学、实验心理学、社会心理学、理论心理学等课程。五四运动时期，潘菽先生就读于北京大学哲学系，他是五四运动的活跃分子，32 位被当局逮捕的学生之一。新中国成立后，潘先生曾任南京大学校长、中国心理学会理事长、中国科学院心理研究所所长。

1956 年，潘菽先生光荣加入中国共产党。他在《自传》中写道："人生活在世界上好比一只船在大海中航行，最重要的是辨清前行的方向。回顾我一生走过的道路，虽然也曾迷失过方向，但所感欣慰的是，很快就认准了北斗，拨正了航向，并且最后终于找到了自己应有的归宿。"

梁 希（1883—1958），浙江湖州人。九三学社常务监事、第一届至第二届中央理事会副主席、第三届至第五届中央委员会副主席。

1916 年，毕业于日本东京帝国大学农学部林科。1923—1927 年，在德国塔朗脱高等林业学校（现德累斯顿大学林学系）研究林产制造化学。1949 年 10 月，出任新中国首任林垦部部长。1955 年，被选聘为中国科学院学部委员（院士）。

1948 年，梁希先生在《政治与科学》一文中指出：

> 民主可以改变落后，科学可以改变贫穷。
> 民主是科学的土壤，科学是民主的肥料。

1948 年 5 月 4 日，中央大学学生联合南京各大、中学校学生，发表《纪念"五四"，保障人权、保障教育，拯救民族危机》宣言。下午，梁希与潘菽、涂长望等教授出席了在中央大学举行的"自然科学座谈会"。在当晚的万人营火晚会上，与会者高唱《你是灯塔》等革命歌曲，梁希不顾个人安危，当着国民党特务发表讲话，他大声鼓励同学们："不要害怕，天色就要破晓，曙光即将到来！"会后，他写下一首慷慨悲壮的七绝诗句，以反抗可能遭受的迫害：

以身殉道一身轻，与子同仇倍有情。

起看星河含曙意，愿将鲜血荐黎明。

卢于道（1906—1985），浙江宁波人。九三学社常务监事、上海分社主任理事；第二届中央理事会理事、第三届至第五届中央委员会常务委员、第六届至第七届中央委员会副主席。

1926年，毕业于国立东南大学（现南京大学）生物系和心理学系。1930年，获美国芝加哥大学解剖学博士学位。1930年，卢先生回国后，在中央大学医学院（上海医学院前身）任教。后来，他在国立中央研究院心理研究所任研究员，从事人脑的显微研究。

针对当时一些外国学者提出黄种人是次等人种，中国人尤为低劣，其脑及智力亚于白人，更接近猿猴的谬论，卢先生非常气愤，他依据对中国人脑显微结构研究的科学论据和中国灿烂文化的史实，撰写了题为《中国人之大脑皮层》的论文（英文稿），刊登在《中央研究院心理研究所论文丛刊》上，把中国人脑的智力不亚于白种人的科学根据公之于世，驳斥了诬蔑中国人的种种谬论。

卢于道先生的一生有两大使命：一是科学研究，二是科学普及。而完成两大使命的目的是实现他人生的最高理想——救中国于危难中。卢于道在《中国之科学化运动》一文中指出：中国现代化要率先科学化。在民族主义的观念之下，要求中国复兴，使中国现代化。要走两条路，即研究工作与普及工作，不能仅求中国科学之西洋化。

黎锦熙（1890—1978），湖南湘潭人。九三学社常务监事、第一届至第二届中央理事会理事、第三届至第五届中央委员会常务委员。

1911年，毕业于湖南优级师范学校史地部。1955年当选为中国科学院哲学社会科学学部委员（院士）。

黎锦熙先生讲过一段故事：

民国头十年间，我在湖南办报，当时常帮我们抄写文稿的有三位青年。一位是不问文稿的内容，什么都抄，就连文稿中的技术性错误，也照抄不误；第二位是见到文稿中的问题总是要提出，并能主动润色修饰；第三位则与众不同，看到与自己观点不同的文稿就干脆不抄，更不屑于在枝节问题上纠缠。

这三位青年后来的前程大不一样。

第一位，终身不过是一个小职员，在历史上默默无闻；第二位，后来成了中国著名的作家、戏剧家，他就是田汉；第三位，则在历史上成就一番大事业，此人即毛泽东。

毛主席曾在一封书信中对他的良师说：“弟自得阁下，如婴儿之得慈母。”

1995 年，九三学社建社 50 周年时，早期社员、著名小麦专家金善宝先生撰文纪念，金老在《风雨同舟忆当年》一文中说：只要稍微了解一些中国新民主主义革命的历史，只要了解一些九三学社创始人的经历，以及他们同中国共产党人的源远流长的关系，对九三学社成立伊始就同中国共产党密切联系，亲密合作的关系，就不难理解了。

（二）反对国民党一党召开国民大会

1946 年 10 月 11 日，国民党军攻占解放区重要城市张家口。蒋介石认为他许下的只需三个月到六个月，就可以取得战争的胜利的诺言马上就要实现了，遂下令在南京召开中华民国国民大会，将中国共产党、各民主党派及社会贤达排除在外。按照政协决议，国民大会必须在内战停止、政府改组、训政时期结束、宪草修正完成后，始能召开。

11 月 10 日，九三学社和在重庆的各民主党派、人民团体联合发布呼吁书，呼吁全体人民制止伪国大。

11 月 15 日，国民党一党召开的国民大会在南京开幕。尽管开幕时间被推迟了 3 天，但出席会议的仅有国民党以及从民主同盟分裂出来的青年党、民主社会党。国民党与共产党、与中国人民彻底决裂了。

11 月 13 日，国民大会召开前夕，北京大学教授许德珩先生在接受《新华日报》记者采访时说，此次国大断然召开，政局前途不堪设想，是以深感个人责任之大，故若非各方协商一致参加，渠个人不拟赴京。月来此间各方人士均为政局焦灼，咸以国大之如何召开，为国计民生祸福安危之关键。

1947 年 1 月 1 日，九三学社与民主建国会、中国民主促进会、工商协会、妇女节制会、中国人民世界和平促进会、中国国际人权保障会、中华全国文艺协会、中国经济事业协进会、金融业民主和平促进会、中国妇女联谊会上海分会等 11 个团体在《文汇报》发表联合声明，反对国民党一党发布的破坏政协精神的所谓“民主宪法”，继续扩大并延长战争，把人民送上死路、把国家送上绝道。

（三）“五二〇”事件

1947 年 5 月 20 日，第四届国民参政会第三次会议在南京林森路国民大会堂开幕。参政员许德珩先生在会前致函国民参政会秘书长邵力子先生，建议派飞机往迎中共参政员出席会议并重开和谈。许德珩先生在会上提案反对国民党一党召开国民大会。要求立即停止内战，实现国内和平。他的提案刊于 5 月 22 日发行的《中央日报》上。

会场外面，来自南京、上海、苏州、杭州和北平等城市的 6000 余名学生举行“抢救教育危机，反饥饿、反内战联合大游行”，并向国民参政会请愿。游行队伍反抗当局的镇压，有 20 多名学生被打伤，其中有多名受重伤，另有多名学生被捕。这就是“五二〇”事件。

许德珩闻听学生被军警殴打，立即赶往现场。他目睹学生的惨状，十分气愤。据次日出版的《文汇报》报道，今日学生游行发生惨案时，许参政员德珩曾亲往慰问，立于街头之学生行列。渠目睹惨状时，泣不成声，并疾赴国大会堂向邵力子交涉，请迅即设法打破僵持之局面。

5 月 22 日，九三学社社员与北京大学 30 多名教授在《观察》杂志上发表宣言，声援学生的行动。

与此同时，工人、市民运动也相继掀起高潮，国民党统治区 60 多个城市的罢工工人达 120 万，还有 38 个城市的 17 万贫民掀起了抢米风潮。

5 月 30 日，中共中央主席毛泽东在为新华社所写的《蒋介石政府已处在全民的包围中》的评论中高度评价“五二〇”事件，他指出：“中国境内已有了两条战线。蒋介石进犯军和人民解放军的战争，这是第一条战线。现在又出现了第二条战线，这就是伟大的正义的学生运动和蒋介石反动政府之间的尖锐斗争”。

第二条战线的形成，有力地配合了人民解放军军事战场的斗争，对推翻国民党反动统治，解放全中国，发挥了重要作用。

（四）四月风暴

1948 年 3 月 29 日，第二届国民大会在南京召开。为了抗议当局下令查禁华北学联，反对违反政协协议的国民大会，各校学生和青年万余人在北大民主广场集会。北平当局如临大敌，派数千名警察包围了会场，甚至还设置路障，架设机枪，派铁甲车在会场外巡弋。

面对如此危险的局面，挺身而出为青年们讲演的 3 位教授都是九三学社的成员。

许德珩教授在会上为青年们指明了中国的出路。他对学生们说：“孙中山先生的‘平均地权，耕者有其田’的主张，虽然是救中国的主张，可是谁去做呢？政权操在买办地主土豪劣绅所结合的官僚集团的手里，又有谁去实行呢？”“中国无论哪一个政党，若不能合理地解决中国土地问题，把中国四万万五千万人看作剥削的对象，不管它有多么大的军事力量，不管它怎样地加紧压迫，它一定失败。”

袁翰青教授说，我希望今天每个人都向自己宣誓：我一定永远地为中国人民的解放而奋斗。今天知识青年只有一条路，就是与苦难的人民同在。

樊弘教授说，刚才袁先生告诉诸位只有一条路，我认为有两条路，一条路是由少数人掌权，为保持他们的既得利益而压迫全国大多数；一条路是工、农、兵、学、商各阶层的人联合起来，向独裁集团要回政权，愿意就采取和平的方式，不愿意就用武力把政权跟他们夺回来。

3 位教授的演讲给青年以启迪和鼓舞，受到了大家的热烈欢迎。为了保证老师的安全，学生们护送 3 位教授回家。

三教授的讲演触怒了北平当局，国民党北平特别市党部主任吴铸人“忠告三教授”，勿再受“奸匪利用”，否则万一北平 50 万国民党员中“出一激烈分子，结果是演一幕害人、害己、害国家的惨剧。”

吴铸人的这番“忠告”一经披露，立即在全国文化教育界引起了强烈反响。90 名北平各高等学校教授，中国科学工作者协会，郭沫若、沈钧儒、马叙伦、茅盾、邓初民等150余名旅港著名人士纷纷声援三教授，谴责当局预谋迫害文化教育界人士。

这场激烈的斗争在北平革命斗争史中被称为“四月风暴”。

二、建设新中国　无私忘我

2013年10月21日，在欧美同学会成立100周年庆祝大会上，习近平总书记向白手起家建设祖国的归国科研人员致敬。他说：“历史不会忘记，面对新中国百废待兴、百业待举的困难局面，一大批留学人员毅然决然回到祖国怀抱，在极其艰难困苦的条件下呕心沥血、顽强拼搏，为新中国各项事业发展奠定了坚实基础，取得了‘两弹一星’等举世瞩目的重大成就，李四光、严济慈、华罗庚、周培源、钱三强、钱学森、邓稼先同志等就是他们中的杰出代表。”

习近平总书记赞扬的7位科学家当中，严济慈、周培源、邓稼先3位是九三学社社员。

（一）学部委员（两院院士）

1955年，中国科学院首次选聘172名学部委员，其中有九三学社社员43名，占首批学部委员总数的25%；占当年1195名社员总数的3.6%。

1955年至今，九三学社一共有两院院士203人；其中176位社员当选中国科学院院士（健在45人，已故131人）；27位社员当选中国工程院院士（健在14人，已故13人）。

（二）国家最高科技奖

国家最高科学技术奖是中国科技界的最高荣誉，每年授予人数不超过2名。从2000年至2019年，共有33位科学家登上了科技界的最高领奖台。

在获奖的33位科学家当中，有5位是九三学社社员，占比15%。

王　选（1937—2006），江苏无锡人。1995年加入九三学社，任九三学社第九届至第十一届中央委员会副主席。

1958年毕业于北京大学数学力学系。1991年当选为中国科学院院士。

1994 年当选为中国工程院院士。2001 年获得国家最高科技奖。

王选先生是计算机文字信息处理专家，计算机汉字激光照排技术创始人，当代中国印刷业革命的先行者，被称为汉字激光照排系统之父，被誉为有市场眼光的科学家。

1979 年 7 月，通过与协作单位共同努力，王选先生主持研制成功汉字精密系统的主体工程，从激光照排机上输出一张八开报纸底片。

黄　昆（1919—2005），浙江嘉兴人。1957 年加入九三学社。

1941 年，毕业于燕京大学。1942 年，获西南联大理论物理系硕士学位。1948 年，获英国布里斯托尔大学博士学位。1955 年，当选为中国科学院学部委员（院士）。2001 年获得国家最高科技奖。

黄昆先生主要从事固体物理理论、半导体物理学等方面的研究，是世界著名物理学家、中国固体物理学和半导体物理学的奠基人。

黄昆先生经常说，基础研究也要算一算投入产出，算一算你为这篇研究论文所花的钱值不值。每当黄先生经手一笔较大的科研经费时，都如履薄冰、睡不踏实，生怕浪费了人民辛辛苦苦省下来的血汗钱。他坚决反对有的人认为国家的钱不花白不花，大手大脚浪费国家有限的科研经费。

黄昆先生特别欣赏实验人员在自己独特想法的基础上，自力更生、因陋就简地搭建实验装置，然后做出有创造性的研究成果。他对有些人依靠进口的洋设备，做些测量工作，很不以为然。他的一个朴素的信念是，做基础研究，花了钱就应该相应在科学上作出贡献。

黄先生一辈子只申请过一次国家自然科学基金。1986 年他带领半导体所理论组十几个人，申请了 3 年一共 6 万块钱的经费。他特别珍惜国家的钱，但花自己钱却不太在乎。

爱因斯坦曾经说，第一流科学家对于时代和历史的意义，在其道德品质方面也许比单纯的才智成就方面还要大。

师昌绪（1918—2014），河北徐水人。1956 年加入九三学社，曾任九三学社第七届中央委员会委员。

1941 年，入国立西北工学院矿冶系学习。1952 年，获美国诺特丹大学冶金学博士学位。毕业后在麻省理工学院工作 3 年，经过积极斗争，于 1955 年回国。1980 年当选中国科学院学部委员（院士）。1994 年当选中国工程院院士。2010 年获得国家最高科技奖。

师先生是我国著名材料科学家、战略科学家。

20 世纪 60 年代初，美国研制出铸造空心涡轮叶片，大幅度地提高了航空发动机的性能。我国有人提出搞铸造空心涡轮叶片。很多人认为这种技术受到美国严格封锁，中国想要做出来是异想天开，不可能完成。

师先生组织起 100 多人的攻关队伍，大家一道日夜奋斗在金属所简陋的精密铸造实验室。他带领科研人员仅用一年时间就做出了比美国难度更大的 9 孔铸造镍基高温合金空心涡轮叶片，使我国航空发动机性能上了一个新台阶。

我国是世界上第二个采用这种叶片的国家，当时的英国和苏联都还没有。这种叶片装备了我国 20 世纪 60 至 90 年代生产的大部分先进发动机。多年来从未因为该叶片的问题出过任何事故。

谢家麟（1920—2016），黑龙江哈尔滨人。1956 年加入九三学社。

1943 年，毕业于燕京大学物理系。1948 年，获加州理工学院硕士学位。1951 年，获美国斯坦福大学物理学博士学位。1980 年，当选为中国科学院学部委员（院士）。2011 年获得国家最高科技奖。

获得斯坦福大学物理学博士学位后，谢家麟谢绝了美方的挽留，于 1951 年 9 月 20 日踏上日思夜想的归国轮船。船至美国檀香山时，几名美国联邦调查局工作人员将谢家麟等 8 名中国留学生强行带回美国，理由是美国政府禁止交战国学习科技专业的学生离境。与此同时，联邦调查局的特工，突然提出要检查谢家麟的行李。谢家麟先生的箱子里都是书籍，联邦调查局的特工一无所获。

到达美国本土后，谢家麟气愤地给白宫打电话，以示抗议。

1952 年夏末，被检查的行李终于托人领回，谢家麟重新回到了斯坦福大学微波与高能物理实验室，担任助教。

受学校委派，谢先生到了芝加哥一家医学中心，用 100 万美金投资开展一项世界首创的科研项目——研制一台当时世界上能量最高的医用加速器，用它产生的高能电子束治疗癌症。谢先生用 3 年的时间完成了任务。这台独特的治疗癌症装置成了芝加哥的重大新闻，在美国高能物理界产生了轰动。

这时，谢家麟先生接到了美国移民局的来信，要他在做美国永久居民还是限时离境回到中国之间作出选择。谢家麟再次选择了回国。

1955 年，谢家麟登上了美国总统轮船公司的威尔逊号邮轮，开始了他渴望已久的回乡之旅。

程开甲（1918—2018），江苏苏州人。1953 年加入九三学社。

1946 年，入英国爱丁堡大学学习，成为物理学大师波恩教授的学生。1948 年，获博士学位，任英国皇家化学工业研究所研究员。1980 年，当选为中国科学院学部委员（院士）。2013 年获得国家最高科技奖。

程先生曾经感慨地说，我是一个中国人，我不可能到美国去喊美国万岁，我只能喊中国万岁。我这辈子的最大心愿就是国家强起来，国防强起来。

1937 年，程开甲先生进入浙江大学物理系学习。他的物理老师王淦昌先生和数学老师陈建功先生都是九三学社社员。

一次，程开甲先生在北京向周总理汇报氢弹空投试验的安全问题。周总理问：“飞机安全是否有把握？”在场的一位空军副司令指着程开甲说：“他知道。”周总理的目光转向程开甲。“安全绝对没有问题。”程先生回答很干脆。对于周总理的仔细询问，他对答如流。

（三）863 计划

1986 年 3 月 3 日，九三学社社员王淦昌院士和陈芳允院士联合另外两位院士王大珩和杨嘉墀先生联名给中共中央写信，建议为了中国人的 21 世纪，务必尽快发展我们的高科技。

3 天后，邓小平做出批示：这个建议十分重要，请找专家和有关负责同志提出意见，以凭决策。此事宜速决断，不可拖延。

中共中央、国务院批准了《高技术研究发展计划纲要》即 863 计划，并拨款 100 个亿。

863 计划的总体目标是：集中精干力量，瞄准世界前沿，缩小与发达国家差距，带动相关领域科技进步，造就一批新一代高水平技术人才，为未来形成高技术产业准备条件，为 20 世纪末特别是 21 世纪初我国经济社会向更高水平发展和国防安全创造条件。

863 计划实施后的 15 年间，共取得国内外专利 2000 余项，发表论文 47000 多篇，累计创造新增产值 560 多亿元，产生间接经济效益 2000 多亿元。

在科技领域，面对与发达国家之间巨大的差距，我们的前辈提出的不是急功近利的建议，而是脚踏实地，瞄准世界前沿，集中精干力量突破难点，造就新一代高水平技术人才，为未来形成高技术产业准备条件的解决方案。保证在 20 世纪末特别是 21 世纪初，我国的经济社会向更高水平发展，保证我国的国防安全。

当今，我国的高科技产业发展受到限制和打压，相关专业的留学进修人员被禁止，这令我们对于前辈们的远见卓识、高瞻远瞩万分钦佩。

（四）"两弹一星"功勋奖章

中国的"两弹一星"事业，是中华民族创建的辉煌伟业。1999 年，中华人民共和国成立 50 周年大庆之前，中共中央、国务院和中央军委向 23 位科学家颁发、追授"两弹一星"功勋奖章。其中，有 5 位是九三学社成员，他们是：王淦昌、邓稼先、陈芳允、赵九章、程开甲。

王淦昌（1907—1998），江苏常熟人。1950 年 10 月加入九三学社，曾经担任九三学社中央名誉主席。

1929 年，毕业于清华大学物理系。1933 年，获德国柏林大学博士学位。1955 年，当选为中国科学院学部委员（院士）。

1956 年，由苏联、中国等 12 个社会主义国家在莫斯科共建联合原子核研究所。受中国委派，王淦昌先生到该所工作并被选为副所长。1959 年，王淦昌先生在实验中发现了反西格马负超子。该成果发表在苏联的《实验与理论物理期刊》和中国的《物理学报》上。这是诺贝尔奖水平的研究成果。

后来，因中苏关系破裂，王淦昌先生从苏联回国。

1961 年，刚刚回国不久的王淦昌先生参加了原子弹研制工作。负责核武器研制工作的第二机械工业部刘杰部长对王老说，你现在在国际上名声很大，而这项新的工作，因为涉及国家安危，必须严格保密，隐姓埋名，断绝一切海外关系，你要有所准备。

王老的回答是：我愿以身许国！

王淦昌先生回忆起抗日战争期间，浙江大学颠沛流离、四处逃难的时代，他感叹道：那时候连电灯都没有，不要说先进的设备了。学术研究资料也不多，做实验用废旧汽车引擎发电，用酒精或木炭代替汽油；有时候就在炎热的太阳下，利用太阳光做实验；讨论科学问题，经常在晚上进行。点亮油灯，大家坐在木头长凳上你一言我一语，讨论得格外认真。现在青少年可能不理解，因为你们不会知道由于国家科学文化落后受人家欺凌的滋味。当时我们就是一心想着要为国家的科学与教育事业尽职尽力。我们认定，为了祖国的强盛而从事科学事业，是最美好的生活与工作。

邓稼先（1924—1986），安徽怀宁人。1951 年加入九三学社。

1945 年，毕业于西南联合大学物理系。1950 年，获美国普度大学物理学博士学位。1980 年，当选为中国科学院学部委员（院士）。

作为原子弹研制初期的理论部主任，邓稼先经常对大家说的一句话是，一不为名，二不为利，但工作目标要奔世界先进水平。

1986 年 7 月 17 日，邓稼先在病房里从李鹏副总理手中接过七五期间第一枚全国劳动模范奖章，他拿出事先亲自准备好的稿子对大家说：“核武器事业是要成千上万人的努力才能成功，我只不过做了一小部分应该的工作，只能作为一个代表而已。”

临终前，躺在病床上的邓稼先知道生命的最后时刻即将来临，他拉着妻子许鹿希的手说：如果有来生，我还选择中国、我还选择核事业、也还选择你。

心中有祖国，所以甘愿做隐姓埋名人。什么叫脊梁，这就叫脊梁。

或许，他一生只做了这一件事。但就是这一件事感动着、影响着、保护着一代又一代的中国人。

此身为国，此心为你，此生唯祖国和你不可辜负。

你来时满目疮痍，你走时锦绣河山。

陈芳允（1916—2000），浙江黄岩人。1951 年加入九三学社。

1934 年，入清华大学学习。1938 年，入西南联合大学学习。1945 年，到英国 A. C. Cossor 无线电厂研究室工作，后转至曼彻斯特工厂雷达研究室，参加海用雷达的研制工作。1980 年，当选为中国科学院学部委员（院士）。1985 年，被选为国际宇航科学院院士。

陈芳允先生是中国卫星测量、控制技术的奠基人、北斗卫星的创始人。

1977 年，中国建造了“远望号”航天远洋测量船，成为继美、苏、法之后第四个拥有航天测量船的国家。陈芳允利用频率分配的方法，解决测量船上众多设备之间的电磁兼容问题，使各种设备得以同时工作而互不干扰，成功地解决了“远望号”船电磁兼容这一重大技术难题，并在中国向太平洋发射运载火箭试验中首次得到验证。

1983 年，陈芳允和合作者提出利用两颗同步定点卫星进行定位导航的设想，称为双星定位系统。

2000 年 10 月，随着两颗北斗导航实验卫星的成功发射，标志着中国拥有自主的卫星导航系统了。继美国拥有全球卫星定位系统（GPS），苏联拥有全球导航卫星系统（GLONASS）后，中国成为世界上第三个拥有卫星导航系统的国家。

这是陈先生写的一首诗：

人生路必曲，仍须立我志。
竭诚为国兴，努力不为私。

陈先生身边的人说，他有两个特点，一是自己给自己理发，二是自己给自己缝补衣服。

赵九章（1907—1968），浙江湖州人。1951 年加入九三学社，曾经担任九三学社第三届至第五届中央委员。

1933 年，毕业于清华大学物理系。1938 年，获得德国柏林大学博士学位。1955 年，被选为中国科学院院士学部委员（院士）。

赵九章先生是中国人造卫星事业的倡导者和奠基人、中国现代地球物理科学的开拓者，东方红一号卫星总设计师。

赵九章先生指出，中国发展人造卫星要走自力更生的道路，要由小到大、由低级到高级。他领导开创了利用气象火箭和探空火箭进行高空探测的研究，探索了卫星发展方向。

1964 年，根据国内运载工具的发展，赵先生提出了开展人造地球卫星研究工作的建议，在中国卫星系列发展规划和具体探测方案的制定，中国第一颗人造地球卫星、返回式卫星等总体方案的确定和关键技术的研制等诸方面作出突出贡献。

1965 年主持人造卫星的科学、工程技术方面的工作。

1966 年 1 月，中国科学院成立卫星设计院，赵九章被任命为院长。

赵九章先生的舅舅是蒋介石的拜把兄弟戴季陶，他从来没有靠近过国民党。赵先生生活十分简朴，他对于党和国家都是十分大方的。赵儿章先生不是中共党员，无法缴纳党费，感觉十分遗憾。他发现工会会员可以缴纳会费。赵九章先生每月拿到工资后的第一件事就是从 300 多元的工资中拿出 100 元缴纳工会会费。

1968 年 10 月 26 日清晨，赵九章先生去世，享年 61 岁。去世之前，他缴纳了最后一笔工会会费。

回想解放前，我国较简单物理仪器都造不出来，哪里敢想造尖端武器？只有在共产党领导下，解放了全国，这样才能使科学蓬勃地开展起来。

如果没有中国共产党的领导、如果不走社会主义道路，我们的国家怎么能够从 70 年前那个任人欺辱、一穷二白的贫穷国家发展成为今天这个在世界上有影响力的、消灭贫困的大国呢？

习近平总书记指出，一切伟大成就都是接续奋斗的结果，一切伟大事业都需要在继往开来中推进。

追求爱国民主科学，坚持接受中国共产党的领导，与中国共产党亲密合作、和衷共济是九三学社老一辈领导人的自觉选择和政治交代，是九三学社积久沉淀的政治信念和光荣传统。时至今日，这一光荣传统依然闪耀着真理的光辉，依然焕发着时代的光华，依然是推动九三学社各项事业发展的宝贵精神财富。我们有责任、有义务把这一光荣传统薪火相传、发扬光大。

九三学社中央主席武维华同志强调，回顾历史，我们更加深深体会到，爱国、民主、科学精神是九三学社社员之魂。坚持中国共产党的领导，共同致力于国家富强、民族复兴、人民幸福，是我们的初心所在。在新时代，我们要矢志秉承社内先贤的家国情怀，潜心学习社内前辈的牺牲精神，大力弘扬爱国、民主、科学优良传统，将九三学社事业的发展与国家的发展紧密融合在一起，将社员个人的命运与祖国和民族的命运紧密融合在一起，矢志不渝，切实肩负起中国特色社会主义参政党的光荣使命。

2021 年 6 月 9 日

重温历史　同心同行

潘新洋 *

一、时代的呼唤

1960 年 6 月，中国共产党成立 39 周年前夕，台盟首任主席谢雪红，人在共和国的首都北京，有感于人民当家作主，欣欣向荣的新中国、新社会，作《“七一”书感》，以诗言志，表达她对中国共产党、对伟大领袖毛泽东的爱戴和敬仰。

这首诗是这样写的：

庆祝中国共产党成立三十九周年，
建设社会主义大跃进，人民恐后争先。
共产党是东升的太阳，
照遍全国，光芒万丈。
照到哪里，哪里有诗篇，
照到哪里，哪里有歌唱。
歌唱毛泽东，
歌唱共产党。

* 潘新洋，第十三届全国政协委员，台盟中央常委、秘书长。

谢雪红主席的这首诗，表达和代表的也是广大台盟盟员的感受和心声。诗中朴素而真切的情感流露，可以依稀看出她文字素养的程度，甚至或多或少地轮廓出她过往的那些人生经历的轨迹。

和其他民主党派早期的领袖人物很多出身名门世族不同，台盟的前辈们大多是工农子弟和青年学子。台盟成立之前，他们在台湾反抗日本殖民主义的残酷斗争中，在反抗国民党暴政、追求自由民主的战场上逐渐成长起来，他们满腔热情地追随着中国共产党的足迹，义无反顾地投身于中国共产党领导的新民主主义革命大潮之中，他们无疑是那个时代在台湾的优秀青年和进步人士的杰出代表。

（一）反抗日本殖民统治的爱国青年和追求共产主义理想信念的进步人士

读谢雪红的这首诗，可以感觉到她的汉语言文学表达能力的有限。“出身极其贫苦，幼年父母双亡”，加上她那时生活的台湾，日本殖民文化侵蚀到社会各个阶层。台湾的中国人被强迫改成日本的姓名，讲日语，穿“和服”，台湾同胞饱受凌辱和苦难。但谢雪红们从未屈服！日本侵占台湾50年，台湾人民反抗50年。“三年一小反，五年一大反”的抗暴起义之外，在台湾，所谓体制内的农民维权运动和文化上的回归中国运动，也成为反日斗争的重要战场。

此外，当时台盟的前辈们，有的受到马克思科学社会主义理论影响，参加了日本在台湾的共产党组织（日共），如苏新、王万德、谢雪红等，有的在农会组织（农民组合）以及文化抗日组织（文化协会）中宣扬和传播社会主义思想。如台盟成员王万德与林献堂会面时就主张：台湾议会的设置，并不能增进台湾人的幸福。这项运动是承认资本主义、帝国主义，为之唱高调。我们无产阶级政党反对这种不彻底的妄动，应予以终止。

1928年4月15日，谢雪红、翁泽生、苏新、王万得、林田烈等一批有着共产主义理想和信仰的台湾先进青年，在共产国际及中共人士的指导下，于上海创建了台湾共产党（日本共产党台湾民族支部），继续团结和引导台湾民众，在维护农民权益和反抗殖民文化等领域与日本殖民当局展开抗争。

有文章指出：在日本共产党台湾民族支部（台共）成立时，谢雪红已经具有中共身份。而此前，她也是日本共产党的成员。无论是日共、台共抑或是中共的身份和背景，时代呼唤着台湾的进步青年们，积极投身于台湾人民和祖国大陆的民族解放运动，他们“始终与日本帝国主义对台湾人民的残酷统治和台湾人民的顽强反抗连在一起”，在“思想上、政治上受中共的影响较大”（苏新《台湾共产党的历史》）。

（二）台湾光复与“二二八”起义

1945 年 8 月，中国人民抗日战争取得胜利，日本侵略者被赶出中国领土，台湾光复，回到祖国怀抱。然而，接收台湾的国民党军政官僚，腐败颟顸、独裁专制，沿用着在大陆的那一套反动统治体系欺压、鱼肉台湾同胞。光复仅一年多，台湾粮食短缺、物价飞涨，埋下了经济危机和社会动荡的巨大隐患。1947 年 2 月 28 日，台北市的民众为反抗国民党当局的暴政、抗议军警枪杀市民，举行了大规模示威游行。很快，全岛各地民众纷纷声援响应，有些地区相继发生夺取武器，暴动起义事件。

“二二八”起义期间，台盟的许多前辈冲在第一线，组织和动员民众与国民党专制独裁统治展开斗争。谢雪红、杨克煌等在台中地区领导“二七部队”与国民党当局进行武装抗争，并强调“不要杀害外省人”。陈炳基、叶纪东、吴克泰等在台北举行起义。苏新、蔡子民等青年知识分子参与“二二八事件处理委员会”工作，与国民党当局谈判周旋。与此同时，在祖国大陆的台湾同胞纷纷通过撰文、接受采访、告全国同胞书等各种形式表达反对国民党当局专制腐败统治，表达了全体台湾同胞的共同愿望，展现和表达了台湾同胞爱国爱乡的光荣传统。

台盟前辈们积极投身其中的“二二八”起义，是台湾人民反对独裁、争取民主政治与地方自治的爱国爱乡的义举，与大陆人民反独裁、反内战、反饥饿的斗争一脉相传，都是中国共产党领导下的新民主主义革命的组成部分。中共中央于 3 月 8 日通过在延安的新华广播电台播发声援台湾人民“二二八”起义的文告《台湾自治运动》，文中指出：“台湾人民的武装自卫是被迫的，是必要的，是正义的，是正确的”，中国共产党坚决支持台湾人民“二二八”起义。

（三）台盟的成立

“二二八”起义失败后，1947 年 7 月，谢雪红、杨克煌等撤离台湾，经厦门、上海辗转来到香港，并广泛联系在港爱国民主人士，组织了台湾问题研究会，并成立了新台湾出版社，继续开展反对国民党专制统治，谋求台湾人民解放的革命活动。新台湾出版社的主编由苏新和杨克煌担任，共出版了6辑，包括《新台湾》《胜利割台湾》《明天的台湾》《自治与正统》《台湾二月革命》《台湾人民的出路》等。

谢雪红等远离台湾寄身香港的台湾进步人士们，面对新形势、新局面，决定成立一个能够团结台湾各界人士的政治团体，并联合各种进步力量，进一步有力地反对国民党恶政，谋求台湾人民的解放和幸福，揭露廖文毅主张台湾“托管论”等分裂祖国的“台独”真面目。于是，他们开始与有志之士酝酿在香港成立政治团体，并联络在上海的台籍中共党员李伟光、李纯青，北平的曾明如，日本的杨春松等，征求他们对即将成立的政治团体的纲领、规程等意见，同时团结台湾民众，加强宣传工作。

1947年11月12日，即孙中山先生诞辰纪念日，参加台湾人民“二二八”起义的台湾菁英谢雪红、杨克煌、苏新等人在中国共产党及在港爱国民主人士的协助支持下，成立台湾民主自治同盟并拟定和发布了《台湾民主自治同盟纲领草案》《台湾民主自治同盟规程草案》《台湾民主自治同盟时局口号》《台湾民主自治同盟第一次代表会文告》等相关文件。

在香港成立的这个新政党名为台湾民主自治同盟。这一名称可以看出，台盟成立之初高扬的两面旗帜：一是民主——反对蒋家王朝的专制腐败统治，反抗国民党当局特别是“二二八”造成的对台湾人民的迫害，追求台湾同胞当家作主的正当权益；二是自治——寻求彻底摆脱日本殖民统治的政治途径，反对美国及“台独”分子提出的所谓“国际托管”。

（四）先贤与英烈们

“为乡为国举义旗，结盟跟党坚不移”（台盟第四任主席蔡子民临终前赋诗）。在新、旧民主主义革命的伟大历史进程中，台盟的前辈们虽没有什么辉煌的功绩、显赫的地位，但他们始终没有缺席，为国家和民族作出了自己应有的贡献。首任主席谢雪红、第二任主席蔡啸、第五任主席张克辉以及数十名台盟盟员，都是积极响应中国共产党号召，紧紧追随中国共产党足迹，冲杀在革命战场第一线的勇敢战士，是真的勇士！他们有的和日本侵略军打过游击战，有的参加过解放战争，有的是抗美援朝的志愿军官兵。

台盟的先贤和英烈们，为中华民族的解放事业，为台湾人民的幸福福祉，付出了自己的青春、血汗甚至宝贵生命。时代的呼唤让一代台盟人觉醒觉悟，他们义无反顾地冲锋陷阵，拼搏奉献，他们无愧于那个时代！

新中国成立后，仍有台盟盟员留在台湾开展地下斗争。50 年代台湾白色恐怖时期，国民党反动派在岛内残酷镇压各种革命力量，当年所涉及的“台盟”案逾百件。台盟盟员、曾在滇缅一带血战日军英勇负伤的革命烈士林正亨，成为白色恐怖时期在台北马场町刑场上英勇就义的第一位台湾人。

（五）响应“五一口号” 参加新政协

1948 年“五一”前夕，中国共产党发表纪念“五一”劳动节口号，提出召开新政治协商会议，成立民主联合政府的主张。台盟随即于 5 月 7 日在香港《华商报》公开发表《告台湾同胞书》，号召台湾同胞“赶快起来响应和拥护中共中央的号召，配合全国人民的革命战争……准备参加‘政协会议’‘人民代表大会’和‘民主联合政府’”。“五一口号”的发布和各民主党派、无党派人士随后的积极响应，推动了新政协的召开和新中国的建立，成为我国统一战线和多党合作发展史上具有里程碑意义的事件。从此，台盟自觉地、主动地接受中国共产党的领导，积极参加新政协会议，为新中国的成立和发展作出了贡献。

在中共的协助安排下，香港的爱国民主人士陆续从海陆两途北上赴解放区，参与筹备新政协。1949 年 2 月 26 日，台盟总部负责人谢雪红离开香港，经朝鲜、安东、沈阳，于 3 月上旬到达北平。留在香港的其他盟员也陆续离开了香港来到解放区。至此，台盟结束了在香港的活动。

1949 年 6 月 15 日，新政协筹备会第一次全体会议在北平开幕。谢雪红以中华全国民主青年联合总会副主席的身份参加新政协筹备会。9 月 7 日，周恩来在中国人民政治协商会议第一届全体会议召开前向政协代表作了《关于人民政协的几个问题》的报告，肯定了台盟成立以来的政治活动，他说：“凡是在去年‘五一’前就建立了组织或已开始建立组织，并且很快地响应了‘五一’号召的，就可以作为参加单位。现在参加筹备会的十四个党派单位都是按照这个标准决定的。……台盟是一个革命的组织，‘五一’前就从事台湾人民的解放运动。”

1949 年 9 月 21 日，中国人民政治协商会议在北平召开。台盟谢雪红、杨克煌、李伟光、王天强、田富达、林铿生（候补代表）作为政协第一届全体会议代表光荣参加了会议。以此为标志，台盟由原来的地方性政治团体成为全国性的政治组织，正式作为八大民主党派之一参与国家政治事务，致力于社会主义革命、建设、改革事业，为祖国统一大业献计出力。

台湾民主自治同盟（简称台盟）是由台湾省人士组成的社会主义劳动者、社会主义事业建设者和拥护社会主义爱国者的政治联盟，是接受中国共产党领导、同中国共产党通力合作的亲密友党，是中国共产党领导的多党合作和政治协商制度中的中国特色社会主义参政党。

台盟于 1947 年 11 月 12 日在香港成立。台盟成立后接受中国共产党的领导，参加中国共产党领导的新民主主义革命，支持台湾人民的反帝爱国民主斗争；响应中国共产党提出的召开新的政治协商会议、成立民主联合政府的“五一口号”，参加了中国人民政治协商会议第一届全体会议，参与了中华人民共和国的创建。中华人民共和国成立以来，台盟参加人民政权和人民政协的工作，推动盟员和所联系的台湾同胞，为社会主义革命和建设，为改革开放、建设中国特色社会主义和促进祖国统一大业作出了贡献。

台盟高举中国特色社会主义伟大旗帜，以马克思列宁主义、毛泽东思想、邓小平理论、“三个代表”重要思想、科学发展观、习近平新时代中国特色社会主义思想为指导，深刻把握中国特色社会主义进入了新时代的历史方位，深刻把握社会主义初级阶段人民日益增长的美好生活需要和不平衡不充分的发展之间的社会主要矛盾，坚持中国特色社会主义的基本理论、基本路线、基本方略，坚定不移地走中国特色社会主义道路，继承和发扬台湾人民爱国爱乡的光荣传统，团结广大盟员和所联系的台胞，紧密团结在以习近平同志为核心的中共中央周围，按照中国特色社会主义事业“五位一体”总体布局和“四个全面”战略布局以及中共中央确定的“两个阶段”战略安排，为实现祖国完全统一、“两个一百年”奋斗目标和中华民族伟大复兴的中国梦而奋斗。

台盟历届主席为谢雪红（女）、蔡啸、苏子蘅、蔡子民、张克辉、林文漪（女）。

现任主席苏辉（女），常务副主席李钺锋，副主席杨健、张泽熙、连介德、吴国华（女）、郑建闽。

1987—1992年，台盟第四届中央委员会实行主席团制，主席团执行主席林盛中（1987—1988）、蔡子民（1988—1992）。

目前，台盟在19个省、直辖市建立了组织，现有成员3000多人。

二、责任与使命

台盟自成立起一贯秉持爱国爱乡传统，旗帜鲜明地反对各种将台湾从祖国分裂出去的图谋，坚决维护国家主权和领土的完整，以实现祖国统一大业为己任。改革开放以来，台盟透过乡情亲情这一特色纽带，大力促进海峡两岸交流合作和人员往来，逐渐成为台湾同胞在大陆的“娘家”，在对台工作中发挥了独特的作用。

（一）建盟时期反对“台独”的斗争

“二二八”事件后，老牌“台独”廖文毅也到香港活动。廖文毅主张台湾先由联合国托管再由公民投票寻求独立，这种“国际托管论”实际上是一种变相的“台独”主张。谢雪红等台盟盟员很快识破了他的丑恶面目，发表文章批判他的“台独”主张。“五一口号”发表以后，廖文毅组织的“台湾民众联盟”也通电响应，在香港的台盟盟员致信《华商报》，旗帜鲜明地指出这份通电实质上是反蒋而不反美的爬行主义。

1948年、1949年在“二二八”起义周年之际，香港《华商报》都曾开辟专栏，刊载台盟盟员的文章。这些文章表达了坚定的反对“台独”维护祖国统一的立场。新闻界知名盟员李纯青的《石狮嘴里的石球——台湾》指出：“若把石狮比作中国，它嘴里衔着那个石球可比台湾，石球和石狮是同一块石雕琢出来的，虽然石球在石狮嘴里可以转动，但它属于石狮的一部分，是拿不出来的，偷不走的。”1949年2月，在即将参加新政协之际，台盟公开发表了《关于处理台湾问题的意见》，郑重表明台湾是中国的一部分和坚决反对“国际托管”阴谋的原则立场。

（二）新中国成立初期促进祖国统一的努力

新中国成立以后，台湾问题和两岸关系发展经历了曲折的过程，台盟始终将促进祖国统一作为己任，在中国共产党的领导下进行了不懈的努力。对于新中国成立前后至“文化大革命”这10多年里发生的有关台湾和两岸关系的一系列重大事件，台盟都及时做出反应，或者由总部或总部负责人发表声明、谈话，或者由盟内代表人士发表评论性文章，或者组织盟员、台胞集会座谈，拥护中共中央和中央人民政府的方针政策，对于“联合国托管”“台湾中立化”“台湾独立”“两个中国”等企图将台湾从中国分裂出去的阴谋和谬论，针锋相对地进行了批判和斗争。

1955年5月13日，周恩来代表中国政府宣布：“解放台湾有两种可能的方针，即战争的方式和和平的方式，中国人民愿意在可能的条件下，争取用和平的方式解放台湾。”由过去用武力解决到和平解放台湾问题，这是中国政府在战略上的重大谋划。对此，台盟积极拥护。1956年6月，中共中央提出争取用和平方式解放台湾，实现祖国完全统一。台盟总部专门成立“对台宣传写稿小组”，积极配合中央人民广播电台，组织盟员和台籍人士写稿，向台湾广播，强调和平解放台湾的方针符合当时海峡两岸现实，合情合理，符合台湾人民的利益。台盟还多次举行纪念台湾光复、纪念“二二八”起义周年活动，站在台湾人民的立场上发声，坚定主张祖国统一。

（三）改革开放以来的对台工作

1979年元旦，全国人大常委会发表《告台湾同胞书》，郑重宣示了争取祖国和平统一的大政方针。这标志着祖国大陆开始实行和平统一的方针政策，两岸关系由此进入新阶段。台盟坚决拥护《告台湾同胞书》宣示的中央对台工作新政策、新主张，充分发挥协助政府联系台湾同胞的桥梁作用，利用盟员及所联系的台胞与台湾岛内同胞具有广泛联系的优势，为促进两岸双向交流，推进祖国统一大业而努力。

1. 大力促进两岸民间交流

改革开放初期，台盟鼓励和帮助盟员与台湾亲友恢复和建立联系。同时，居住在海外的台湾乡亲来大陆探亲、访友、观光、学术交流、洽谈投资贸易的也渐渐多了起来，不少人都通过各种关系找到台盟，了解情况，寻求支持，台盟总部和地方组织都尽可能提供帮助。

1987 年 11 月，两岸结束了长达 38 年之久的隔绝状态，开启了两岸关系发展新起点。台盟开始了有组织有计划的面向台湾岛内的联络交流工作，与台湾岛内不同党派、不同界别、不同阶层人士都有了接触和交往。这一时期，台盟中央和各地盟组织每年利用各种机会邀请和接待的岛内外台胞达数千人。他们当中不仅有许多政界的代表人物，还有学术界、文化界、体育界、企业界人士，其中有台湾“中国统一联盟”、劳动党、夏潮联谊会、政治受难者互助会等老朋友，有参加过中共地下党的原“政治犯”、工党等岛内政党的核心人物或骨干、岛内统一派著名学者、旅美台胞中的统一派著名人士、爱国旅日台胞等方方面面人士，以及不少盟员的亲戚朋友。1989 年岛内高山族同胞首次组团访问大陆，台盟中央高山族联络委员会组织在京高山族同胞与岛内乡亲恳谈交流。在两岸隔绝几十年后，少小离家，生死茫茫的同胞手足，如今在北京相聚，很多人激动落泪，哽咽无语，浓浓的乡情亲情，深深感染了在场的所有人。

1993 年 4 月“汪辜会谈”成功举行之后，两岸各项交流出现了前所未有的良好势头。1994 年 5 月，台盟中央在武汉举行了全盟联络工作会议，加强对台工作。各地盟组织积极有重点地走访在大陆的台商，了解情况，反映并解决他们在投资过程中遇到的问题。提供咨询服务，为保护台商的合法权益，解决经济纠纷，沟通台商与有关部门的联系，引导台商遵纪守法等做了大量工作。广东、福建、北京等台商较多的地方盟组织还把关心台商子女入学、入园问题纳入其工作范围。

2000 年 3 月，民进党候选人陈水扁当选台湾地区领导人，结束了国民党在台湾连续 55 年执政的历史。台湾此次政党轮替，对两岸关系产生了深远影响。尽管海峡两岸在政治方面波澜迭起，但在经贸、文化、科技等领域的人员往来却日益增多。台盟各级组织本着广交朋友、求同存异的原则，扩大与台湾岛内不同党派、不同界别、不同阶层人士的接触和交往。2002 年，在保持与统派朋友密切联系的同时，台盟中央首次邀请了岛内宗教界人士和美术界朋友来访，交往范围有所扩大。

2008 年 5 月，台湾政局发生重大积极变化，两岸关系实现从紧张动荡走向和平发展的重大转折。台盟遵循“专、精、深、久”的工作方针，以感情联络为基础、品牌活动为平台、暖心服务为手段，在祖国大陆大发展、大繁荣的时代背景下，开展了一系列内容丰富的交流活动。2008 年北京奥运会是中华民族的百年盛事。为了让台湾同胞共同参与和分享奥运梦想，台盟中央努力为台商、台生争取观看奥运比赛的机会，特别是观看中华台北棒球队的比赛，并组织了盟员志愿者和啦啦队到现场加油助威，令前来参赛的台湾运动员和观赛的台湾同胞，真切感受到了赛场内外洋溢着的同胞爱、手足情。同时，台盟还有多位盟员担任了奥运火炬手，成为传递奥林匹克精神的使者，也成为台湾同胞的荣耀。

2016 年台湾地区政党轮替，民进党在台湾再次执政，台湾局势发生重大变化，持续 8 年的两岸关系和平发展局面受到严重冲击。2019 年 1 月 2 日，《告台湾同胞书》发表 40 周年纪念会在北京人民大会堂隆重举行。中共中央总书记、国家主席、中央军委主席习近平出席纪念会并发表重要讲话，就推动两岸关系和平发展，实现祖国统一提出 5 点主张。台盟认真学习领会、深入贯彻落实。台盟中央整合两岸同心义诊、大江论坛、中华文化研习营、国情区情培训班等系列主题交流活动资源，把分散活动整合成体系、把特色活动打造成精品，形成了“两岸同心大中国”对台交流系列品牌活动。

对台工作是台盟的工作重心，也是党和国家赋予台盟人的光荣任务和使命。我们做得还很不够，请领导和委员们多多支持指导。

2. 涉台宣传入脑入心

多年以来，台盟主要是通过对台广播开展涉台宣传工作。改革开放后，随着两岸交流的不断深化，从中央到地方盟组织，台盟的宣传工作内容和形式变得更为丰富，力度也更大。影片《云水谣》的创作和发行，就是一个突出的例子。

台盟第五任主席张克辉十分重视反对文化“台独”，注重运用文学艺术的形式开展对台工作。2000 年 10 月，他在《人民日报》（海外版）发表文章《警惕台湾有人利用语言文化分裂祖国》，发出反对文化“台独”的先声。除了《云水谣》以外，张克辉还主持创作了《台湾往事》和《啊！谢雪红》等电影剧本。这些剧本取材于生活在大陆的他们那一代台胞（就是我们通常所说的“一代台胞”）的经历。为了创作《台湾往事》，他采访了大量的盟员和台胞，仅访谈记录就有 4 大本。剧本完成后，影片创作小组又继续在全国走访了上百名盟员和台胞；剧本整个创作历时 2 年，不断修改，十易其稿；影片结尾母子在日本相会等情节就是他本人的经历。这部作品至今为观众喜爱。

此外，台盟中央进一步加强盟史研究和盟史教育工作，积极开展台盟盟史资料收集征集，出版《台盟创建初期地方组织》《林正亨画传》《台盟口述历史集（一）》《台盟口述历史集（一）》《台盟口述历史集（二）》等盟史书籍。在纪念抗战胜利 70 周年之际，台盟中央与台海出版社编辑出版了《台湾共产党抗日史实》，被中宣部推介为 100 种好书，并获国家出版基金奖励。

三、参政议政履职尽责

改革开放以后，特别是《中共中央关于坚持和完善中国共产党领导的多党合作和政治协商制度的意见》颁布后，民主党派参政议政、民主监督、参与中国共产党领导的政治协商的职能逐步制度化、规范化，台盟不断开拓创新，参政水平整体提升，作用越来越明显。

（一）紧扣“台”字特色，积极参政议政

为了做好台商工作，促进两岸经贸交流，台盟多次提出引进台资要法制化。1994 年 3 月，八届全国人大二次会议通过了《中华人民共和国台胞投资保护法》。同年，在全国政协八届二次会议上，针对台商工作出现的问题，潘渊静秘书长代表台盟中央作了《做好台商工作，促进祖国统一》的大会发言。他说，“台商工作涉及很多方面，其中一项重要的工作是为他们创造良好的投资环境和条件，台商希望大陆通过立法加强对台胞投资权益的保护。我们既要关心台商企业的经营情况，如发生困难或纠纷，要帮助他们排忧解难，维护其合法权益，同时也要监督他们遵纪守法，遵守大陆有关法律、法规。”这一意见得到大会和国务院有关部门的重视，也在台商和岛内舆论界引起广泛关注，产生了积极影响。

（二）"上下联动、横向联合"凝聚合力

台盟围绕中心、服务大局，积极探索工作规律，进一步加强了中央与地方以及地方之间的联系与合作，台盟各级组织通过"上下联动、横向联合"的调研工作机制，进一步加强了彼此之间的沟通与合作，加强了与各级人大、政府、政协以及大专院校、科研机构的联系与配合，实现了整体协调、优势互补、资源共享，有效地发挥了台盟组织的集体力量。

对闽南文化的保护和弘扬是台盟结合自身优势，开展调研并取得成效的突出案例。2007 年，台盟中央与福建、北京、天津、南京等省市台盟组织联合开展关于闽南文化的专题调研，并配合调研与福建省人民政府、国家文物局主办了"海峡西岸文化遗产保护论坛"，有效推动了闽南文化和海峡西岸文化遗产的开发和保护工作，论坛邀请国家有关部委负责同志、海峡两岸专家学者共同研讨，有效推动了闽南文化和海峡西岸文化遗产的开发和保护工作。在台盟中央的大力推动下，2007 年 6 月，国家级"闽南文化生态保护实验区"正式挂牌启动，实验区包括的福建泉州、漳州、厦门三地，正是台胞的主要祖籍地。

（三）参政议政工作机制持续创新

为进一步动员和凝聚全盟的力量，推动参政议政工作不断发展，2008 年台盟中央研究制定了《台盟中央参政议政工作五年（2008—2012）规划纲要》。2013 年，台盟中央对《台盟中央关于评选年度参政议政先进集体和先进个人的办法》作出了修订，调整了盟员校正系数，设立了"突出进步奖"并适当扩大了个人奖项比例，进一步推动了台盟各级组织和盟员的参政议政热情，参政议政成果无论数量还是质量都明显提升。台盟九大以来，共产生了 2 万余份参政议政成果，3000 多人次的盟员冲在了参政议政的一线，激发了台盟组织的整体活力。

习近平总书记和中央领导对台盟参政议政的工作要求是：人数虽少但声音不能小，作用不能小。台盟将继续努力，向兄弟党派多多学习，努力奉献！

2016 年以来，台盟中央参政议政工作委员会首创"协商议政论坛"，在台盟云南省委会、湖北省委会、上海市委会和福建省委会的支持下，结合

“精准扶贫”“实体经济”和“两岸关系和平发展”等重点调研课题，连续开展了 4 次论坛活动。论坛期间，100 余名青年盟员和年轻盟务干部在精彩激烈的演讲与互动交锋中脱颖而出，分别获得了“最具魅力奖”“最具实力奖”“最具潜力奖”。大家普遍反映，“协商议政论坛”是一个很好的平台，是发现和培养参政议政人才的重要窗口，也进一步丰富了盟员和机关干部参政议政的形式。

（四）“一盘棋、一股绳”务实进取

2018 年 2 月 6 日，习近平总书记在党外人士迎春座谈会上的讲话中谈到：中国特色社会主义进入新时代，多党合作要有新气象，思想共识要有新提高，履职尽责要有新作为，参政党要有新面貌。3 月，习近平总书记在全国政协十三届一次会议期间，首次提出坚持和完善我国新型政党制度，各民主党派和无党派人士要做中国共产党的好参谋、好帮手、好同事。

为贯彻落实习近平总书记重要讲话精神，在 2018 年 3 月 7 日召开的台盟十届二次中常会上，苏辉主席提出台盟今后 5 年的工作思路，是围绕贯彻落实中共十九大精神，以习近平新时代中国特色社会主义思想为指导，抓好理论学习、抓好队伍建设、抓好制度保障，促进参政党履职能力进一步增强、促进参政党履职特色进一步彰显，提升新时代中国特色社会主义参政党建设水平，续写台盟建设发展的新篇章。概括起来就是“三抓两促一提升”。

台盟中央制定并实施第三个参政议政工作五年规划（2018—2022），突出“一盘棋、一股绳”的工作要求，以规划为引领凝聚全盟合力。2018 年，台盟中央以协商议政论坛表现突出盟员为基础，以地方组织推荐参政议政人才为主体，首次建立起比较翔实的全盟参政议政人才信息数据库，涵盖教育文化、经济金融、法律科技等领域的 300 多名盟内参政议政骨干人才。在探索建立盟内智库的同时，台盟中央还进一步完善专家智库。2019 年首次召开党派提案专家评审会，邀请宏观经济、乡村振兴、社会民生、生态环保、两岸关系等领域专家研讨把关，创立党派提案评审机制，从源头提升工作质量。在全国政协更加注重提案质量、严格压缩提案数量的大背景下，台盟的党派提案立案率达 100%，正是这一创新机制发挥作用的体现。

2019 年底，在全国政协成立 70 周年来最有影响力的 100 件重要提案评选中，台盟中央《关于建立党政领导干部和国企厂长经理直系亲属留学、定居申报备案制度的建议》《关于进一步促进台湾农民创业园健康发展的建议》《关于大力推行现代学徒制，培育“大国工匠”的建议》3 篇党派提案在全国政协 14.4 万件提案中脱颖而出、光荣入选。

台盟中央每年通过主席带队的党派大调研、台盟中央领导带队的专题调研、地方组织牵头的重点课题调研 3 个层次深入开展调查研究。2020 年的党派大调研，以集聚乡村要素为主题，由主席带队赴福建开展自主调研，18 个地方组织在本地开展自主调研，形成《进一步加快乡村要素集聚，助力实施乡村振兴》的总报告报送中共中央，助力“三农”工作提质增效、城乡融合发展。

2021 年是中国共产党成立 100 周年。重温历史，不忘初心。台盟将更加紧密地团结在以习近平同志为核心的中共中央周围，深入学习贯彻习近平新时代中国特色社会主义思想，深化“三抓两促一提升”全盟总体工作思路，扬优势、展思路，秉持竞进之心，积蓄奋进之力，以优异的履职成绩献礼中国共产党成立 100 周年，为夺取全面建设社会主义现代化国家新胜利，推进两岸关系和平发展和祖国统一，实现中华民族伟大复兴中国梦不懈奋斗！

2021 年 6 月 16 日

无党派人士“一心跟党走”的闪光足迹

张连起 *

无党派人士是我国政治制度中特有的政治概念，是中国共产党领导的多党合作和政治协商制度的重要组成部分，是人民政协的组成界别，在中国革命、建设、改革、复兴的各个历史时期都发挥了重要作用。无党派人士的称谓和实质经历了时代的变迁，从民主革命时期的社会贤达到建国初期的无党派民主人士，再到新时期的无党派人士，从一个侧面反映了统一战线的发展变化，也印证了无党派人士“一心跟党走”的闪光足迹。

一、无党派人士的称谓变迁

（一）从“社会贤达”到“无党派民主人士”

在新民主主义革命时期，一些在社会上有影响、有声望的无党无派知名人士，比如，郭沫若、马寅初、李达、吴耀宗等人，被称为社会贤达。

抗战胜利后，国共双方在《双十协定》中提出“由国民政府召开政治协商会议，邀请各党派代表及社会贤达共商国是”。1946 年 1 月，旧政治协商会议召开，有 9 位人士以“社会贤达”身份出席了会议，他们是莫德惠、邵从恩、王云五、傅斯年、胡霖、郭沫若、钱永铭、缪嘉铭、李烛尘。

1948 年 4 月 30 日，中国共产党发布“五一口号”，号召“各民主党派、

* 张连起，第十二届全国政协委员，第十三届全国政协常委，全国政协重大专项工作宣讲团成员，中国税务学会副会长，北京国富会计师事务所主任。

各人民团体、各社会贤达迅速召开政治协商会议，讨论并实现召集人民代表大会，成立民主联合政府”。5 月 5 日，郭沫若等知名人士在发给毛泽东响应“五一号召”的致电中，为了与以往的“社会贤达”相区别，首次使用了无党派民主人士的称谓。这一称谓，准确地把参加党领导的统一战线而又没有加入任何党派组织的人士，同那些以无党无派面目出现、实际上依附于国民党反动政府的政客区分开来，反映了无党派民主人士在重大历史关头对政治道路的正确选择，使党领导的人民民主统一战线更加团结巩固。

在筹备新政协时，中共采用了这个概念。在 1949 年新政协筹备会第一次全体会上，周恩来明确指出，无党派民主人士是“没有党派组织的有党派性的民主人士”。经中国共产党与各方协商，1949 年新政协会议专门设立了“无党派民主人士”界别，郭沫若等 12 人皆为一时翘楚。

新中国成立后，“无党派民主人士”的称谓被沿用，特指新中国成立前后没有参加任何党派组织但参加了人民民主运动的社会知名人士。

（二）从“无党派民主人士”到“无党派人士”

随着时代的发展，尤其是改革开放以后，老一辈无党派民主人士逐渐减少。新一代无党无派人士无论从社会基础还是成长经历来看，都与以往有很大不同，于是出现了多种称谓并存的局面。主要有以下几种：一是继续沿用无党派民主人士的称谓，二是无党派人士，三是无党派爱国人士，四是无党派知名人士。此外，还有无党派代表人士、无党派爱国民主人士等称谓。

多种称谓并存，表明“无党派民主人士”的称谓已经不能反映新时期无党派人士群体的现状。有鉴于此，2000 年，中央统战部下发《关于加强新时期无党派人士工作的意见》，正式规范了对无党无派人士的称谓，统一使用“无党派人士”这个概念。2004 年，全国政协十届二次会议审议通过的政协章程修正案，将无党派民主人士界别改称无党派人士界别。2005 年，《中共中央关于进一步加强中国共产党领导的多党合作和政治协商制度建设的意见》对无党派人士的概念进一步作了界定，即“指没有参加任何党派、对社会有积极贡献和一定影响的人士，其主体是知识分子”。这为做好无党派人士工作提供了政策依据，为充分发挥无党派人士作用指明了方向。

二、无党派人士为中共民主联合政权的探索和“五一口号”的突出贡献

抗日战争时期，中共通过“三三制”政权合作的形式，建立了民主联合政权的雏形。无党派人士在这一探索中发挥了积极的作用，一方面，“三分之二的党外分子”主要是无党派人士，他们广泛分布于抗日根据地参议会与政府中，并担任重要职务。另一方面，无党派人士有职有权、在政权决策中发挥着重要作用，如根据地的各项方针政策等重大议题提交政务会议讨论前，必须报党外副主席同意。

1941 年，无党派人士李鼎铭（1881.9—1947.12）先生在陕甘宁边区第二届参议会议上，提出“精兵简政”的提案。受到毛泽东主席高度评价，“这个办法很好，恰恰是改进我们的机关主义、官僚主义、形式主义的对症药”。“精兵简政”的提案在参议会上顺利通过，同年中共中央向全党发出“精兵简政”的指示。

抗日战争胜利后、解放战争时期，“三三制”在各解放区政权中继续贯彻执行，无党派人士继续坚定地站在中共领导的人民民主统一战线阵营。早在 1946 年国民党主持的旧政协会议中，郭沫若、李烛尘等无党派人士就和中国共产党合作，共同为争取和平民主而斗争。1948 年“五一口号”发布后，5 月 5 日，郭沫若与其他 11 位民主人士第一时间联名响应中共号召。6 月 4 日，在香港的 125 位无党派人士联名发表声明，称中共是“人民的政党”，在用“民主的方式同全国所有民主势力的代表平等商谈国家大事。”1949 年 1 月 22 日，包括郭沫若、符定一等无党派人士在内的到达解放区的 55 名民主人士，联名发表了《我们对于时局的意见》，在这份历史性的联合宣言中，第一次主动、公开提出“愿在中共领导下，献其绵薄，共策进行”。

周恩来同志在新政治协商会议筹备会第一次全体会议上指出：“在抗日战争时期，我们大家所从事的民主运动，受着国民党反动统治的严重压迫。因此，有很多民主人士，在国民党统治区只能单枪匹马地和国民党反动派作

斗争。在当时的情况下，若形成一个组织，就要经过许多手续和挫折，那是很困难的。有许多人一直是孤军奋斗的，比如今天在座的代表中就有：一直领导着一支文化大军的郭沫若先生，在国民党统治下受着严重压迫的马寅初先生、李达先生，在北平遭到拘捕的符定一先生，在上海一直奋斗的宗教界人士吴耀宗先生，等等。他们虽然都没有组织一个政党或者政治团体，但却领导着很大一批民主人士，联系着许多方面的人士在奋斗着。奋斗的结果，迫使国民党不得不承认和允许在各党派以外从事政治活动的一些民主人士也参加旧政协。当然，由于当时跟国民党协商时不得不带有若干妥协性，所以在参加旧政协的人中也有不是为民主而奋斗的、由国民党方面邀请的几位'社会贤达'。这些人后来参加了伪国民大会，参加了伪国民政府。因此，大家一听到'社会贤达'这个名称就有不快之感，尤其是郭沫若先生就很痛恨这个名称。他在香港同各民主党派首先响应中共去年'五一'号召的时候，就用了无党派民主人士的称谓。"筹备新政协时，中国共产党经与各方协商，专门设立了"无党派民主人士"界别。郭沫若、马寅初、张奚若、李达、董鲁安（于力）、符定一、欧阳予倩、洪深、吴有训、王之相、丁燮林、周谷城等 12 人，作为"无党派民主人士"的代表参加了政协第一届全体会议。无党派人士张奚若提出的"中华人民共和国"国名的建议，被正式写入新中国的建国大纲《中国人民政治协商会议共同纲领》。

"五一口号"虽已定格于历史长河，但其承载的无党派人士的精神力量却能历久弥新、世代相传。习近平总书记在 2018 年包括无党派人士参加的政协联组会议上殷切嘱托："无党派人士主体是知识分子，要带头践行社会主义核心价值观，坚持真理、传播真知，积极向社会传递正能量。"

三、无党派人士杰出代表群英谱

（一）郭沫若（1892.11—1978.6）

翻开《毛泽东诗词》，与毛泽东唱和较多者，除柳亚子外，就是郭沫若。由此可见毛泽东对郭沫若诗词成就的赞赏，又可印证他们之间几十年的深情厚谊。

郭沫若生于1892年，比毛泽东大1岁。1926年3月，经瞿秋白推荐，郭沫若离开上海，来到大革命的策源地广东大学（中山大学），担任文科学长。刚到广州，按事先约定，成仿吾陪同郭沫若一同来到林伯渠家。在这里，郭沫若第一次见到了毛泽东。郭沫若此前已创作出了《女神》《星空》等诗集，见到这位久仰的诗人，毛泽东非常高兴。郭沫若曾描写过毛泽东的形象："人字形的短发分排在两鬓，目光谦抑而潜沉，脸皮嫩黄而细致，说话的声音低而委婉。"

1944年是明王朝灭亡300周年，也是李自成领导农民起义胜利旋即失败300周年，恰好又逢甲申年，郭沫若遂写了《甲申三百年祭》。远在陕北边区的毛泽东读了这篇文章后，立即给予热情肯定。4月12日，他在延安高级干部会议上作的《学习和时局》的报告中说："近日我们印了郭沫若论李自成的文章，也是叫同志们引为鉴戒，不要重犯胜利时骄傲的错误。"他还让延安《解放日报》全文转载郭沫若的文章，作为整风文件，供党内学习。

在抗日战争期间，郭沫若积极投身到文化抗战中，为抗日民族文化统一战线的形成、巩固和发展作出了巨大的贡献，成了文化抗战中的领袖人物。

1945年，毛泽东赴重庆与蒋介石进行谈判，郭沫若和夫人于立群前往机场迎接毛泽东，二人相隔18年后终于再次相见。9月3日，毛泽东原定到重庆天官府郭沫若寓所看望各界人士，只因胜利大游行队伍堵塞交通，改为在毛泽东住处红岩村。交谈中，历史学家周谷城问毛泽东还写诗吗？毛泽东风趣地回答："近来没有那心情了。从前是白面书生，现在成了'土匪'了。要说写诗，应当问我们的郭老。"当时，郭沫若看到毛泽东用的是一只旧怀表，于是把自己手上的欧米茄手表摘下来送给毛泽东。毛泽东非常珍视这件礼物，直到临终，他一直戴着这只手表。

新中国成立以后，毛泽东与郭沫若闲余时仍经常在一起谈诗，唱和，传为美谈。

1957年，毛泽东的18首诗词在《诗刊》创刊号上发表不久，郭沫若就写作了《试和毛主席韵》，以《念奴娇·小汤山》《浪淘沙·看溜冰》《水调歌头·归途》唱和毛泽东的《念奴娇·昆仑》《浪淘沙·北戴河》《水调歌头·游泳》。

两人唱和最著名的要数以下两首词。1962年12月，适逢毛泽东70虚岁生日，郭沫若写了一首《满江红·领袖颂》:“沧海横流，方显出英雄本色。人六亿，加强团结，坚持原则。天垮下来擎得起，世披靡矣扶之直……”毛泽东读后，心潮澎湃，在短短数日后的1963年1月9日，彻夜未眠，挥毫吟诵成一首《满江红·和郭沫若同志》:“……四海翻腾云水怒，五洲震荡风雷激。要扫除一切害人虫，全无敌。”郭沫若的词，乃借祝寿表达敬仰之情；毛泽东的和词，却展现了纵横天下、战无不胜的政治情怀。

毛泽东和郭沫若，是中国现代诗坛上两颗灿烂的巨星。早在抗日战争时期，他们就有翰墨来往；新中国成立以后，他们时有诗词唱和。20世纪五六十年代，毛泽东开始公开发表自己的一些诗词，有时他会请郭沫若润色。例如，1959年毛泽东作七律《到韶山》《登庐山》两首，于9月7日写信给胡乔木说:“诗两首，请你送给郭沫若同志一阅，看有什么毛病没有?加以笔削，是为至要。”郭沫若两次写信，直率地谈了修改意见。毛泽东在9月13日又写信给胡乔木说:“沫若同志两信都读，给了我启发。两诗又改了一点字句，请再送郭沫若一观，请他再予审改，以其意见告我为盼!”

1962年，正值全国筹备纪念毛泽东在延安文艺座谈会上的讲话发表20周年，毛泽东同意在《人民文学》5月号上发表他作于30多年前“马背上哼成的”六首词。《人民文学》编辑部在六首词发表前抄送郭沫若，请他写些注释性的文字，以便于青年读者们了解。郭沫若随即写信给毛泽东，对六首词的字句修改和编排次序，提出了意见。4月底，毛泽东复信郭沫若，肯定了郭对六首词编排次序的意见，并说:“‘七百里驱十五日’，改得好。”

与此同时，郭沫若欣然答应《人民文学》编辑部的约稿，于5月1日写成《喜读毛主席〈词六首〉》一文。他在文中说:“我对于《娄山关》这首词作过一番研究，我起初也觉得是一天的事。……清早由遵义城动身，晚上到达娄山关，那是合情合理的。然而进一步考虑，却发现了问题。红军长征第一次由遵义经过娄山关，是在1935年1月。第二次又经过娄山关回遵义，是在当年2月。就时令来说都是冬天。为什么词的上阕写的却是秋天?‘西风’‘雁叫’‘霜晨’，都是秋天的景物，这怎么解，要说主席写词不顾时令，那是说不过去的。因此，我才进一步知道:《娄山关》所写的不是一天的事。上阕所写的是红军长征的初期，那是1934年的秋天；下阕所写的是遵义会议之后，继续长征，第一次跨过娄山关。想到了这一层，全词才好像豁然贯通了。”“我对于《娄山关》一词作了这样的解释，我虽然没有当面问过主席，不知道我的解释究竟是否正确，但在广州的诗歌座谈会上，我很高兴同志们是同意了我的见解的。”

抗战胜利后，郭沫若勇敢地同蒋介石发动内战的阴谋进行针锋相对的斗争，有力地支援了人民解放战争。周恩来同志曾评价说:“在这场战斗中，郭沫若同志立了大功。”邓小平同志称赞他是“继鲁迅之后，在中国共产党领导下，我国文化战线上又一面光辉的旗帜”。

（二）张奚若（1889.10—1973.7）

张奚若先生作为中国现代政治学奠基人之一，对国民党腐败和蒋介石独裁统治深恶痛绝，曾发表《斥蒋介石》的长文，认为其“好话说尽，坏事做完”。

1941年3月1日，张奚若在国民参政会二届一次会议上发言，财政部官员做报告时，不承认已出现通货膨胀。张奚若用嘲讽的语气奚落道:“要是在阴沟里都能找到钞票了，那才是通货膨胀呢。”又逐条质询财政报告。

他咄咄逼人的气势，让在座的蒋介石大为光火，按了电铃想制止他:“欢迎提意见，但别太刻薄。”张奚若回应道:“你不要按铃了，也不必着急，我的话不多。”坚持质询完后拂袖而去。

次年，又要召开国民参政会，给张奚若寄来通知和路费，他当即回电:“无政可议，路费退回。”从此再未参加国民参政会会议。

1946年1月，国民党召集各党派代表在重庆召开政治协商会议。共产党方面提名张奚若为代表，蒋介石说:“他是本党党员，不能由你们提。”当时，张奚若是西南联大教授，他听到此话后，立即在《大公报》上发表声明:“近有人在外造谣，误称本人为国民党员，实为对本人一大侮辱，兹特郑重声明，本人不属于任何党派。”

历史镌刻下张奚若先生任西南联大政治学系主任的一则故事。某次在西南联大图书馆前的大草坪上，面对六七千名听众，张奚若义正词严:“现在中国害的政治病，是政权为一些毫无知识的、非常愚蠢的、极端贪污的、极端反动的和非常专制的政治集团所垄断。”“为了国家着想，也为蒋介石本人着想，蒋应该下野。假如我有机会看到蒋先生，我一定对他说，请他下野。这是客气话。说得不客气点，便是请他滚蛋。”

张奚若先生不仅是无党派民主斗士，更是独具慧眼的大学问家。1935年张奚若先生在《国闻周报》上发表《全盘西化与中国本位》一文，对那时社会上颇为时髦的“全盘西化”论和“本位文化”论作了公开的批评，认为中国实现现代化为“今日之所急需”。文章明确提出，现代化至少应在这几个方面特别努力，一是发展自然科学，二是促进现代工业，三是提倡各种现代学术，四是思想方法科学化。张奚若先生的“四个现代化”观点，在当时是很新颖的，即使在今天也不无启迪意义。

1949 年 6 月，张奚若先生参加了在中南海颐年堂举行的新政协筹备会。全国 23 个民主党派、无党派及人民团体的 134 名代表为协商建国献计献策。在讨论国家称号的时候，有的提议叫“中华人民民主国”，有的提议叫“民主主义人民国”，有的建议向苏联老大哥学习，就叫“中华苏维埃社会主义共和国联盟”，还有的提议叫“中华联邦民主国”“共和国”，等等。毛泽东、周恩来、朱德等领导人认真地听取了各位代表的建议，认为代表们提的都有道理，但又都没有完全反映出新中国的含义。为了慎重从事，毛泽东、周恩来、朱德等将十几个国号名称交给代表们反复讨论。在 6 月 21 日的会议上，张奚若先生经过深思熟虑后，提出了他与众不同的建议。他提议用“中华人民共和国”作为新中国的国号，并向各位代表阐明了自己的理由。他说：“中华代表中华民族；人民代表现在的工人、农民、小资产阶级和民族资产阶级；共和国代表我们的国体。”“中华人民民主共和国”和“中华人民民主国”两个名称争论激烈。张奚若提出：“我看就叫‘中华人民共和国’好。有‘人民’就可以不要‘民主’两字了，岂有‘人民’而不‘民主’的呢？人民这个概念已经把民主的意思表达出来了，不必再重复写上‘民主’二字。”张奚若说服了众代表，就连毛泽东、周恩来、朱德等领导人听了后都连连点头，他们认为：既简明扼要，又响亮有新意。国名因此确定，并将这一名称写进了《中国人民政治协商会议共同纲领》。

新中国成立后，张奚若先生担任政务院政法委员会副主任、教育部部长等职务。在1953年政务院的一次会议上，参会者对北京几个历史建筑是存是拆争论激烈，多名学者和教授力主拆除，理由是，有的牌坊柱子已经腐朽，如不拆掉，被大风刮倒要伤人命。

当着周恩来的面，张奚若直截了当："说是'三座门'等地方出了车祸，死过人，有民愤，所以要拆除，我很怀疑，北京市的车祸是不是都出在有牌楼的地方？出了车祸，应由死的牌楼负责，还是应由活的人负责？"

周恩来开玩笑说："你不宣传，牌楼的命运就更不长了。"张奚若"领情"道："谢谢总理让我这样说话。"

1957年5月16日，时任教育部部长的张奚若在《光明日报》发表了他在中央统战部一次会上批评共产党和政府工作的"四大偏差"："好大喜功、急功近利、鄙视既往、迷信将来。"

毛泽东不点名批评了张奚若："有个朋友说我们好大喜功，讲得也对，中华民国成立三十几年，蒋委员长搞了二十几年，只给我们留下4万吨钢，我们不轻视过去，迷信将来，还有什么希望！"

与会的张奚若从座位上站起来说："主席，说这话的是我，我向你自首。"毛泽东轻轻招手示意他坐下，说："我知道，你是个好人，我不划你右派。"

1989年11月，清华大学纪念张奚若诞辰100周年，时任全国人大常委会副委员长的习仲勋到会即席讲话：我和张奚老都是陕西人，我到他那儿去，他总要搞点家乡饭请我吃。我常对他说，奚老，你1913年就到外国去留学，寻找救中国的道路，追求真理和知识，而我那时才出生。你无论是哪方面的经验，都比我多得多。奚老一辈子是个硬人，说话向来不知忌讳，做事更是直来直去，他的"硬棱角"，虽历经风雨，却不曾磨去。习仲勋同志高度评价他"襟怀坦荡、直言不讳""不仅是我们党的一位挚友，更是我们党的一位诤友。"

（三）符定一（1877.12.12—1958.5.3）

符定一先生是毛泽东中学时代的老师和校长，也是我国著名的语言文字学家、教育家，可谓硕学鸿儒、一代名师。他比毛泽东长16岁。

"延安三个月，胜读十年书啊！"1946年6月，应毛泽东邀请，符定一在女儿陪同下赴延安共商大策。毛泽东恭敬地把符定一父女迎到自己住的窑洞里，为老师接风洗尘，并请刘少奇、周恩来、朱德、任弼时等作陪。第二天，毛泽东主持召开了欢迎会。师生久别重逢，畅谈于宝塔山下，漫步于延河岸边，留影于窑洞门前。符定一多次发表演讲，揭露蒋介石政府的腐败无能，赞颂解放区之革命新风。他多次说过："延安三个月，胜读十年书啊！"1947 年初，由于符定一从延安回北平后积极开展革命宣传鼓动工作，引起了国民党当局的注意，军警以"煽动罪"搜查住宅，并将其逮捕入狱。毛泽东闻讯后立即电请在北平的叶剑英设法营救。

1947 年初冬的一天夜里，几个特务突然闯进符先生的家，翻箱倒柜四处搜罗"罪证"，最后将符先生及其儿子带到警察署的一个分所。符先生的女儿立即将这一消息报告北平军调处的叶剑英同志。叶剑英说：不要怕，他们是怎么不了符先生的，我让李克农想办法。大约过了两个多小时，一个便衣特务头目出来对符先生说：你可以走了。第二天，符先生余怒未消，提笔给北平市长何思源和蒋介石各写了一封措辞严厉的质问信。信的大意是：你为大官，我为老儒，你们派人来搜家和逮捕是什么道理？听说是因为我到过延安，跟毛泽东有关系。毛泽东是我的学生，这不错。徐向前是谁的学生？是蒋介石的学生，他也培养出共产党的一个大官来。要镇压就先镇压"蒋委员长"。我要有罪，蒋介石就该杀。

"先武攻天津卫，后文取北平城"。1948 年 10 月，毛泽东命华北局派人秘密护送符定一由北平抵达西柏坡，共商国是。符定一先生抵达西柏坡已是晚上，周恩来副主席亲自携灯在村口迎接，毛主席在院中等候。三人相见分外激动，一直畅谈至下半夜 2 点。在送符先生到住所的路上，符向周恩来副主席提出自己思考多时的主张：先武攻天津卫，后文取北平城；这样利国利民，而且实现的可能性很大。周副主席听后连连点头称"好"，并说，再和主席商量一下。在平津战役中，党中央、毛主席采纳了符先生的建议，北平顺利和平解放。在等候北平和谈的日子里，毛主席两天两夜没合眼。当得知《和平协议》已经签订的消息，他兴奋地对警卫员说："先别睡觉，咱们到李家庄看符定一先生去。"毛主席一见到符先生便忘记了几天的疲劳，兴奋地对符说："今天一方面来看您，一方面报告您一个好消息，北平和平解放了，您回北平可以放心地睡大觉了。”

1949 年 9 月 21 日，符定一参加了在北平举行的中国人民政治协商会议第一届全体会议。10 月 1 日，他在天安门城楼上参加了开国大典，目睹毛泽东升起了新中国第一面五星红旗。

新中国成立后，国家筹建中央文史研究馆，安排一批全国知名的饱学博识之士从事文史研究，并解决他们的生活问题。中央决定由符定一先生出任馆长，符先生不愿接受。毛主席亲自出面动员符先生。符认为，这是个闲职，无非是有文（文化）且老、贫（生活贫困）资格的人就能当了。毛主席笑着说：“不光文、老、贫，还要才（才干）、德（德高）、望（威望），这事还需要您这样有学问和德高望重的人担当啊!”毛泽东主席的情深意切，让符先生欣然受命。

1954 年 2 月中华书局再版符定一先生编纂的 36 卷 400 余万字的《联绵字典》时，毛泽东题写了书名。该字典在我国影响深广。

（四）袁隆平（1930.9—2021.5）

新华社发布袁隆平逝世的通稿时，其中政治定位与评价是：中国共产党的亲密朋友，无党派人士的杰出代表。袁隆平先生获得共和国勋章的颁奖词，高度概括了先生的一生成就：

> 稻田的守望者。他的形象可谓“几十年如一日”的“农民本色”——瘦小身材，背微驼，小平头，一身过时衣，两腿烂泥巴。但也就是他，用他的双手，养活了十几亿人口。
>
> 中国农民说，吃饭靠“两平”，一靠邓小平（责任制），二靠袁隆平（杂交稻）。西方世界称，杂交稻是“东方魔稻”。他的成果不仅在很大程度上解决了中国人的吃饭问题，而且也被认为是解决下个世纪世界性饥饿问题的法宝。国际上甚至把杂交稻当作中国继四大发明之后的第五大发明，誉为“第二次绿色革命”。

满目青山，群峰耸峙。无党派人士中，有提出中华人民共和国国名的张奚若，有建议用《义勇军进行曲》作为国歌的徐悲鸿，有五星红旗的设计者曾联松，有“杂交水稻之父”袁隆平……还有“桃李三千圃，硕果满神州”的吴有训先生，他是“科学家的科学家”，培养了钱三强、钱伟长、邓稼先、杨振宁、李政道等一大批栋梁之材的大师；他是高山仰止的学者，用天赋和勤劳推动了中国近代科学的发展，被称为中国物理学研究的“开山祖师”。

四、一心一意跟党走，初心如磐向未来

正如 1949 年 6 月 19 日周恩来在新政治协商会议筹备会第一次全体会议闭幕式上所说：“无党派民主人士，是在中国革命的具体历史条件下发展形成的。他们在形式上没有结成党派，但实质上是有党派性的。”

邓小平同志指出：“统一战线的对象，清楚得很，顾名思义，是把一切能够联合的都联合起来，范围以宽为宜，宽有利，不是窄有利。”正确认识无党派人士的党派性，有助于我们深刻领会无党派人士一心跟党走的深刻内涵，有助于全面、完整地理解中国特色新型政党制度。

党的十八大以来，形成了习近平关于加强和改进统一战线工作的重要思想，为新时代统一战线事业发展提供了根本遵循。包括：中国共产党领导是统一战线最鲜明的特征，坚持党的领导是统一战线最根本、最核心的问题。强调要坚持中国特色社会主义新型政党制度，无党派人士是政治协商的重要组成部分并参加政党协商，等等。

无党派，有情怀。一心一意跟党走，初心如磐向未来！

2021 年 6 月 23 日

第三辑　学史感悟

“中共党史学习”读书群，将学习中共党史与学习新中国史、改革开放史、社会主义发展史相贯通，与学习统一战线史、人民政协史相结合，与委员个人的成长进步相融合。第一阶段自2021年4月初开群以来，仅仅三个月的时间，已有超过1.8万人次在群内发言，委员们分享学习资料、交流读书心得，收到良好效果。

从百年党史看中国共产党的独特优势

孙思敬*

中国共产党百年淬炼，从一个最初只有58名党员的小党，发展成拥有几千多万名党员的世界第一大党，把一个一穷二白、四分五裂的旧中国，建设成一个整体摆脱贫困的世界第二大经济体。取得这样的伟大成就绝非偶然，而是由其独特优势所决定的。

一、坚持以人民为中心、赢得人心，获得推动社会变革的伟力

中国共产党自成立以来，所有工作出发点和落脚点都是为实现人民利益的最大化。土地革命时期，我们实行土地改革，修桥修路、打井办教育，给群众带来实实在在的利益。解放战争时期，党坚持将革命进行到底，依靠老区人民的“独轮车”打赢了三大战役。新中国成立后，国家开展工商业改造、纠正大跃进、实行改革开放，让人民的日子越过越好。党的十八大以来，奋力实现整体脱贫，适时转入乡村振兴，这些无不处处回应着人民的期盼。全心全意为人民服务的宗旨，串起了党治国理政一系列重大思想的价值红线，赢得了人民的衷心拥戴，获得推动社会变革的历史伟力。

---

* 孙思敬，第十三届全国政协常委、经济委员会副主任，武装警察部队原政治委员，武警上将。

二、坚持一切从实际出发、赢得智慧，获得战胜艰难险阻的办法

党最可贵的理论品质就是坚持实事求是的思想路线，一切从实际出发，在实践中找准道路、学习战争、摸索开放、寻求民族复兴的方法。革命初期，我们摒弃俄国十月革命模式，走“农村包围城市、武装夺取政权”的正确道路。“十年浩劫”后，我们提出“实践是检验真理的唯一标准”，作出改革开放的伟大决策。党的十八大以来，面对国内矛盾的深刻变化，我们党提出“五大发展理念”，为实现国家治理体系和治理能力现代化开辟了崭新道路。正是因为党始终坚持实事求是，才不被“本本主义”束缚，在不脱离实践中找到治国理政之策。

三、坚持理想信仰、赢得真理指引，获得推动历史前进的方向标

共产主义远大理想和中国特色社会主义共同理想，是中国共产党人的精神支柱和政治灵魂。南昌起义时我们有 2 万多人，2 个月后只剩 800 多人，当很多人怀疑“红旗到底能打多久”时，毛泽东用“星星之火、可以燎原”给出了答案。有人曾问邓小平:“长征那么凶险，你是怎样走过来的？”他说“跟着走！”跟着什么走？归根到底是跟着信仰走。改革开放后，社会上把西方社会制度捧为普世价值的不乏其人，马克思主义过时的论调也甚嚣尘上。面对改旗易帜的斗争，党初心不改、信仰不变，一直沿着马克思主义引领的方向，把中国特色社会主义推向了一个新的阶段。

四、坚持社会主义道路、赢得制度优势，获得集中力量办大事的能力

抗击新冠肺炎疫情中，“东方之治”与“西方之乱”的鲜明对比，反映出我们集中力量办大事的显著优势。这不是凭空得来的，而是由中国特色社会主义制度决定、并在实践中总结形成的。我们坚持共产党的根本领导制

度，确保党发挥总揽全局、协调各方的领导核心作用，避免了各自为政、各行其是；我们建立人民代表大会制度、政治协商制度，能够在顺应民心、汲取民智中进行科学民主决策；我们建立以公有制为主体、多种所有制经济共同发展的经济制度，最大限度整合社会资源等等。这是我们成就事业的重要法宝，也是任何西方国家都学不来的。

五、坚持党对一切工作的领导、赢得战略定力，获得领导党和国家事业的核心力量

坚持共产党领导的重大意义，中国近代史上 4 个历史性飞跃，已经给了最有力的证明。应当清楚，这个“领导”不是局部的，而是“一切工作”，需要落实在治国理政的各领域各环节。党的十八大以来，以习近平同志为核心的党中央系统构建党的领导制度体系，开展机构改革，推动全面从严治党，解决了许多长期想解决而没有解决的问题，办成许多过去想办而没有办成的大事。实践证明，坚持党对一切工作的领导，有力保证了重大决策部署的科学制定、各项方针政策的高效实施、重大风险挑战的合理应对，使我们始终能够勇立潮头、勇往直前。

六、坚持理论武装、赢得社会共识，获得思想和行动的集体自觉

毛泽东指出，“主义譬如一面旗子，旗子立起来，大家才有所指望，才知所趋赴”。新中国成立前，我们采取创建党团训练班、开展整风运动等形式，武装思想、凝聚共识。新中国成立后，先后形成毛泽东思想、邓小平理论、“三个代表”重要思想、科学发展观，以及习近平新时代中国特色社会主义思想。通过集中性教育，持续用党的最新理论成果武装党员和群众；通过经常性宣传工作，让社会主义核心价值观深入人心、得到广泛弘扬。正是这样不间断的理论武装，马克思主义中国化最新理论成果才能成为大家的思想共识和自觉追求，成为指导实践的行动指南和精神动力。

七、坚持无畏无我、赢得崇高精神，获得道义上的人格之光

建党百年，共产党人始终把牺牲奉献高高举过头顶，用“随时为党和人民牺牲一切”的实际行动，在人民心中立起了一座座精神丰碑。据不完全统计，从 1921 年到 1949 年，有名可查的革命烈士就有 370 多万人；从党的一大到七大，中央委员、候补委员 171 人中就有 42 人牺牲和遇难，包括抗美援朝牺牲的 14 万名志愿军，脱贫攻坚战中牺牲了 1800 多名共产党员等等。习近平总书记那句“我将无我，不负人民”的金句，正是一代代共产党人无畏无我无私精神的真实写照，也赋予我们不断走向胜利的巨大精神动力。

八、坚持党对军队绝对领导、赢得政权，获得确保国家主权安全发展利益的根本手段

党对军队绝对领导这一根本原则和制度，发端于南昌起义，奠基于三湾改编，定型于古田会议。针对张国焘拥兵自重的严重教训、林彪反党集团的恶劣行径，我们党都进行了坚决斗争。党的十八大前的一段时间，敌对势力用“军队非党化”“军队国家化”的错误思想侵蚀官兵，加上一些军内贪腐分子的恶劣影响，军队一度偏离了打仗主业。关键时刻，习近平总书记力挽狂澜、扶危定倾，带领军队拨乱反正、回归本色，迈出了具有决定性转折性意义的关键一步。历史证明，坚持党对军队的绝对领导，是关乎党的执政地位的巩固、国家主权安全发展利益的保障以及中华民族和人民福祉实现的根本手段，须臾不能放松。

九、坚持独立自主、赢得自尊自信，获得平视世界稳步实现民族复兴的实力和底气

我们的天下是靠英雄烈士的流血牺牲换回来的，我们的家底是靠全国

人民流汗流泪干出来的，我们的科技成就是靠“摸着石头过河”苦心钻研创出来的。美西方不但没有提供帮助，还不断进行战略围堵、经济打压、科技封锁。但是我们不仅没有被打趴下，反而越挫越勇，在各个领域实现新的突破。面对世界，我们党更加自信和从容，对善意批评和有益建议，虚心听取、相向而行；对无端抹黑和恶意攻击，据理力争、坚决回击。我们推动“一带一路”建设，为世界积极贡献中国经验、中国智慧、中国力量，成为负责任大国的表率和模范。

十、坚持自我革命、赢得重大转机，获得党的肌体的先进性

自我革命始终是贯穿百年党史的一条主线。八七会议解决的是革命听谁领导、走什么路的问题，遵义会议解决的是军事路线、组织路线的问题，延安整风解决的是思想路线的问题，“两个务必”解决的是戒骄戒躁、清廉治国的问题，十一届三中全会解决的是解放思想、实事求是、党的工作重心转移的问题，十八大以来的整风整改解决的是以怎样的作风进入新时代的问题。这 6 次刀刃向内的自我革命，个个都是关乎党的兴衰存亡的历史大事件。正如习近平总书记所说，中国共产党的伟大不在于不犯错误，而在于从不讳疾忌医，敢于直面问题，勇于自我革命。这是我们有别于其他政党的关键所在，也是永葆生机活力的根本保障。

回顾波澜壮阔的百年党史，当年毛泽东提出的“星星之火”，在经历了外部的围追与堵截、内部的争论与统一、惊人的流血与牺牲后，最终汇聚成“燎原烈火”，实现了中国革命的凤凰涅槃。可以说，是敌人的残忍让我们学会放弃幻想、拿起武器，是对手的反动让我们学会排除万难、抗争到底，是西方的打压让我们学会自力更生、奋力突围，根本上看是苦难成就了我们的辉煌。建党百年之际，习近平总书记提出把握新发展阶段、贯彻新发展理念、构建新发展格局，正是应对百年变局的最佳策略和最终结果，也是中华民族伟大复兴的标志和基础。历史证明，我们党敢于斗争、善于斗争，是经得起任何风浪和挑战的。我们有理由、也有能力相信，如今，以美国为首的西方的这种全方位的围堵，正是我们成就事业、走向更

大辉煌的有利契机，只要坚定不移地坚持中国共产党的领导，不断增强“四个意识”、坚定“四个自信”、做到“两个维护”，聚精会神干好自己的事，就一定能够在危机中育先机、于变局中开新局，胜利必将属于中国和中国人民。

2021 年 5 月 10 日

不断把马克思主义中国化推向前进

吴昌德*

读《中国共产党简史》，一个深刻感受是：中国共产党之所以能够在革命、建设和改革各个历史时期取得一个又一个个伟大胜利，一条根本性的经验就是，始终坚持把马克思主义基本原理同中国具体实际结合起来，不断推进马克思主义中国化。

列宁有句名言："没有革命的理论，就不会有革命的运动。"马克思主义是放之四海皆准的真理，然而如果不同中国的具体实际相结合，只是简单地照抄照搬马列的词句和外国的成功经验，同样解决不了中国革命、建设和改革的实际问题。在我们党的历史上，以教条主义态度对待马克思主义，导致革命和建设事业遭受严重挫折的教训非常深刻。早在延安整风期间，毛泽东同志就说过："我们要把马、恩、列、斯的方法用到中国来，在中国创造出一些新的东西。只有一般的理论，不用于中国的实际，打不得敌人。但如果把理论用到实际上去，用马克思主义的立场、方法来解决中国问题，创造些新的东西，这样就用得了。"他还曾尖锐地批评那些动辄拿本本来的教条主义说："教条主义只会对党的事业产生危害。"我们党正是在斗争实践中，总结吸取正反两方面的经验教训，始终坚持把马克思主义和中国的具体实际紧密结合起来，实现了马克思主义中国化的三次伟大飞跃，从而引领中国取得了从站起来到富起来再到强起来的历史性巨变，使中国这个古老的东方大国

---

* 吴昌德，第十三届全国政协常委、教科卫体委员会副主任，中央军委政治工作部原副主任，上将。

创造了人类历史上前所未有的发展奇迹。

第一次伟大飞跃是形成了毛泽东思想，开辟了“农村包围城市、武装夺取政权”的正确道路，成功创造了思想建党、政治建军、人民战争、统一战线等一整套马克思主义中国化的理论和实践成果，团结带领人民推翻了三座大山，建立起中华人民共和国和社会主义基本制度，进行了社会主义建设的艰辛探索，实现了中华民族从东亚病夫到站起来的伟大飞跃。第二次伟大飞跃是创立了邓小平理论、“三个代表”重要思想、科学发展观。中国共产党人把马克思主义基本原理同中国改革开放的具体实际结合起来，团结带领人民进行建设中国特色社会主义新的伟大实践，使中国大踏步地赶上了时代，实现了中华民族从站起来到富起来的伟大飞跃。第三次伟大飞跃是形成了习近平新时代中国特色社会主义思想，坚持以人民为中心，团结带领人民进行伟大斗争、建设伟大工程、推进伟大事业、实现伟大梦想，推动党和国家事业取得全方位、开创性历史成就，发生深层次、根本性历史变革，中华民族迎来了从富起来到强起来的伟大飞跃。

习近平总书记深刻指出，历史和现实充分证明，要解决中国的问题，需要科学对待马克思主义，既不能照搬马克思主义，把马克思主义教条化，也不能脱离、背离、否定马克思主义，而要立足并扎根中国大地，把马克思主义基本原理同中国实际和时代特点紧密结合起来，运用马克思主义立场、观点、方法研究解决各种重大理论和实践问题，不断赋予马克思主义新的时代内涵与生命力，不断推进马克思主义中国化时代化。只有把科学社会主义基本原则同本国具体实际、历史文化传统、时代要求紧密结合起来，在实践中不断探索总结，才能把蓝图变为美好现实。

实践发展永无止境，理论创新也永无止境。理论的生命力在于不断创新，推动马克思主义不断创新发展是中国共产党人的神圣职责。当今世界，国际形势复杂多变，国家发展面临多重风险挑战，必须做好充分的准备，进行更为艰巨的具有许多新的历史特点的伟大斗争。2021 年是“十四五”规划的开局之年，中国开始迈向实现第二个百年奋斗目标的新征程。我们必须在新阶段新起点上，贯彻新发展理念，构建新发展格局，实现更高质量发展。

理论创新发展到哪里，理论武装工作就应该跟进到哪里。马克思曾经指出："批判的武器当然不能代替武器的批判，物质力量只能用物质力量来摧毁，但是理论一经掌握群众，也会变成物质力量。"党的创新理论只有让广大干部群众所掌握，才能变成推动各项事业发展的强大动力。我们要更加自觉地坚持用马克思主义中国化的最新成果——习近平新时代中国特色社会主义思想武装头脑、指导工作、开拓创新，更有成效地把科学思想理论转化为认识世界改造世界的强大物质力量，用鲜活丰富的中国实践来推动马克思主义中国化不断发展。

2021 年 6 月 16 日

中国共产党的“成功学”

姚增科 *

中国共产党为什么行？为什么在井冈山斗争时期行，在瑞金时期行，在长征时期行，到建国以后社会主义建设、改革开放各个时期，虽历经风雨坎坷而屹立不倒，在改变中国的同时改变世界，并且越来越行？学思践悟习近平总书记系列重要讲话精神，结合在江西工作期间所见所闻所思所悟，得出的答案，可用三句“大白话”概括：第一是有想法，第二是有办法，第三是有章法。

一、中国共产党人有“想法”

这个想法不是小想法，而是大想法——有自己的理想、信念和宗旨，有为人民为民族救亡图存、实现复兴的初心。“坚定执着追理想”，这是习近平总书记论述井冈山精神的第一句，是井冈山精神内涵之首、之要、之魂。我们党立党之初就不是为了自己、为了小我，而是为了天下、为了大我。正如三湾改编时，毛泽东对士兵所讲：“我们干革命，一不图升官，二不图发财，三不图养家糊口，只图天下劳苦大众得解放。”为了解放天下生活在苦难中的百姓苍生，为了拯救任人欺凌、宰割、掠夺的家国民族。千条万条，此为第一条，从“心”开始。

---

* 姚增科，第十三届全国政协委员，中共十九届中央候补委员，江西省政协党组书记、主席。

二、中国共产党人有“办法”

这个办法是大智慧、大谋略。毛泽东同志在《〈共产党人〉发刊词》中论述新民主主义理论时，概括了我们党在中国革命中战胜敌人的“三大法宝”，即统一战线、武装斗争、党的建设。这“三大法宝”，其实就是中国共产党取得成功的“三大办法”。这些办法的精髓，就是“实事求是”。重经验，不唯经验；重本本，不搞本本主义。思想方法看路线，宝典为马克思主义中国化之路。1978 年 12 月 13 日，邓小平在中央工作会议闭幕会上号召：“解放思想，实事求是，团结一致向前看”。坚持实事求是的思想路线，我们党推出了“改革开放关键一招”，在“文化大革命”刚刚结束、百废待兴的时代背景下，开辟了中华民族伟大复兴的康庄大道。所以说，“学习马克思不是真正的马克思，等于马克思不是真正的马克思，发展马克思才是真正的马克思。”毛泽东、邓小平同志的伟大就在于此，习近平总书记卓越的政治智慧也正在于此，中国共产党的成功有赖于此。

当然，我们党有“办法”，还体现在调查研究多方面。“没有调查，没有发言权”，毛泽东同志大力倡导并身体力行而形成发展起来的调查研究优良传统和作风，永远值得我们坚持和发扬。

三、中国共产党人有“章法”

这个章法，就是约束自己的规章和制度，纪律和规矩。纪律和规矩严到群众一针一线都不能白拿，谁拿谁“触电”，谁碰谁“流血”。红军刚到井冈山时制定的三条纪律要求就是，“行动听指挥、打土豪筹款子要归公、不拿农民一个红薯”，后来发展为我们大家现在都熟知的“三大纪律八项注意”。有位老同志对我讲，古往今来，败军都是乱军，但红军却是在遭受严重挫折失败之时立规立矩，这是一支多么了不起的新型军队。这三条纪律，“行动听指挥”是政治纪律；“打土豪筹款子要归公”是廉洁纪律；“不拿农民一个红薯”是群众纪律，不但语言朴实、生动，而且全面、深刻，可谓字字胜金，深入人心，满满自信，又忧患如山。无论井冈山时期、中央苏区时期，还是长征时期、延安时期，我们党和红军就是靠铁的纪律凝聚起来，争取群众，赢得民心，克服困难，战胜敌人，使革命队伍不断壮大，革命事业节节胜利。

1949 年 6 月 8 日，蒋介石在日记中总结共产党“为什么厉害”，他写了七条：“一、组织严密。二、纪律严厉。三、精神紧张。四、手段彻底。五、军政公开。六、办事方法：调查、立案、报告、审查、批准、执行、工作检讨。七、组织内容：干部领导，由下而上，纵横联系，互相节制，纠察彻底（情况），审判迅速，执行纪律，主义第一（革命利益与思想错误为定罪标准）。”看来，对于中国共产党人的“成功学”，连我们的敌人也不得不佩服。

习近平总书记讲：“回顾历史不是为了从成功中寻求慰藉”。总结中国共产党的“成功学”，有利于我们增强“四个意识”，坚定“四个自信”，做到“两个维护”。面对世界百年未有之大变局和中华民族伟大复兴战略全局，让我们不忘初心、牢记使命，不断从党的百年历史中汲取力量、明确方向、革故鼎新，在历史前进的逻辑中前进、在时代发展的潮流中发展。

2021 年 6 月 30 日

统一战线视角下的党史学习体会

马东平 *

中国共产党确立的统一战线，来源于马列主义，萌芽于第一次国共合作时期，形成于土地革命战争后期和抗日战争前期，在抗日战争和解放战争时期进一步完善。统一战线是党的总路线和总政策的重要组成部分。毛泽东在《〈共产党人〉发刊词》一文中指出："统一战线，武装斗争，党的建设，是中国革命中战胜敌人的三个法宝。"纵观中国共产党历史，统一战线思想和实践经历了曲折的发展，如何把马克思主义基本原理同中国革命的具体实践正确地结合起来，制定出符合国情的统一战线战略和策略，有一个探索的过程。在我国，党的几代领导人，从毛泽东、邓小平到江泽民、胡锦涛、习近平，无一不是根据时代主题和历史任务，依据时代要求，结合中国国情，把马克思主义统一战线的基本理论运用于中国实际，并在实践中发展和创新了这一理论，形成了一整套具有鲜明时代特征和中国特色的统一战线理论。这不仅极大丰富和发展了马克思主义的统一战线学说，而且在党领导中国人民为民族独立、国家强大和人民富裕而奋斗的历史过程中发挥着不可替代的重要作用。

* 马东平，第十三届全国政协委员，甘肃省社会科学院社会学研究所所长、研究员。

一、新民主主义革命中的统一战线发展历程

新民主主义革命时期的统一战线经历了四个阶段：第一个阶段是1921—1927年，统一战线产生并实现了第一次国共合作。第二个阶段是1927—1937年，是土地革命时期的统一战线。第三个阶段是1937—1945年，中国共产党提出抗日民族统一战线，并实现了第二次国共合作，打败了日本侵略者。抗日战争胜利后，抗日民族统一战线的历史使命随之完结。随着蒋介石集团破坏了以国共合作为基础的统一战线，成为全国人民共同的敌人，各阶级、阶层在共产党的领导下团结起来，结成统一战线，为推翻国民党反动统治，建立独立、民主、自由、富强的新中国而斗争，形成了人民民主统一战线。

（一）建党初期对统一战线工作的探讨和实践

中国早期马克思主义者在传播马克思主义过程中，结合中国国情，从不同角度阐述和宣传，全世界无产阶级联合起来，劳工阶级联合起来，民众大联合起来，大联合的统一战线思想。

1921年7月，中国共产党成立并召开第一次代表大会，党的一大明确了中国共产党实现社会主义和共产主义的奋斗目标，提出了工人阶级自身团结统一的问题，但是在中国共产党的第一个决议中提出，对现有其他政党应采取独立的攻击的政策，不同其他政党建立任何关系，这说明刚刚成立的中国共产党对建立同革命同盟军的问题，特别是与其他政党的关系问题在思想上还存在模糊认识。

1922年1月21日至2月2日，共产国际在莫斯科召开远东各国共产党及民族革命团体第一次代表大会，代表会议期间，列宁接见了中国共产党代表张国焘等一行，希望国共两党实现合作，这次会议对帮助中国共产党人认清中国国情和制定民主革命的纲领，建立最广泛的统一战线，推进国共合作起到了很大的作用。1922年6月15日，中国共产党中央执行委员会发表了《中国共产党对于时局的主张》，这是党成立后公开发表的第一个重要的政治声明，在这个文件里面明确提出："中国共产党的方法，是要邀请国民党等

革命民主派及革命的社会各团体，开一个联席会议，在上列原则的基础上，共同建立一个民主主义的联合战线，向封建式的军阀继续战争。”至此，中国共产党在是否联合国民党的问题上发生了根本性的战略转变。

这个文件第一次明确提出了建立联合战线的主张，为党的二大制定民主革命纲领提出建立“民主的联合阵线”奠定了基础。

1922 年 7 月 16—23 日，党的二大在上海召开，党的二大通过了 9 个决议，其中《关于“民主”的联合战线的决议案》是党关于统一战线的第一个专门文件。党的二大统一了全党在统一战线问题上的战略策略思想，改变了党的一大关于不同其他党派建立任何联系的规定，为建立民主联合阵线，推动国共合作奠定了思想理论基础，在党的统一战线发展史上具有开创性的重要地位和意义。

（二）大革命时期的国民革命联合战线

1923 年 6 月 12—20 日，党的三大在广州召开大会，决定共产党员以个人身份加入国民党，实现国共合作的同时，明确规定党必须在政治上、思想上、组织上保持自己的独立性。党的三大将二大提出的建立民主的联合阵线的原则和西湖会议提出的党内合作形式又向前推进了一步，国共合作的步伐大大加快了。

1924 年 1 月 20—30 日，中国国民党第一次全国代表大会在孙中山的主持下在广州举行，国民党一大的召开标志着第一次国共合作的正式的形成，这是中国共产党实践民主革命纲领和统一战线政策的重大的胜利。

1927 年 4 月 12 日，蒋介石在上海发动“四一二”反革命政变，是大革命从高潮走向失败的转折点。7 月 15 日汪精卫发动了“七一五”反革命政变，第一次国共合作全面破裂，持续三年多的大革命失败。

（三）土地革命战争时期的工农民主统一战线

以蒋介石为首的国民党新军阀在帝国主义支持下，建立起一个代表地主阶级和买办资产阶级利益的独裁专制政权。中国共产党继续推进彻底地反帝反封建的民主革命，领导了十年土地革命战争。在土地革命时期，党紧紧依靠农民这个革命主要同盟军，建立和巩固工农民主统一战线，开辟了一条适合中国国情的农村包围城市、武装夺取政权的革命新道路。当日本侵略者发动侵华战争，民族矛盾上升为社会主要矛盾之时，中国共产党以民族大义为重，在瓦窑堡会议上提出建立抗日民族统一战线的政治主张。西安事变，特别是全国抗战的爆发，促进了国共第二次合作的实现，掀起了全民族抗战的新高潮。

1927 年春夏，蒋介石和汪精卫集团相继叛变革命后，党的组织被迫转入地下活动，革命形势进入低潮。1927 年 8 月 1 日，南昌起义打响了中国共产党武装反抗国民党反动派的第一枪。8 月 7 日，中共中央在湖北汉口秘密召开紧急会议，即八七会议。会议确定了实行土地革命和武装反抗国民党反动派的总方针，并对统一战线经验教训作了初步总结，强调党的统一战线工作方针必须根本转变。一是必须把着眼点转向发动工农上，“与工会农会建立密切的关系。指导他们，使党的中心工作转移到这方面去”；二是必须将工人运动和农民武装暴动互相结合，实现“工农独裁”的政权目标；三是必须保持“共产党自己独立的政治面貌”。八七会议后，中国共产党的工作重心由对国民党工作转向发动工农群众上来，这对中国共产党在土地革命时期建立工农民主统一战线具有重要的指导作用。

（四）抗日战争时期的抗日民族统一战线

抗日战争时期的统一战线是以第二次国共合作为基础，包括工人、农民、小资产阶级、民族资产阶级和一部分愿意抗日的大资产阶级、地主阶级，以及广大海外华侨在内的抗日民族统一战线。它不仅包括工人阶级、农民阶级、小资产阶级、民族资产阶级，而且包括除汉奸以外的开明绅士、地方实力派和英美派的大地主大资产阶级。其目的是打倒日本帝国主义，争取中华民族独立解放。在抗日民族统一战线这种矛盾错综复杂的情况下，中国共产党制定并实行了一系列正确的抗日民族统一战线的策略和政策，从而坚持了同国民党的合作，使抗日民族统一战线受到严峻考验后得到巩固和发展，直至取得抗日战争的胜利。

（五）解放战争时期的人民民主统一战线

1946 年 6 月，国民党在完成内战准备后，悍然向共产党领导的解放区发动全面进攻。经过一年多的作战，人民军队先后挫败国民党军队的全面进攻和重点进攻。在人民解放战争胜利推进的同时，共产党的人民民主统一战线政策，像一个巨大的磁场把各民主党派和其他爱国民主人士团结起来，并促使他们在政治上实现了历史性转变。共产党在解放区进行了大规模的土地改革运动，巩固了工农联盟；在国统区实行正确的政策，依靠工人阶级，团结民族资产阶级和城市小资产阶级以及一切反对美蒋的人民，形成反对美蒋的第二条战线；坚持团结和争取各民主党派和其他爱国民主人士，尊重并照顾他们的利益，在共同反对国民党反动派的斗争中结成同盟；并且努力争取国民党中的爱国分子，孤立敌人，从而最大限度地巩固和扩大了人民民主统一战线。

1947 年 12 月，中共中央在陕北米脂县杨家沟召开会议，毛泽东作了《目前形势和我们的任务》的报告，提出了共产党最基本的政治纲领："联合工农兵学商各被压迫阶级、各人民团体、各民主党派、各少数民族、各地华侨和其他爱国分子，组成民主统一战线，打倒蒋介石独裁政府，成立民主联合政府。"毛泽东指出，没有一个包括全民族绝大多数人口的最广泛的统一战线，革命的胜利是不可能的。这个纲领与抗战时期形成的民族统一战线有根本不同，人民民主统一战线是以共产党为领导核心的联合一切民主和进步力量、彻底消灭蒋介石集团的统一战线。

人民民主统一战线始终以中国共产党为核心，充分体现了中国共产党的领导作用。中国共产党是统一战线的组织者，也是统一战线的核心和支柱，没有中国共产党的坚强领导，就不会有广大而巩固的统一战线。在中国共产党的领导下，人民民主统一战线比过去任何时期都要广大，也比任何时期都要巩固。人民民主统一战线是以中国共产党为领导核心，以工农联盟为基础，包括城市小资产阶级、民族资产阶级、开明绅士及其他爱国分子、少数民族、宗教界人士、海外华侨等在内的极其广泛的统一战线。

1948 年"五一"国际劳动节即将来临之际，毛泽东决定用发布口号的方式进一步表达中共召开政治协商会议、成立联合政府的政治主张。4 月 30 日，中共中央书记处扩大会议在河北省阜平县城南庄召开，会议讨论通过了经毛泽东修改后的《中国共产党中央委员会发布纪念"五一"劳动节口号》，其中第五条号召：各民主党派、各人民团体、各社会贤达迅速召开政治协商会议，讨论并实现召集人民代表大会，成立民主联合政府。当日，通过陕北的新华社正式发布广播。5 月 1 日,《晋察冀日报》头版刊发了“五一口号”。2 日,《人民日报》头版头条全文发表。5 月 1 日，毛泽东致函李济深、沈钧儒，进一步说明加强各民主党派、各人民团体的相互合作，讨论成立民主联合政府“业已成为必要，时机亦已成熟”。

“五一口号”发表后，立即得到各民主党派、各人民团体、海外华侨团体和无党派民主人士的热烈响应。接连几天，中国国民党革命委员会、中国民主同盟、中国民主促进会、三民主义同志联合会、中国国民党民主促进会、中国致公党、中国人民救国会和九三学社（九三学社总部在北平，处于国民党的高压统治之下，不便公开发表声明。于 1949 年 1 月发表宣言，响应中共中央“五一口号”）等党派，也都先后分别发表了响应中共“五一口号”的声明、宣言和告各民主党派、各人民团体及全国同胞书等。国外爱国华侨获悉“五一口号”，也纷纷表示拥护。各民主党派积极响应“五一口号”，纷纷举行讨论会、座谈会，撰写文章，贡献意见，研究办法，草拟各种方案，为召开新政协献计献策。大家在讨论新政协的活动中，增强了团结，正如毛泽东指出的，召集政治协商会议的口号，团结了国民党区域一切民主党派、人民团体和无党派民主人士于我党周围。各民主党派和民主人士积极响应“五一口号”，事实上接受了中国共产党的新民主主义革命纲领，承认了中国共产党的领导地位，为建立中国共产党领导的多党合作和政治协商制度拉开了序幕。

二、新中国成立以来的统一战线历程

新中国成立 70 年来，中国共产党的统一战线理论在中华民族站起来、富起来、强起来的伟大复兴历史进程中，在波澜壮阔、丰富多彩的统一战线实践中不断得到创新和发展，先后经历了三个重要阶段：一是社会主义过渡时期人民民主统一战线理论的跨越式发展；二是中国特色社会主义建设时期爱国统一战线理论的创立和发展；三是中国特色社会主义新时代习近平总书记关于加强和改进统一战线工作的重要思想的创立和发展。

（一）社会主义过渡时期人民民主统一战线理论的跨越式发展

为了解决中国共产党夺取政权后还需不需要统一战线等问题，中央统战部于 1950 年 3 月召开了第一次全国统战工作会议，全面阐述了新中国成立初期统一战线的各项理论方针和政策，创新和发展了人民民主统一战线理论。一是确定了党的统一战线工作的总任务，即在实行共同纲领、巩固工农联盟的基础上，密切团结全国各民族、各阶级、各民主党派、各人民团体、广大华侨、各界民主人士和爱国分子，争取尽可能多的能够同我们合作的人，为着稳步实现新时期的历史任务而奋斗。二是确定了对民族资产阶级必须实行又团结又斗争、以斗争求团结的方针，要特别注意同民族资产阶级搞好经济上的合作，以巩固政治上的合作。三是明确了民主党派的性质和作用，即“各民主党派均对一定的社会阶级或阶层，主要对民族资产阶级、城市小资产阶级和它们的知识分子，有不同程度的联系和代表性；但都是阶级联盟的性质，不是单一阶级的政党”。四是明确了解决民族问题的关键是实行民族区域自治政策。五是明确了各级人民政权机关和人民团体中的统一战线工作的中心任务是建立党与非党人士合作的正确关系。六是确立了统一战线的根本指导思想即“无产阶级只有解放全人类，才能最后解放自己”。

1952 年底，中国开始进入社会主义改造时期，在中国社会和阶级关系发生深刻变革的新阶段，中国共产党适应形势发展的需要，对人民民主统一战线存在的必要性、范围、任务、组织形式以及各统战工作领域的理论和政策进行了新的阐述。一是明确了统一战线的长期性和重要性。二是明确了人民民主统一战线包括两个范围的联盟。三是明确了人民政协的性质和作用。四是确立了党在过渡时期对资本主义工商业采取利用、限制、改造的政策，通过不同形式的国家资本主义，实现对资本主义工商业的社会主义改造。五是明确了党在过渡时期在民族工作方面的任务和各项具体政策。六是确立了中国共产党同民主党派“长期共存、互相监督”方针。七是以国家根本大法形式确定了宗教信仰自由政策。八是提出了保护华侨利益，鼓励华侨参加社会主义建设的一系列具体政策。九是科学界定了知识分子的阶级属性，指出知识分子“中间的绝大部分已经成为国家工作人员，已经为社会主义服务，已经是工人阶级的一部分”。

社会主义改造基本完成以后，我国进入了社会主义初级阶段。从1957—1978年长达20多年的时间里，由于受到中共党内存在的“左”倾错误的严重干扰，统一战线理论的发展出现了曲折和失误。特别是“文化大革命”期间，统一战线被命名为革命统一战线，致使党的统一战线遭受严重挫折。

（二）中国特色社会主义建设时期爱国统一战线理论的创立和发展

党的十一届三中全会后，中华民族进入了富起来的时代。在中国特色社会主义建设时期，面对和平与发展成为世界主题的国际局势、人民日益增长的物质文化需要同落后的社会生产之间的社会主要矛盾、国内阶级阶层关系的深刻变动和党的工作中心任务的战略转移的新形势新任务新情况，党制定了一系列关于统一战线的方针和政策，形成了中国特色社会主义建设时期爱国统一战线理论，包括邓小平新时期统一战线理论、“三个代表”重要思想统一战线理论、科学发展观统一战线思想，极大地丰富了中国共产党统一战线理论宝库，这是新中国成立以来统一战线理论的第二个重要阶段。

1. 十八大前统一战线发展历程

进入改革开放新时期，我国的社会阶级状况发生了根本的改变，各族人民在中国共产党的领导下建设社会主义国家，阶级阵线和阶级矛盾越来越淡化。同时，党和国家的工作重心由阶级斗争转移到经济建设上来，中国共产党的总任务也发生了根本性的变化。邓小平及时把握时代的脉搏，重新审视统一战线的性质，指出:“它已经发展成为全体社会主义劳动者、拥护社会主义的爱国者和拥护祖国统一的爱国者的最广泛的联盟。”这一新认识把中国共产党领导的统一战线从工人阶级、农民阶级、小资产阶级和民族资产阶级构成的阶级联盟，发展成为由全体社会主义劳动者、拥护社会主义的爱国者和拥护祖国统一的爱国者组成的政治联盟。从此，中国共产党领导的统一战线，由人民民主统一战线转变为最广泛的爱国统一战线。统一战线的性质实现了质的飞跃，统一战线工作也开启了新的征程。此后，历届党的领导集体都遵循这一基本定位，不断发展壮大新时期爱国统一战线。

邓小平新时期统一战线理论一是科学界定了新时期统一战线的性质。明确指出新时期统一战线“已经发展成为全体社会主义劳动者、拥护社会主义的爱国者和拥护祖国统一的爱国者的最广泛的联盟”。邓小平把革命统一战线发展为爱国统一战线、把阶级联盟发展为政治联盟，是统一战线理论发展的重大里程碑。二是明确了新时期爱国统一战线地位和任务。三是阐明了统一战线的对象和范围。四是创造性地提出了“和平统一、一国两制”的科学构想。五是首次把政党制度提高到国家政治制度的高度，明确提出多党合作制度是我国政治制度的特点和优点。六是明确提出允许非公有制经济发展，开辟了新时期统一战线工作的新领域。七是提出了尊重知识、尊重人才的方针，使党外知识分子工作成为统一战线的基础性工作。八是强调立足民族平等、发展民族地区经济，为维护民族团结、社会稳定和国家统一奠定了坚实基础。九是强调宗教不能同社会主义、人民利益相违背，为引导宗教与社会主义社会相适应提供了理论依据。十是进一步明确了人民政协的性质、地位和任务，为人民政协工作的恢复和发展指明了方向。

党的十三届四中全会以来，以江泽民同志为核心的第三代中央领导集体，从国内外形势的发展变化和统一战线担负的艰巨任务出发，形成了“三个代表”重要思想统一战线理论，进一步丰富和发展了毛泽东和邓小平的统一战线思想。一是强调统一战线的“重要法宝”地位和作用。二是明确了“统一战线工作的根本任务就是争取人心，凝聚力量，为实现党和国家的宏伟目标而团结奋斗”。三是提出了我国多党合作制度的基本特征、特点、优势和衡量标准。四是揭示了民主党派进步性与广泛性的科学内涵。五是强调“进一步落实和完善党的知识分子政策，着重做好培养人才、用好人才、吸引人才的工作”。六是提出加强民族团结、维护祖国统一、实现各民族共同繁荣进步的政策和措施。七是强调要全面贯彻党的宗教信仰自由政策，依法管理宗教事务，坚持独立自主自办的原则，积极引导宗教与社会主义社会相适应。八是科学界定了非公有制经济人士的社会属性，提出非公有制经济人士等新的社会阶层都是中国特色社会主义事业的建设者。九是提出要在爱国主义旗帜下实现中华儿女的大团结，进一步明确了做好港澳台和海外统战工作的方向。十是提出要建立一支高素质的党外代表人士队伍，进一步明确了党同党外人士合作共事的总体要求。十一是进一步明确了人民政协的主题和基本职能，提出人民政协在我国政治生活中具有不可替代的作用。十二是强调坚持中国共产党的领导是巩固和发展爱国统一战线的根本保证。

党的十六大以来，以胡锦涛同志为总书记的党中央在新的国际形势下，形成了科学发展观统一战线思想。一是强调统一战线是中国共产党团结一切可以团结的力量，夺取革命、建设、改革事业胜利的重要法宝。二是指出新世纪新阶段统一战线已经进一步发展成为全体社会主义劳动者、社会主义事业的建设者、拥护社会主义的爱国者和拥护祖国统一的爱国者的最广泛的联盟。三是提出要坚持以马克思列宁主义、毛泽东思想、邓小平理论和“三个代表”重要思想为指导，全面贯彻落实科学发展观，高举爱国主义、社会主义伟大旗帜，团结一切可以团结的力量，调动一切可以调动的积极因素，化消极因素为积极因素。四是发展和完善了多党合作制度理论。五是指出中国共产党团结带领全国各族人民走出了一条中国特色民族发展道路，形成了平等、团结、互助、和谐的社会主义民族关系。六是强调要全面贯彻党的宗教工作基本方针，努力实现宗教与社会和谐相处，各宗教和谐相处，信教群众和不信教群众、信仰不同宗教群众和谐相处。七是提出了新的社会阶层人士工作的基本方针，即“充分尊重、广泛联系、加强团结、热情帮助、积极引导”。八是明确了关于港澳台和海外统战工作的方针和政策。九是提出党外干部是党和国家干部队伍的重要组成部分。十是发展了人民政协的性质定位，提出中国人民政治协商会议是中国人民爱国统一战线的组织，是中国共产党领导的多党合作和政治协商的重要机构，是我国政治生活中发扬社会主义民主的重要形式。

2. 中国特色社会主义新时代习近平总书记关于加强和改进统一战线工作的重要思想的创立与发展

党的十八大以来，习近平高度重视统一战线，在处理党和国家纷繁复杂的事务中，始终从统一战线角度思考问题，将统战思维、统战理念贯穿于治国理政全过程，提出了一系列新思想新观点新论断，丰富和发展了中国特色社会主义统一战线理论，体现了因势而谋的新思路新智慧。

习近平总书记关于加强和改进统一战线工作的重要思想的内容博大精深、十分丰富，既有对统战基础理论的战略创新，也有对各统战工作领域的具体指导，主要包括以下十四个方面。一是阐明了统一战线工作的本质要求。习近平总书记指出：“人心向背、力量对比是决定党和人民事业成败的关键，是最大的政治。统战工作的本质要求是大团结大联合，解决的就是人心和力量问题。这是我们党治国理政必须花大心思、下大力气解决好的重大战略问题。”二是确立了正确处理一致性和多样性关系的统战工作方针。因为有一致性，统一战线才有建立的可能；因为有多样性，统一战线才有建立的必要。要坚持一致性，但不能搞成“清一色”：要包容多样性，但不能跨越政治底线。三是提出了全面加强党对统一战线工作领导的基本要求。统一战线的领导权是统一战线健康发展的根本保证。习近平总书记指出：“统战工作是全党的工作，必须全党重视，大家共同来做。”各级党委要把统战工作摆在重要位置，各级党政领导干部要带头学习宣传和贯彻落实统一战线政策法规，带头参加统一战线重要活动，带头广交深交党外朋友。要坚持党委统一领导、统战部牵头协调、有关方面各负其责的大统战工作格局，形成工作合力。要加强统战干部队伍建设，统战干部要发扬优良作风，做到诚恳谦和、平等待人、廉洁奉公，真正赢得党外人士尊重和认同，团结他们同我们党一起奋斗。四是阐述了我国新型政党制度特色优势。习近平总书记指出，中国共产党领导的多党合作和政治协商制度作为我国一项基本政治制度，是中国共产党、中国人民和各民主党派、无党派人士的伟大政治创造，是从中国土壤中生长出来的新型政党制度。中国新型政党制度“新就新在它是马克思主义政党理论同中国实际相结合的产物，能够真实、广泛、持久代表和实现最广大人民根本利益、全国各族各界根本利益，有效避免了旧式政党制度代表少数人、少数利益集团的弊端；新就新在它把各个政党和无党派人士紧密团结起来、为着共同目标而奋斗，有效避免了一党缺乏监督或者多党轮流坐庄、恶性竞争的弊端；新就新在它通过制度化、程序化、规范化的安排集中各种意见和建议、推动决策科学化民主化，有效避免了旧式政党制度囿于党派利益、阶级利益、区域和集团利益决策施政导致社会撕裂的弊端”。五是阐述了中国特色解决民族问题的正确道路。要筑牢中华民族共同体意识，坚持各民族共同团结奋斗和繁荣发展的工作主题，坚持推动民族地区发展稳定的时代使命，坚持和完善民族区域自治制度，构建中华民族命运共同体。六是阐述了中国特色社会主义宗教理论。坚持我国宗教中国化方向，提高宗教工作法治化水平，坚持“导”的正确态度和主张，构建积极健康的宗教关系，引导宗教与社会主义社会相适应。七是坚定推进党的“治边稳藏”的战略部署，坚持“依法治藏、富民兴藏、长期建藏、凝聚人心、夯实基础”的工作原则。八是坚持依法治疆、团结稳疆、长期建疆的基本方略，将社会稳定和长治久安作为治疆的着眼点和着力点。九是强调党外知识分子工作的基础性和战略性地位，“做党外知识分子工作，不仅要增强责任意识、配强工作力量，还要改进工作方法，学会同党外知识分子打交道特别是做思想政治工作的本领，这样才能把党外知识分子这个阵地守好”。十是提出构建“亲”“清”新型政商关系，促进非公有制经济健康发展和非公有制人士健康成长。十一是确定了港、澳、台统战工作的中心任务。十二是阐明了新时代侨务工作的主题、主线和主要矛盾。十三是确定了加强党外代表人士培养使用的重要原则。十四是强调要充分发挥人民政协作为统一战线组织的凝聚共识作用。

习近平总书记关于加强和改进统一战线工作的重要思想，来源于马克思主义统一战线理论，来源于中国特色社会主义实践，来源于中华文化土壤，是马克思主义统一战线理论中国化的最新成果，是中国共产党统一战线理论的继承和发展，是习近平新时代中国特色社会主义思想的重要组成部分，是继承性、创新性和实践性的有机统一，是新时代爱国统一战线工作的思想指引和行动指南。

党的十八大以后，根据习近平同志对巩固和发展最广泛的爱国统一战线发表了系列重要讲话精神和作出的系列部署，《中国共产党统一战线工作条例（试行）》（以下简称《条例》）于2015年颁布施行，《条例》是中国共产党颁布的第一部关于统战工作的党内法规，是统一战线发展史上的重大里程碑，是统一战线工作制度化、规范化、科学化、法制化的重要标志。《条例》以党内法规形式集中体现了我们党关于统一战线的重要理论方针政策，解决了统一战线工作中长期存在的重点难点问题，为新时代统一战线事业发展提供了政治保障、组织保障和法制保障。《条例》的颁布施行，标志着习近平新时代统一战线重要思想的正式形成。

习近平新时代统一战线重要思想具有深刻的理论意蕴。关于新时代需要什么样的统一战线的问题，习近平同志给予了创造性的回答。一是坚持“一个领导”，即坚持中国共产党的领导是新时代统一战线的基本前提和核心；

二是坚持共同的思想政治基础，即爱国统一战线的思想基础；三是落实好“三个服务”，即为实现“两个一百年”奋斗目标、实现中华民族伟大复兴的中国梦服务，为维护社会和谐稳定、维护国家主权安全发展利益服务，为保持香港澳门长期繁荣稳定、实现祖国完全统一服务，这是新时代统战工作的目标；四是坚持“五个认同”，即对伟大祖国、中华民族、中华文化、中国共产党、中国特色社会主义的认同，这是新时代统战工作的基本前提。习近平新时代统一战线重要思想所具有的思想内涵和深刻的理论意蕴从《条例》中可以探析：

第一，新时代统一战线是最具广泛性、包容性和开放性的爱国统一战线。这突出表现为:《条例》首次把“致力于中华民族伟大复兴的爱国者”写进统一战线范畴，凡是有利于中国特色社会主义事业蓬勃发展的进步力量，凡是有利于维护社会安定有序和长治久安的进步力量，凡是有利于实现中华民族伟大复兴中国梦的进步力量，就是统一战线的团结对象。这极大地丰富了统一战线的内涵，拓展了统一战线的外延，并在2018年《宪法修正案》中上升至宪法高度。《条例》适时地调整了统一战线的工作范围和对象，并概括为十二个方面，将过去“私营企业、外资企业的管理人员和技术人员”“中介组织从业人员”“新媒体从业人员”及“自由职业人员”等统称为“新的社会阶层人士”，还增加了“其他需要联系和团结的人员”，这一提法是过去所没有的，极大地扩大了统一战线的工作对象，体现了新时代统一战线工作的包容性与开放性。

第二，新时代统一战线是服务于党和国家工作大局的统一战线。作为党的事业取得胜利的重要法宝，统一战线在党和国家工作大局中占据重要地位。一方面，“五大关系”和谐发展是巩固和壮大爱国统一战线的前提，也是铸牢中华民族共同体意识、构建社会主义和谐社会的必要条件。因此，新时代统一战线必须积极促进政党关系、民族关系、宗教关系、阶层关系、海内外同胞关系和谐发展。另一方面，“三个服务”是巩固和发展统一战线的必然要求。巩固和发展新时代统一战线，目的是为实现“两个一百年”奋斗目标、实现中华民族伟大复兴的中国梦服务，为维护社会和谐稳定、维护国家主权安全发展利益服务，为保持香港澳门长期繁荣稳定、实现祖国完全统一服务。促进“五大关系”和谐与做好“三个服务”是新时代统战工作的任务要求和着力点，体现的是服务于党和国家工作大局，必须明确其在统筹推进“五位一体”总体布局、协调推进“四个全面”战略布局中的重要作用。

第三，新时代统一战线是为中华民族伟大复兴提供力量支撑的统一战线。人心和力量问题是决定党和人民事业成败的关键问题，统一战线解决的就是人心和力量的问题，必须充分发挥其凝聚人心、汇聚力量的政治优势。新时代统一战线作为最广泛的爱国统一战线，其工作范围涵盖了十几亿包括全体社会主义劳动者、社会主义事业的建设者、拥护社会主义的爱国者、拥护祖国统一和致力于中华民族伟大复兴的爱国者等致力于中华民族伟大复兴的海内外中华儿女；其工作对象包括民主党派、无党派人士、党外知识分子在内的各类统一战线成员；其任务范围涉及政党关系、民族关系、宗教关系、阶层关系、海内外同胞关系在内的“五大关系”。统一战线的范围之广、对象之多、数量之大，决定了其在中国特色社会主义现代化建设中的重要地位。因此，必须不断推进统一战线工作，扩大联合面，加深团结度，真正发挥统一战线凝聚人心、汇聚力量的作用，为早日实现中华民族伟大复兴中国梦提供最坚实、最广泛的力量支撑。

随着习近平总书记关于加强和改进统一战线工作的重要思想和《条例》精神的深入贯彻和落实，全党做统战工作的大统战格局已经形成，统战事业蓬勃发展，统一战线同心圆越画越大。

统一战线在中国共产党领导的新民主主义革命、社会主义建设，以及新时代的伟大实践中发挥了独特作用，形成了具有不同内容、各具特点的统一战线纲领以及在纲领指导下的实践，统一战线纲领以及在纲领指导下的实践演进表现出相应规律。

其一，反映统一战线联盟主体扩大的历程。统一战线联盟的主体越来越宽泛，从革命性的阶级联盟转变为以工农联盟为基础的，包括全体社会主义劳动者、社会主义事业建设者、拥护社会主义爱国者、拥护祖国统一和致力于中华民族伟大复兴爱国者的政治联盟。

其二，反映统一战线思想政治基础的丰富发展。统一战线团结联合的旗帜从革命时期的反对帝国主义、封建主义和官僚资本主义，发展为改革开放时期以社会主义、爱国主义为内核的政治认同，在新时代丰富和发展出以中华民族伟大复兴中国梦为内核的文化认同。

其三，反映统一战线价值视阈扩展的历程。统一战线服务当代中国国家共同体的建立和发展，协同构建中华民族命运共同体、人类命运共同体二重同心圆，实现新时代统一战线国内联盟和国际合作的系统构建。

其四，反映统一战线使命任务发展的进程。统一战线的任务越来越具有综合性，从反对帝国主义、封建主义和官僚资本主义的革命任务，发展为服务现代化建设和祖国统一，再到服务国家治理体系和治理能力现代化。

统一战线纲领以及在纲领指导下的实践的百年演进，不仅反映统一战线自身联盟性质、思想政治基础、价值视阈、使命任务的历史变迁，更是以统一战线纲领以及在纲领指导下的实践反映中国共产党领导开展的伟大事业、中国“站起来”“富起来”“强起来”的宏伟进程。新时代统一战线更是在系统总结百年发展经验的基础上，在超大型多样性国家发挥高质量的大团结大联合的政治秩序建构功能，成为调整国家政治关系、保持整个国家有机平衡的政治制度和工作机制，成为人类社会实现中华民族命运共同体与人类命运共同体协同建设的重要制度安排。

2021 年 6 月 23 日

历史可以烛照未来

王　锋*

事实证明，学习是一个润物细无声的过程，历史可以警示当下、烛照未来，可以作为我们前行的强大精神动力。

一、通过学习，我们对抗战时期党的历史有了更为清晰的理解

14 年艰苦卓绝的抗日战争，有着极为丰富的史料，研究这段历史，可以从很多方面来进行。大家结合自己的学科背景、工作实际，从不同角度进行了诠释、解读。有党的建设发展脉络，有人民军队战斗介绍，有统一战线斗争史料，有根据地建设经验总结，汇总在一起，让我们对抗战有了全景式的概览。这是读书群最大的优势，是相互交流、学习研讨的魅力所在。

二、通过学习，我们对党在抗战中的中流砥柱作用有了更为深刻的理解

回顾风雨如磐的斗争岁月，在纷纭复杂的史料中爬梳清理，我们对中国共产党在全民族抗战中的领导地位和领导作用认识得更加清晰。从提出持久战的抗战总战略，到发起形成全民族抗日民族统一战线；从指挥人民军队在

* 王锋，第十三届全国政协委员，生态环境部中央生态环境保护督察办公室督察专员（正司级）。

敌后英勇奋战，到开辟敌后抗日根据地并进行广泛的政权建设、经济建设、文化建设；从有力反击国民党顽固派的反共高潮，到站在国家和民族未来提出的“两个中国的命运”，中国共产党始终在军事斗争、政治进步、生产发展、文化教育等方面占得先手、高人一筹，从而赢得民主人士的认同、赢得广大人民的拥护。中国共产党在抗战中的中流砥柱作用不容置疑，这也是无数史实充分证明了的。

三、通过学习，我们对党在抗战中逐步成熟、逐步壮大有了更为宏观的把握

从 1921 年中国共产党诞生到领导全民族抗战取得完全胜利，不过短短的 20 余年。这 20 多年里，中国共产党从弱小到强大，从幼稚到成熟。对党早期的经验教训进行深刻总结，形成历史决议，中国革命的道路该如何走越来越清晰。创造性地提出马克思主义中国化的历史命题，以毛泽东思想作为党的指导思想，马克思同中国革命实践的结合越来越紧密。党领导的武装力量日渐壮大，抗日根据地发展如火如荼，延安成为全中国先进青年心中的“圣地”。经历了伟大的抗日战争，我们党已经具备了领导人民、执政全国的大党雏形。一个全新的中国已经呼之欲出。

在接下来的学习中，我们将继续努力，学史明理、学史增信、学史崇德、学史力行，通过学习进一步增强党性修养、强化理想信念、提升履职能力，把读书群不断发展壮大、把党史学习教育不断推向深入！

2021 年 4 月 25 日

一切为了人民

宋璇涛 *

我们党所做的一切，就是为中国人民谋幸福。江山就是人民，人民就是江山。人民立场是我们党的根本政治立场，我们党从诞生之日起，就把为中国人民谋幸福写在自己的旗帜上。我们党的百年历史，就是一部党与人民心连心、同呼吸、共命运的历史。

一、为中国人民谋幸福，融入党的血脉

我们党为人民而生，因人民而兴，始终同人民在一起，为人民利益而奋斗，是我们党立党兴党强党的根本出发点和落脚点。1921 年，我们党一经成立，就旗帜鲜明地把实现社会主义、共产主义作为自己的奋斗目标。1925 年，毛泽东同志在《政治周报》发刊词中写道，共产党人革命就是为了实现人民的统治，为了使人民得到经济的幸福。1944 年，毛泽东同志在《为人民服务》中指出，我们的共产党和共产党所领导的八路军、新四军，是革命的队伍，我们这个队伍完全是为着解放人民的，是彻底地为人民的利益工作的。1945 年，党的七大把为人民服务的思想写入党章，明确提出全心全意为人民服务是中国共产党的根本宗旨。1956 年，邓小平同志在党的八大上作的《关于修改党的章程的报告》中指出，共产党，它是人民群众的全心全

* 宋璇涛，第十三届全国政协委员，中华全国供销合作总社原党组成员、监事会主任。

意的服务者。党的十八大以来，习近平总书记反复强调要坚持以人民为中心的发展思想，人民对美好生活的向往，就是我们的奋斗目标，要坚守人民情怀，紧紧依靠人民，不断造福人民，扎实推动共同富裕。一百年来，我们党干革命、搞建设、抓改革，都是为了让人民过上幸福生活。全心全意为人民服务，已经永远融入共产党人的血脉，成为自觉的思维方式和最高的行为准则。

二、为中国人民谋幸福，取得伟大成就

一百年来，我们党与人民有福同享、有难同当，有盐同咸、无盐同淡，战胜了一个又一个困难，取得了一个又一个胜利。政治上，领导人民翻身解放成为国家的主人，享有广泛真实管用的民主；经济上，2020 年我国 GDP 突破 100 万亿大关，人均 GDP 突破 1 万美元；文化上，社会主义核心价值观深入人心，不断促进人的全面发展和社会全面进步；民生上，我国建成了包括养老、医疗、低保、住房在内的世界最大的社会保障体系；生态上，天更蓝、山更绿、水更清、环境更优美；脱贫上，现行标准下农村贫困人口全部脱贫，决胜全面建成小康社会取得决定性成就，实现了中国人民的千年夙愿。在党的领导下，中国人民的获得感幸福感安全感不断增强，中国人民在经济上、政治上、精神上的自豪感前所未有。特别是经过抗疫大考，人民群众发自内心地感到，生活在共产党领导下的中国最安全、最幸福。

三、为中国人民谋幸福，铸就不朽精神

从石库门到天安门，从兴业路到复兴路，我们党在践行初心使命的百年奋斗历程中，铸就了不朽精神丰碑。从夏明翰烈士的“砍头不要紧，只要主义真”，到红军战士把仅有的一床被子剪下一半留给群众，使老百姓认识到“共产党是只有一床被子也要分一半给你的好人”；从“出差一千里，好事做了一火车”的雷锋，到“心中装着人民，唯独没有他自己”的焦裕禄；从

抗洪精神、抗震救灾精神到抗疫精神、脱贫攻坚精神，等等，我们党之所以历经百年而风华正茂、饱经磨难而生生不息，就是凭着这些跨越时空、历久弥新的精神伟力。这是我们党人民情怀和为民本质的充分体现，是我们每一名党员干部汲取坚守初心使命的营养剂和动力源。

2021 年 6 月 29 日

沿着恢宏画卷改革创新

江碧涛*

我们党一路走来，经历过多次生死存亡的危急时刻，也曾在社会主义建设道路上出现一些弯路，但我们党始终能将马克思主义基本原理与中国具体实际和时代特征相结合，不断开辟马克思主义中国化的新境界，在改革突破中引领全国人民沿着正确方向前进。

一、毫不迟疑地推进理论创新

一百年来，我们党以坚定不移的立场坚持马克思主义，以科学求实的态度发展马克思主义，使马克思主义在中国大地上枝繁叶茂、生机勃勃，正如习近平总书记所讲的“马克思主义深刻改变了中国，中国也极大丰富和发展了马克思主义”。百年党史就是一部不断推进马克思主义中国化的历史，一部不断推进理论创新的历史，先后形成了毛泽东思想、邓小平理论、“三个代表”重要思想、科学发展观、习近平新时代中国特色社会主义思想，在这些伟大思想科学指引下，国家的面貌、中华民族的面貌发生了前所未有的变化。

* 江碧涛，第十三届全国政协委员，战略支援部队专业技术少将研究员，中国工程院院士。

二、矢志不渝地推进自我革命

百年党史，从党建维度而言，就是一部勇于刀刃向内的自我革命、不断练就“打铁必须自身硬”功夫、永葆党的生机活力的历史。习近平总书记指出：“勇于自我革命，是我们党最鲜明的品格，也是我们党最大的优势。中国共产党的伟大不在于不犯错误，而在于从不讳疾忌医，敢于直面问题，勇于自我革命，具有极强的自我修复能力。”

三、坚持不懈地推进实践创新

马克思主义告诉我们，理论来源于实践，从实践中得到的理论又可以指导实践。党的十八大以来，在习近平总书记的公开讲话和报道中，“创新”一词出现超过千次。这些论述，涵盖了科技、人才、文艺、军事等方方面面的创新。让创新贯穿国家一切工作，让创新在全社会蔚然成风，有力推动解决了许多长期想解决而没有解决的难题，办成了许多过去想办而没有办成的大事，社会主义中国进入“风景这边独好”的高光时刻。

百年党史是一部气吞山河、感天动地的壮丽史诗，贯穿始终的主题主线就是争取民族独立、人民解放和实现国家富强、人民幸福，其本质内涵是“为人民服务史”“解放思想史”“理论探索史”“自我革命史”，更是“不懈奋斗史”。当前，我们处在党的第二个百年新起点，更需不断创新为建设世界强国努力奋斗！

2021 年 6 月 28 日

中国共产党是中国故事中最具感染力的故事

王卫星[*]

“历史是最好的老师。”一个政党、一个国家、一个民族，最好的学习是向自己的经历和历史学习，向世界的优秀文化和有益经验学习，是跟着实践和时代学习。中国共产党的百年苦难辉煌就是一部最为生动的教科书。

一、学习百年党史，加深了对我们党百年大党、百年辉煌的认识

中国共产党百年历史沧桑、百年鲜活生动的党史故事，让我们进一步认识到党从小到大，从弱到强走过的苦难辉煌。在党成立之初，中国政党林立，有二三百之多，百年大浪淘沙，坚守如初的政党寥寥无几，唯有中国共产党披荆斩棘、力挽狂澜走向辉煌；在党发展之时，世界共产主义运动风起云涌，共产党有二三百之多，一场东欧剧变，保持本色的共产党就下降到130多个，唯有中国共产党不忘初心、坚如磐石、发展壮大走向辉煌，成为名副其实的世界第一大党。放眼世界，百年政党有之，而经历百年不衰，始终站在时代前列的少有。中国共产党处大国之势，行强国之道，无疑是个中翘楚、时代先锋。

历史从哪里开始，思想进程就从哪里开始。我们自豪地感受到，中国共产党一路走来，中国革命一路走来，新中国一路走来，改革开放一路走来，

* 王卫星，第十三届全国政协委员，中国人民解放军军事科学院原副政委，少将。

新时代一路走来，中国共产党成为中国故事中最具感染力的故事，中国共产党成为世界最大的百年政党。马克思主义之所以行，中国特色社会主义之所以好，很大程度上是由中国共产党的能来支撑和验证的。中华民族精神之所以恢宏，很大程度上是中国共产党以马克思主义为指导，以中国革命的实际为需求，将零珠碎玉般散布在几千年历史长河中的优秀传统文化元素，经过集约和提纯，铸就成人民军队的信仰，中国共产党的信仰，并升华为伟大的中华民族精神。

二、学习百年党史，加深了我们对党的统一战线历史功绩的认识

党的百年历史证明，统一战线是我们党凝聚人心、汇聚力量的政治优势和战略方针，是夺取革命、建设、改革事业胜利的重要法宝。习仲勋同志当年曾深有体会地说，“没有统一战线，就没有党的历史”。统一战线是中国共产党发展的生命线，从国民革命联合战线、工农民主统一战线、抗日民族统一战线、人民民主统一战线，到爱国统一战线，党的统一战线工作始终支撑着党的建设发展，伴随着党的发展壮大，是党史的重要组成部分。

毛泽东的一生是践行统一战线的光辉典范。西安事变前后，毛泽东为争取社会高层对共产党倡导的抗日民族统一战线的理解、同情和支持，从1935年底（瓦窑堡会议）到1937年5月（国共达成二次合作）期间，毛泽东亲笔给国民党将领、各民主党派领袖、社会贤达、各大学校长和知名教授……写信不下千封，争取社会各界对中国共产党政策主张的最大认可，堪称近现代“亲书政治”的成功范例，其数量达到毛泽东一生的最高峰。对蒋政策作了从“反蒋抗日”—“逼蒋抗日”—“联蒋抗日”—“拥蒋抗日”的4次调整。1945年8至10月在重庆谈判的45天里，毛泽东提出“什么人都见”的“拜客”政策，礼贤下士，登门拜访广交朋友，积极宣传我党的政策主张。连陈立夫都说，“毛泽东把统战工作都做到我家里来了”。历史反复证明，什么时候统战工作做得好，我们的事业就顺利，什么时候忽视统战工作，我们的事业就容易出现波折。

今天，在完成祖国统一和中华民族伟大复兴的新时代，我们要防止“拿

着法宝不会用，抱着金刚钻不会使”。更需要继承和发扬党的统一战线光荣传统，对内，团结、协商、沟通、聚力，调动一切积极因素，动员全国各族人民同心同德、凝聚共识、群策群力，团结在中国共产党的周围；对外，团结、沟通、交流、互信，讲好中国故事，努力化消极因素为积极因素，壮大我们的阵营，发展我们的朋友，建立更为广泛的祖国统一和民族复兴统一战线，共同创造伟大的辉煌。

三、学习百年党史，坚定了我们对以习近平同志为核心的党中央的信赖

进一步认识到，新时代中国特色社会主义事业之所以辉煌，是由于以习近平为代表的中国共产党人，传承了马克思主义毛泽东思想的灵魂，在伟大斗争、伟大创造、伟大奋斗、伟大工程、伟大团结、伟大梦想的实践中聚力奋斗而取得的。

中国共产党百年创业、百年奋斗、百年辉煌、百年筑梦的历史，用铁的事实向世人证明了中国共产党现有的政体非常成功，中国道路、中国制度的蓬勃生机及其影响力吸引力竞争力，在国际社会中日益强劲。桃李不言，下自成蹊。可以说，只要中国坚持社会主义，标志着人类就有 1/5 的人在走社会主义道路，这是一个庞大的充满自信和希望的数字。正如基辛格所预言，“中国已成为全球力量平衡的最大赢家”，“中国模式可能会影响发达国家迄今的主流思想”。中国没有辜负马克思主义，中国没有辜负社会主义，马克思主义没有辜负中国，社会主义没有辜负中国。中国特色社会主义制度不仅在中国保持不变，而且要为全人类作出更大的贡献！

江山就是人民，人民就是江山。我们党的百年奋斗史就是为人民谋幸福的历史，我们党打江山、守江山，都是为了人民幸福，守的是人民的心。我们只有始终与人民群众心心相印、同甘共苦、超越时空，才能守护好真正的“江山”，走向民族伟大复兴。

2021 年 6 月 17 日

从党史学习中领悟中国共产党为什么能

罗宗毅[*]

中国共产党成立100周年，中华民族迎来了从站起来、富起来到强起来的伟大飞跃，创造了让世界惊叹的“中国奇迹”。人们在看到中国发展成就的同时，也在思考这一成功的发展模式和经验是什么？回首走过的道路，把中国的发展放到历史坐标中，我们会清晰地看到，中国共产党的领导是我国各项事业取得成功的关键。

如果把中国比喻成一艘在大海中航行的巨轮，这艘巨轮要乘风破浪，顺利抵达民族伟大复兴的彼岸，需要四个要件：一是导航仪，即思想引领和理论指导；二是推进器，即全中国人民的同心协力；三是轮机舱，即中国特色社会主义制度和国家治理体系；四是船长或掌舵人，即卓越的党和国家领导人。

一、我们有好的导航仪，保证航向正确

中国号巨轮的“导航仪”，就是马克思主义指导和中国共产党的理论路线方针政策。指导思想是一个政党的精神旗帜。建党100年来，中国共产党之所以能够完成近代以来各种政治力量不可能完成的艰巨任务，就在于始终把马克思主义这一科学理论作为自己的行动指南，并坚持在实践中不断丰

---

* 罗宗毅，第十三届全国政协委员，中国行政管理学会副会长，原中共中央党校教育长。

富和发展马克思主义。马克思主义及其在中国的发展，为党和人民事业发展提供了既一脉相承又与时俱进的科学理论指导，为增进全党全国各族人民团结统一提供了坚实思想基础。新中国成立特别是改革开放以来，中国共产党根据中国国情和社会主要矛盾的变化，提出走自己的路，建设中国特色社会主义；把党和国家中心工作转到以经济建设为中心；由计划经济转向社会主义市场经济；提出“四个现代化”的目标、“两个百年”的目标；统筹推进“五位一体”总体布局、推进“四个全面”战略布局；把握新发展阶段、贯彻新发展理念、构建新发展格局……中国这艘巨轮的战略目标，就是在中国共产党领导下，通过不断制定新的战略目标，并不断推动战略目标的实现，一步一步驶向胜利的彼岸。

二、我们有强大的“推进器”，推动巨轮前行

中国号巨轮的“推进器”，就是中国共产党领导和团结全国各党派、各社会团体、各族人民团结一致、同心协力向着中国共产党指引的方向、提出的目标前进。历史和实践证明，在当代中国，只有中国共产党具有强大的群众组织力和社会号召力，能将个人的力量凝聚为社会合力，形成最大的同心圆。这种凝心聚力、把党的路线方针政策转化为国家和人民意志的能力，在于中国共产党代表全国人民的共同利益，在于中国共产党的主张得到全体人民的拥护。

三、我们有运转协调、协同高效的“轮机舱”，保证巨轮的各部位各方面配合默契，向着共同的目标前进

中国号巨轮的“轮机舱”就是中国特色社会主义制度和国家治理体系。这套制度的优越性在于：具有高度的统一性，能够集中力量办大事；具有广泛的民主性，能够保持决策的科学性；具有超强的执行力，办事效率高；具有“社会主义 + 市场经济”的独特优越性，既能发挥市场在资源配置中的决定性作用，又能更好发挥政府的作用；具有规划的长期性和计划的连贯

性，持续推动国家发展不断迈上新的台阶。

四、我们有好的船长或掌舵人，就是党和国家领导人

大国远航的巨轮，需要高瞻远瞩的掌舵人。以毛泽东同志、邓小平同志、江泽民同志为核心的党的三代中央领导集体，以胡锦涛同志为总书记的党中央，团结带领全党全国各族人民，战胜了一个个难以想象的困难和挑战，使中华民族迎来了实现伟大复兴的光明前景。党的十八大以来，以习近平同志为核心的党中央以非凡的政治智慧、顽强的意志品质、强烈的历史担当，团结带领全党全国各族人民推动党和国家事业全面开创新局面，推动党和国家事业取得历史性成就、发生历史性变革，推动中国特色社会主义进入了新时代。

百年党史告诉我们，历史和人民选择中国共产党领导中华民族伟大复兴的事业是正确的，中国共产党领导中国人民开辟的中国特色社会主义道路是正确的，中国共产党和中国人民扎根中国大地、吸纳人类文明优秀成果、独立自主实现国家发展的战略是正确的。我们要通过党史学习，从党走过的风云激荡的历史中、从党开创和不断推进的伟大事业中、从党全心全意为人民服务的根本宗旨和长期实践中，深化对党的信赖，坚定对党的领导的信念。

2021 年 4 月 29 日

学党史　悟思想

蔡其华 *

按照党中央统一部署和全国政协关于开展党史学习教育工作安排，我认真研读了习近平《论中国共产党历史》《毛泽东、邓小平、江泽民、胡锦涛关于中国共产党历史论述摘编》《习近平新时代中国特色社会主义思想学习问答》《中国共产党简史》《中华人民共和国简史》《中国共产党统一战线史》等书目，深入学习了习近平在党史学习教育动员大会上的重要讲话，广泛阅读了党史研究的相关理论文章，现将学习心得体会简要汇报如下。

一、通过学习，深刻认识到马克思主义中国化成果特别是习近平新时代中国特色社会主义思想的科学性真理性，做到了学史明理

习近平总书记深刻指出，我们党的历史，就是一部不断推进理论创新、进行理论创造的历史。“农村包围城市、武装夺取政权”的革命道路，“党的领导、人民当家作主、依法治国有机统一”的政治建设，“社会主义也可以搞市场经济”的思想解放，“绿水青山就是金山银山”的生态观念，“全面从严治党永远在路上”的治党态度……一百年来，我们党坚持解放思想和实事求是相统一，坚持培元固本和守正创新相统一，在实践中不断丰富和发展马克思主义，指导中国共产党不断从胜利走向新的胜利。通过党史学习，我

---

* 蔡其华，第十三届全国政协常委，水利部原副部长、党组成员。

从党的非凡历程中认识到马克思主义是如何深刻改变中国、改变世界的，中国是如何极大丰富和发展马克思主义的，习近平新时代中国特色社会主义思想具有怎样的真理力量、精神力量、实践力量。我将继续发扬理论联系实际的理论品格，坚持以习近平新时代中国特色社会主义思想为指导，学精悟透用好马克思主义这个看家本领，以永不懈怠的精神状态和一往无前的奋斗姿态，肩负起中国共产党人的历史使命。

二、通过学习，深刻认识到红色政权来之不易、新中国来之不易、中国特色社会主义来之不易，做到了学史增信

习近平总书记强调，我们党的一百年，是矢志践行初心使命的一百年，是筚路蓝缕奠基立业的一百年，是创造辉煌开辟未来的一百年。回望百年历程，我们党之所以能够从弱小一步步发展壮大，之所以能够在腥风血雨中一次次绝境重生，之所以在经受无数困难挫折后又一次次奋起，就是因为我们党始终有坚定的理想信念，始终把为中国人民谋幸福、为中华民族谋复兴作为自己的初心和使命。通过党史学习，我深刻认识到中国特色社会主义是历史发展的必然结果，是发展中国的必由之路，是经过实践检验的科学真理，进一步增强了对马克思主义、共产主义的信仰，对中国特色社会主义的信念，对实现中华民族伟大复兴的信心。我将进一步树牢“四个意识”，坚定“四个自信”，做到“两个维护”，始终与以习近平同志为核心的党中央看齐，一步一个脚印，在中国特色社会主义道路上，努力创造属于我们这一代人、无愧新时代的历史功绩。

三、通过学习，深刻认识到党的优良传统和红色基因，是我们党性质宗旨的集中体现和宝贵精神财富，做到了学史崇德

习近平总书记指出，在一百年的非凡奋斗历程中，一代又一代中国共产党人顽强拼搏、不懈奋斗，涌现了一大批视死如归的革命烈士，一大批顽强奋斗的英雄人物，一大批忘我奉献的先进模范，形成了一系列伟大精神，构

筑起了中国共产党人的精神谱系，为我们立党兴党强党提供了丰厚资源。通过党史学习，我从夏明翰、方志敏等战火纷飞中挺立的革命英雄身上，从焦裕禄、王进喜等建设年代成长的时代楷模身上，从李保国、钟南山等改革时代涌现的先进典型身上，体悟到了强大的精神力量和高尚的道德风范。我将自觉践行社会主义核心价值观，大力弘扬以爱国主义为核心的民族精神和以改革创新为核心的时代精神，自觉立政德、明大德、守公德、严私德，永葆对党的忠诚之心、对人民的赤子之心，永葆党的先进性和纯洁性。

四、通过学习，进一步提高了把握大局大势、应对风险挑战、推进实际工作的能力和水平，做到了学史力行

习近平总书记指出，我们党的百年历史，就是一部践行党的初心使命的历史，就是一部党和人民心连心、同呼吸、共命运的历史。从革命年代，到建设时期，再到改革开放新时期，无数党员干部在不同岗位上倾力奉献，尽心竭力为人民群众办实事、做好事，创造了举世瞩目的伟大成就，赢得了广大人民群众的认同和拥护。通过党史学习，我进一步增强了党的意识、党员意识，进一步增进了同人民群众的深厚感情，进一步提升了解决实际问题的能力。我将坚持学以致用、学用相长，从百年党史中总结经验、汲取营养，加强党性锤炼，砥砺政治品格，践履知行合一，传承和弘扬好党的光荣传统和优良作风，不断提高把握新发展阶段、贯彻新发展理念、构建新发展格局的政治能力、战略水平、专业水平，更好发挥政治协商、民主监督、参政议政等职责作用，将学习成果转化为办实事、开新局的强大动力和实际行动。

2021 年 5 月 21 日

中国共产党革命理论的建构

郭长刚 *

中国共产党是马克思主义政党，是以马克思主义社会发展理论为指导的。根据马克思主义社会发展理论，人类社会是从原始社会，到奴隶社会，到封建社会、资本主义社会，直至社会主义社会，从低到高逐步发展的，这是人类社会历史发展的规律。人类社会发展是有规律可循的，而且是从低到高发展的，这一观念是什么时候开始的呢？

要知道，在古代的时候，无论是东方还是西方，人们都是认为社会是在逐渐“退步”的，是历史“退步论”。如，古代希腊就有黄金时代、白银时代、青铜时代、黑铁时代，一代不如一代的退步论；在中国，传说中的三皇五帝时代是理想的时代，人心不古、世风日下是“常态”，“托古改制”也不时出现。

到 16、17 世纪的时候，欧洲发生了自然科学革命，即伽利略、开普勒、牛顿等发现了自然界的规律。这些自然科学的革命使得人们认识到自然界的发展是有规律可循的，那么，人类社会作为自然界的一部分，其发展是否也有规律可循呢？所以，从启蒙运动开始，思想家们如伏尔泰、孟德斯鸠等开始探讨人类社会发展的规律。到 19 世纪的时候，达尔文提出了“进化论”，认为物种是进化发展的。马克思则完成了对人类社会发展规律的阐述，就是前面所说的从原始社会到奴隶社会、封建社会、资本主义社会、社会主义社

* 郭长刚，第十三届全国政协委员，上海社会科学院历史研究所所长。

会的发展理论。

1917 年俄国“十月革命”后，马克思主义传到中国，中国共产党于 1921 年正式成立。但 1927 年大革命的失败，使得“中国向何处去”？马克思主义的社会发展理论是否适用于中国？中国共产党能否独立领导中国革命？这些问题都成为社会各界重新思考的问题。

当时，有一个苏联学者叫马札亚尔，他在 1928 年出版了一本书，叫《中国农村经济研究》，把中国说成是“亚细亚社会”。要知道，马克思在 1859 年的《政治经济学批判·序言》中有这样一段话：“大体说来，亚细亚的、古代的、封建的和现代资产阶级的生产方式，可以看作是社会经济形态演进的几个时代”。马克思这里所说的“古代的”就是指奴隶社会。马札亚尔把中国说成是“亚细亚社会”，意思是说中国没有经过奴隶制，也没有进入资本主义社会，这也就意味着马克思主义的社会发展理论并不适用于中国。既然如此，中国共产党就根本没有进行革命的基础，革命失败也就是必然。

而在当时的苏联领导人中，斯大林、布哈林等认为，中国的封建残余势力仍占据优势，应当进行民主革命，以反封建和反帝国主义为主，而不是社会主义革命；托洛茨基等则主张，中国已经是资本主义主导，革命目标还应包括推翻资本主义，实现社会主义。这两种不同的观点在中国共产党、国民党及社会各界中引起了强烈反响，于是就出现了 20 年代末、30 年代初的“中国社会史大论战”。

中国社会史论战的内容可以归纳为三个核心问题：第一，中国历史上是否经历过奴隶社会；第二，中国封建社会的起讫时间和特征是什么，是否长期延续；第三就是亚细亚生产方式问题，即中国是否属于独特的亚细亚社会。争论的实质是中国历史发展阶段与马克思主义所总结的人类历史发展基本规律是否一致？马克思主义是否适用于中国？

限于篇幅，当时论战的具体各门各派的观点，这里就不细说了。

1930 年，郭沫若的《中国古代社会研究》出版。此书运用马克思主义的社会经济形态理论，探讨了中国历史发展的进程，认为中国存在奴隶制社会，奴隶制向封建制的过渡应该是在战国时代。郭沫若《中国古代社会研究》的出版，为之后各家继续从五种社会形态角度分析中国社会奠定了基础，中国马克思主义历史学正式诞生。

中国马克思主义历史学诞生的时代意义和深远的历史意义就是：马克思主义的人类历史发展基本规律是适合中国的，马克思主义也是适用于中国的，中国共产党领导的革命斗争是符合人类社会历史发展规律的。

1939 年，毛泽东在《中国革命和中国共产党》一文中，首次明确提出了“新民主主义革命”这个科学概念，从理论和实践的结合上对新民主主义革命的对象、任务、性质、动力和前途等问题，作了全面而深刻的论述，并把新民主主义革命概括为“无产阶级领导之下的人民大众的反帝反封建的革命”。毛泽东关于新民主主义革命的论断，就充分吸收了社会史大论战的相关成果。

因此，在我看来，“马克思主义中国化”的第一个时间节点就是 20 世纪二三十年代的社会史大论战，第一个马克思主义中国化的思想体系就是毛泽东思想；第二个时间节点应该是 20 世纪 80 年代末 90 年代初关于“姓资”“姓社”的讨论，第二个马克思主义中国化的思想体系就是邓小平理论；现在正处在马克思主义中国化的第三个时间节点上，第三个马克思主义中国化的思想体系正在或者已经基本形成。

2021 年 4 月 6 日

百年党史，是担负、探索、奋斗和作为

郭媛媛[*]

过几天就是 2021 年 7 月 1 日，是中国共产党成立 100 周年的大日子。能想象到全中国欢天喜地的喜悦；能想象到载歌载舞的盛大场面；能想象到在此举世瞩目的伟大时刻，每个人都有无限感慨与怀想……

百年党史，曾在我们阅读的历史书上，作为知识和学习的内容去记忆；也是听说和经历过的往事，在我们目之及、耳听到的故事、视听等媒介，以及我们成长的人生过程里。而今年，党史于我们却与以往更不同。通过今年的党史学习教育，它成为我们每个个体能深度感知、鲜活体会的历史活页。从 100 年前的南湖红船开始，一点点、一线线，到一面面、一件件……经专题学习、委员视察、参观展览等不同活动，特别经全国政协网上书院专题读书，经有人、有事、有情境、有感知的信息重组，从不同视角观照、整合、融入，拼出了我自己带有温度、带着情感的对党的重新认识和深入体悟。

一、党的百年历史就是始终的担负

习近平总书记说“走得再远、走到再光辉的未来，也不能忘记走过的过去，不能忘记为什么出发”。不能忘记的过去，是 1921 年在南湖红船成立时的中国共产党仅有 50 多人；是随后 28 年浴血奋战，百折不挠，走出了新中

* 郭媛媛，第十三届全国政协委员，首都经济贸易大学文化与传播学院副院长。

国的曙光；是从新民主主义革命到社会主义革命，再到建设中国特色社会主义，中国共产党人带领中国人民从站起来到富起来，再迈向强起来征程中的砥砺前行！

不能忘记的为什么出发，是百年前中国共产党诞生初始，要为苦难深重的中华民族找出路，立志要带领积弱积贫的旧中国，走出任人宰割的悲惨境地。

正如习近平总书记强调的那样，“人民对美好生活的向往，就是我们的奋斗目标”。不管是新民主主义革命，还是新中国成立后的社会主义建设，以及中国特色社会主义的不断完善和发展，中国共产党人始终自觉担负起这一份对民族、对国家、对人民的初始承诺。为中国人民谋幸福，为中华民族谋复兴，永远是共产党百年征程坚定葆有的初心、坚守的使命！回望过去，我们看得到党的这一份沉甸甸的担负；也看得到因为这份担负，中国共产党获得了人民的无限信任、全情付出和无条件支持。

二、党的百年历史就是艰辛的探索

为了民族，为了人民，中国共产党的百年历史，是在血与火的淬炼中崎岖探索的历史。在半殖民地半封建的中国，开展马克思主义政党领导的新民主主义革命；在落后的农业大国，探索社会主义建设道路；在1978年停止使用“以阶级斗争为纲”的口号，把党和国家的工作重心转移到经济建设上来，实行改革开放；在党中央领导下，探索中国特色社会主义的强国之路……从来没有现成的摹本可以照抄，没有成熟的模式可以参照，因为共产党人的敢于探索、勇于探索，中国才走出了今天朝向民族复兴目标实现的近距离！

三、党的百年历史就是持续的奋斗

“为有牺牲多壮志，敢教日月换新天！”伟大领袖毛泽东的诗句，是中国共产党精神气质和革命风骨的写照。用鲜血书写英雄史诗，用奋斗让信仰淬炼，百年党史，不仅是走正确道路和不断胜利的历史，更是共产党人实事求是，立足中国革命、建设和改革事业的实际，主动、自觉，不断攀登、奋斗的历史。

没有坚定的信仰，没有为信仰可以付出一切的信念，没有基于信念持之以恒、强大的自我要求、自我奋斗，中国共产党不可能领导中国人民取得中国革命、建设、改革的伟大胜利，不可能走过百年历史更加强大。这种奋斗，是基于中国共产党正确认识、把握历史发展趋势，敢于对失败、对不利条件说“不”；这种奋斗，也是认清、把握历史大变局，在坚持党的基本路线基础上，始终以自我革命的果敢，以奋斗的自觉与自我要求，不断前行！

四、党的百年历史就是主动的作为

不管是在革命战争年代，还是在社会主义建设时期，中国共产党始终保持了朝气蓬勃的活力本质，没有躺在历史的功劳簿上贪图享乐，而是传承革命传统，追求主动作为。

从毛泽东思想、邓小平理论、“三个代表”重要思想、科学发展观，到习近平新时代中国特色社会主义思想，将马克思主义理论与中国实际相结合，中国共产党坚守建党时的初心使命，继承和发扬、传承和接续，主动作为，坚定、有序推进中国特色社会主义的发展、中华民族的伟大前行。

今天回望百年党史，我们如此深刻地知晓，中国共产党因时制宜、因地制宜地面对中国社会现实，以高超的战略智慧、正确的战略把握，带领中国人民蹚过了一个又一个急流险滩。在历史的延长线上，传承、递进，扎实、稳健地完成了党在每一个特定历史阶段的战略目标、任务。由点及线，由线连面，由面构体，由体合块、成态、构势、兴业，一点一点地用力，一块一块地累加，一段一段地接续，一代一代地丰富……中国共产党人的筚路蓝缕、风雨兼程，终于带领着百年前积贫积弱的中国，走进了开启全面建设社会主义现代化国家新征程！

2021 年 6 月 25 日

从《中国革命战争的战略问题》感悟毛泽东的中国革命战争战略思想

杨燕怡 *

回顾我们党的百年历史，我们看到，在土地革命战争、抗日战争和解放战争时期，面对敌强我弱、列强横行的险恶形势，毛泽东思接千载，视通万里，以深邃思想、雄才大略，指导中国革命战争取得了一个又一个胜利，创造了一个又一个以少胜多、以弱胜强的战争奇观，导演了一部部石破天惊、扭转乾坤的革命活剧，叱咤风云、横扫千军的战争活剧，气壮山河、千古绝唱的战略活剧。

毛泽东领导中国革命取得成功不是偶然的，有其必然性。很重要的一点，就是掌握和运用马克思主义立场观点方法，既站在哲学理论的高峰，又契合中国国情。毛泽东于 1936 年 12 月撰写的《中国革命战争的战略问题》，就是一部由军事科学而深入哲学领域的马克思主义经典，是中国革命战争战略思想和实践史册中熠熠生辉、光彩夺目的篇章。

从这部著作中，我们可以领略毛泽东关于中国革命战争战略思想理论的鲜明特色。

* 杨燕怡，第十三届全国政协委员，原中国驻欧盟使团团长、大使。

一、把马克思主义基本原理同中国具体实际相结合的立场和观点

这是毛泽东战略思想的基本点。这个思想借鉴并超越了两种对立思想理论。纵观近代中国思想史，一直存在两极化的困惑：或崇尚外国模式，或固守祖宗之法。中国革命战争不少曲折和失败，如红军第五次反“围剿”失败，主要原因之一就是“左”倾教条主义者不顾中国实际，机械照搬一般战争经验和苏联红军正规战争的指导原则。毛泽东则坚持将马克思主义的普遍真理同中国革命的具体实际相结合，把科学的世界观和方法论同批判地继承中国思想文化遗产相结合，主张坚持从中国国情出发，制定和实施指导中国革命战争的战略。

二、认识和掌握战略问题的科学方法

其一，承认战争和军事斗争规律的客观性和可知性，不但注重研究一般规律，而且更注重研究特殊规律。他指出“中国革命战争——不论是国内战争或民族战争，是在中国的特殊环境之内进行的，比较一般的战争，一般的革命战争，又有它的特殊的情形和特殊的性质。因此，在一般战争和一般革命战争的规律之外，又有它的一些特殊的规律。如果不懂得这些，就不能在中国革命战争中打胜仗。”

其二，承认革命战争和军事斗争指导规律的客观性和可知性，从对战争和军事斗争一般规律和特殊规律的研究中，探索和掌握指导中国革命战争的规律，制定适合中国革命战争的政治和军事战略及战术。

其三，研究战争全局的规律性东西，科学预见中国革命战争的进程，关照和处理好各个方面、各个阶段的关系，以及战争的攻守和进退等辩证关系，实施正确的战略指导。他强调“指挥全局的人，最要紧的，是把自己的注意力摆在照顾战争的全局上面，只有全局在胸，才能做好工作”。

三、以弱胜强、以劣胜优的战略思想

中国革命战争是在敌强我弱、敌优我劣的条件下进行的。新中国成立以后，又遭受帝国主义和西方反华敌对势力的封锁包围遏制，面临霸权主义和强权政治的严重威胁。如何解决好以弱胜强、以劣胜优的问题，是革命战争和军事斗争战略指导的头等大事。鉴此，毛泽东根据战争不同时期和阶段的特点，创造性提出“敌进我退，敌驻我扰，敌疲我打，敌退我追”，“战略的持久战，战役战术的速决战”，“基本的是游击战，但不放松有利条件下的运动战”，“防御战中的进攻战、持久战中的速决战、内线作战中的外线作战”，“战争准备长期，尽量争取短期”，“能速胜则速胜，不能速胜则缓胜”等方针，最终转换了敌我力量对比和态势，在全局上实现化劣势为优势，化被动为主动。

毛泽东关于中国革命战争和军事战略思想博大精深。其中，积极防御战略思想对中国革命战争和新中国军事斗争有着极其重要的指导意义。

积极防御战略思想是指导中国革命战争的总战略方针。它把积极防御的一般原理创造性地运用于中国革命战争的具体实践，具有深刻理论内涵和鲜明中国特色。毛泽东在《中国革命战争的战略问题》中就此作了精彩和精当阐述。

防御性是指中国共产党领导的革命战争和其他一切军事斗争是被迫的自卫行动。毛泽东指出：“革命和革命战争从本质上讲是进攻的，但也有防御和后退。”这种防御性在不同历史时期有着不同的背景、原因和表现形式，采取进攻还是防御、是前进还是后退，因时因势而定。新中国成立后，我国社会主义国家性质，走和平发展道路的战略抉择，独立自主的和平外交政策决定，我国坚持防御性的国防政策，坚持防御、自卫、后发制人，“人不犯我，我不犯人；人若犯我，我必犯人”，同时根据国际形势、国家安全环境及军事斗争任务变化，不断丰富积极防御战略。

积极性是为了实现防御的目的而采取的各种主动措施和积极的行动。毛泽东曾指出：“只有积极防御才是真防御，才是为了反攻和进攻的防御。”中国革命战争时期，积极性主要表现为防御与进攻的有机结合，寓攻于防，攻防辩证统一。如把战略上的防御与战役战斗上的进攻有机结合起来，在战略防御的总形势下，通过各种积极有效的攻势，逐步改变敌我力量对比和战争态势，为战略反攻和进攻创造条件。又如，充分利用战略防御阶段创造的有利条件，适时把战略防御导向战略反攻和战略进攻。

现如今，在中华民族伟大复兴战略全局和世界百年未有之大变局下，积极性主要表现为，坚决维护中国共产党领导和我国社会主义制度，坚决维护国家主权、安全、发展利益，坚决维护地区和世界和平并为此开展各种必要的斗争。

一是多管齐下，政治、外交、经济、文化和非战争方式的军事斗争相互配合，发展和平力量，遏制战争因素增长和战争爆发。

二是强化忧患意识，坚持底线思维，聚焦备战打仗，锻造召之即来、来之能战、战之必胜的精兵劲旅，确保人民军队在党和人民需要的时候拉得出、上得去、打得赢。

三是中国外交更加积极主动地有所作为、顺势而为，为国家担当，为人民负重，对世界尽责，不断壮大外交关系“朋友圈”，深化同各国友好合作，积极推进新型国际关系的建设，推动周边命运共同体走深走实，维护拓展发展中国家共同利益，坚决反对世界上的霸权霸道霸凌，坚决顶回对中国内政的无理干涉，坚决维护中国主权、安全和发展利益，维护中华民族的尊严，维护中国人民的正当权利，为国家发展与安全争取良好的国际环境。

2021 年 4 月 16 日

党史是最好的“清醒剂”

——大革命的经验教训与启示

魏海生 *

在中国共产党百年历史中，1927 年大革命失败是我们党成立后经历的第一次血雨腥风的严峻考验，正如习近平总书记在庆祝中国人民解放军建军 90 周年大会上的讲话中所指出的：“中国共产党面临被赶尽杀绝的严重危险，中国革命处于命悬一线的紧要关头。”严酷的斗争和血的教训给年幼的中国共产党上了惨痛的一课，也带给我们很多重要的启示。当前，我国发展面临前所未有的机遇和挑战，从大革命历史中总结经验、汲取教训、以史为鉴、开创未来，无疑具有重要的现实意义。

一、大革命的经验教训启示我们：领导权问题是决定党的事业兴衰成败的关键。新时代新征程，我们进行伟大斗争、推进伟大事业，必须始终坚持党的集中统一领导，确保党始终成为坚强领导核心

以反对帝国主义和封建军阀为宗旨的声势浩大、如同滚滚洪流席卷中国大地的大革命最后之所以失败，一个重要的原因在于我们党丧失了在革命中的领导权，尤其是对革命武装的领导权。当羽翼渐丰的蒋介石反共活动日益

---

* 魏海生，第十三届全国政协委员，中共中央党史和文献研究院原副院长。

公开化、革命统一战线面临随时可能发生破裂的严重局面下，党内以陈独秀为代表的右倾思想发展为右倾机会主义错误，在革命领导权问题上一再妥协退让，“自愿地放弃对于农民群众、城市小资产阶级和中等资产阶级的领导权，尤其是放弃对于武装力量的领导权”，听任蒋介石、汪精卫等国民党反动派把权力全部夺去，使党在大革命的危急时刻完全处于被动地位，几乎全军覆没。

历史和现实都充分证明，中国共产党的坚强领导，是党的事业取得胜利、实现中华民族伟大复兴的根本保证。在全面建设社会主义现代化国家新征程上，我们正面临着前所未有的机遇和挑战，还会经历许许多多的风风雨雨，要克服许许多多的艰难险阻，我们更需要党的坚强领导这个“定海神针”，把党的领导落实到党和国家事业各领域各方面各环节。只有这样，我们才能确保全党全军全国各族人民团结一致，战胜前进道路上出现的各种艰难险阻、惊涛骇浪，赢得更加伟大的胜利和荣光。

二、大革命的经验教训启示我们：坚持实事求是，就能兴党兴国；背离实事求是，就会误党误国。新时代新征程，我们进行伟大斗争、推进伟大事业，必须始终坚持实事求是，不断进行理论创新和实践创新，推进马克思主义中国化

大革命时期，苏俄和共产国际的代表由于不了解中国的实际情况，总是试图把马克思主义经典作家设想的模板、俄国革命的经验照搬到中国来，忽视了中俄两国基本国情的差异性。而我们党还处在幼年时期，不善于将马克思主义基本原理同中国革命具体实际相结合。正如毛泽东后来所指出的：“这时的党终究还是幼年的党，是在统一战线、武装斗争和党的建设三个基本问题上都没有经验的党，是对于中国的历史状况和社会状况、中国革命的特点、中国革命的规律都懂得不多的党，是对于马克思列宁主义的理论和中国革命的实践还没有完整的、统一的了解的党。”党所采取的政策策略脱离了中国国情和中国革命的实际，因而给革命事业带来重大损失。正是经过这场大革命，我们党开始在实践中探索马克思主义中国化的途径，从而开创出

中国革命的新局面。

历史和现实都充分证明，实事求是是我们党带领人民推动革命、建设、改革事业不断取得胜利的重要法宝，什么时候坚持实事求是，党和人民事业就能够不断取得胜利；反之，离开了实事求是，党和人民事业就会受到损失甚至严重挫折。在全面建设社会主义现代化国家新征程上，我们必须坚持理论联系实际，坚持实事求是，立足基本国情，尊重客观规律，以习近平新时代中国特色社会主义思想为指导，不断探索时代发展提出的新课题，确保党和国家事业发展沿着正确方向胜利前进。

三、大革命的经验教训启示我们：只有坚持独立自主、坚定不移走自己的路，党和国家的命运才能真正掌握在自己手中。新时代新征程，我们进行伟大斗争、推进伟大事业，必须始终坚持独立自主、自力更生，毫不动摇坚持和发展中国特色社会主义道路

大革命时期，年幼弱小的中国共产党十分依赖苏俄的帮助，受制于人。同时，中共作为共产国际的一个支部，其领导人受到组织纪律的约束，很难独立自主地决定自己的方针、解决本国的问题，从而在一定程度上丧失了独立性。这是大革命失败的一个重要原因。

历史和现实都充分证明，在中国这样一个人口众多和经济文化十分落后的东方大国进行革命和建设，必须把立足点放在自己力量的基础上，走自己的路。“中国要发展，最终要靠自己”，“不能寄托于别人的恩赐”，这是一百年来中国共产党团结带领人民，历经千辛万苦、付出巨大代价而得到的宝贵经验。在全面建设社会主义现代化国家新征程上，我们必须始终坚持独立自主、自力更生，坚定“四个自信”，保持战略定力，不为任何风险所惧，不为任何干扰所惑，把中国发展进步的命运牢牢掌握在自己手中，坚定不移沿着中国特色社会主义道路勇毅前行。

四、大革命的经验教训启示我们："枪杆子里面出政权"，"没有一支人民的军队，便没有人民的一切。"新时代新征程，我们进行伟大斗争、推进伟大事业，必须坚定不移走中国特色强军之路，建设一支听党指挥、能打胜仗、作风优良的人民军队

大革命时期，中国共产党没有自己独立的革命武装，而陈独秀等党的领导人忽视掌握政权和武装的重要性，"放弃对于武装力量的领导权"，使党在大革命的危急时刻完全处于被动挨打的境地。正如习近平总书记深刻指出的："正当大革命如火如荼的时候，国民党反动派背叛革命、背叛人民，向中国共产党人和革命群众举起了血腥的屠刀。一时间，神州大地笼罩在腥风血雨之中，中国共产党面临被赶尽杀绝的严重危险，中国革命处于命悬一线的紧要关头。在严酷的斗争和血的教训中，我们党深刻认识到，没有革命的武装就无法战胜武装的反革命，就无法担起领导中国革命的重任，就无法夺取中国革命的胜利，就无法改变中国人民和中华民族的命运。"正是在这种背景之下，1927 年 8 月 1 日，在以周恩来为书记的中共中央前敌委员会领导下，在南昌打响了武装反抗国民党反动派的第一枪，拉开了党武装反抗国民党反动派的大幕，标志着中国共产党独立领导革命战争，创建人民军队和武装夺取政权的开端，开启了中国革命新纪元。8 月 7 日，中共中央在汉口召开紧急会议（即八七会议），总结了大革命失败的教训。毛泽东在会上批评党过去"不做军事运动专做民众运动"的偏向，提出"以后要非常注意军事，须知政权是由枪杆子中取得的"。"枪杆子里面出政权"，这是我们党在血与火的斗争中得出的重大结论。

历史和现实都充分证明，坚持党指挥枪、建设强大人民军队，是维护国家安全、人民幸福、世界和平的坚强柱石和力量支撑。在全面建设社会主义现代化国家新征程上，我们必须牢牢坚持党对军队的绝对领导，全面贯彻习近平强军思想，贯彻新时代军事战略方针，全面推进政治建军、改革强军、科技强军、人才强军、依法治军，加快国防和军队现代化，把人民军队建设成为世界一流军队，有力捍卫国家主权、安全和发展利益。

五、大革命的经验教训启示我们：确保党的先进性纯洁性，是我们党历经风雨仍然充满青春活力的奥秘所在。新时代新征程，我们进行伟大斗争、推进伟大事业，必须始终坚持思想建党，牢记初心使命，坚定理想信念，确保党不变质、不变色、不变味

堡垒最容易从内部被攻破。在大革命的高潮中，中共党员人数迅速扩大，党的地方组织也得到很大发展，但党的自身建设则显得比较薄弱。投机分子的混入，国共合作后的权力诱惑，使一些党员未能经受住考验。一些思想上组织上不纯洁、革命意志不坚定的分子，在大革命失败后党濒临被敌人消灭的危险境地、中国革命命悬一线、前途变得十分黯淡的时刻，对革命对党失去信心，对理想信念产生动摇，走向退党甚至成为可耻的叛徒。与此形成鲜明对照的是，面对大革命失败后的血流成河，千千万万的中国共产党人并没有被吓倒，表现出大无畏的自我牺牲精神。李大钊、陈赞贤、陈延年、赵世炎、萧楚女、夏明翰等共产党人面对屠刀，宁死不屈、英勇就义，以自己的鲜血和生命，生动诠释了共产党员的理想之光不灭、信念之光不灭。正如毛泽东同志后来论及这段历史时指出的那样：“中国共产党和中国人民并没有被吓倒，被征服，被杀绝。他们从地下爬起来，揩干净身上的血迹，掩埋好同伴的尸首，他们又继续战斗了。”

历史和现实都充分证明，历史的发展总是波浪式的，有高潮，有低潮。无论敌人如何强大、道路如何艰险、挑战如何严峻，只要我们党坚定理想信念，牢记初心使命，不断清除一切损害党的先进性和纯洁性的因素，不断清除一切侵蚀党的健康肌体的病毒，使党始终保持肌体健康和生机活力，那就不会被任何力量所战胜。在全面建设社会主义现代化国家新征程上，我们必须继续推进党的建设新的伟大工程，从百年党史中、从革命先烈为理想信念而勇于献身的革命精神中不断汲取前进的力量，勇敢面对党面临的长期执政考验、改革开放考验、市场经济考验、外部环境考验，永葆革命精神、革命斗志，确保党在实现中华民族伟大复兴的历史进程中始终成为坚强领导核心，引领和保障中国特色社会主义巍巍巨轮行稳致远。

大革命的硝烟早已散去，但我们党从血与火的淬炼中得到的经验教训历久弥新。通过对大革命这段历史的学习，我们深刻感悟到红色政权来之不易，新中国来之不易，中国特色社会主义来之不易；深刻体会到坚持党的集中统一领导、确保党始终成为伟大事业的坚强领导核心，坚持实事求是、不断推进马克思主义中国化，坚持独立自主、坚定不移走自己的路，坚持党指挥枪、建设强大人民军队，坚持思想建党、确保党的先进性纯洁性，对于走好新时代的赶考之路，具有重要的现实意义。同时也进一步增强了履行好政协委员职责使命，在新时代新征程上展现新气象新作为的信心和决心。

2021 年 4 月 11 日

百年大党百炼成钢

谭铁牛 *

一百年前，在中华民族内忧外患、社会危机空前深重的背景下，中国共产党应运而生。一百年来，中国共产党团结带领中国人民筚路蓝缕，不懈奋斗，实现了中华民族从站起来、富起来到强起来的伟大飞跃。今天的中国，已经成为世界第二大经济体，经济实力、科技实力和综合国力显著增强，国际影响力日益提升。很多有识之士都在思考，中国共产党何以取得如此巨大的成功？何以得到中国人民的广泛支持与拥护？中国共产党为什么能？我想，答案就蕴藏在中共百年历史之中。

一、中国共产党始终践行远大理想

习近平总书记指出：“中国共产党人的初心和使命，就是为中国人民谋幸福，为中华民族谋复兴。这个初心和使命是激励中国共产党人不断前进的根本动力。”一百年来，在中国共产党的引领下，中华民族持续走向繁荣富强，从一百年前的积贫积弱、几乎被“开除球籍”到日益走近世界舞台中央。面对世界百年未有之大变局，面对单边主义、保护主义、霸权主义对世界和平与发展的威胁，中国共产党提出构建人类命运共同体的理念，大力推动“一带一路”国际合作，推动建设相互尊重、公平正义、合作共赢的新型

* 谭铁牛，第十三届全国政协常委，中央人民政府驻香港特别行政区联络办公室副主任，中国科学院院士。

国际关系。面对新冠肺炎疫情肆虐，中国率先承诺将疫苗作为全球公共产品，已向全球 80 多个国家和国际组织提供疫苗援助。历史最有说服力，正是因为中国共产党始终坚持远大理想和崇高信念并为之不懈奋斗，才能领导人民创造世所罕见的经济快速发展和社会长期稳定“两大奇迹”，并为解决人类问题贡献了中国智慧与中国方案。

二、中国共产党始终坚持实事求是

习近平总书记指出：“我们过去取得的一切成就都是靠实事求是。”中国共产党的百年史，就是带领人民实事求是地认识中国、改造中国、建设中国、发展中国的历史。从提出农村包围城市，到开展真理标准问题大讨论，再到科学回答“什么是社会主义、怎样建设社会主义”“建设什么样的党、怎样建设党”“实现什么样的发展、怎样实现发展”等一系列重大理论和实践问题，中国共产党始终坚持把马克思主义基本原理与中国实际相结合，思想不僵化、理论不教条，以与时俱进的理论品格走在时代前列。“鞋子合不合脚，自己穿着才知道。”中国共产党坚持走适合中国国情的发展道路，既不墨守成规，也不生搬硬套。历史和实践证明，只有符合自身实际的发展道路，才能越走越顺畅、越走越宽广。

三、中国共产党始终坚守人民情怀

习近平总书记指出：“人民对美好生活的向往就是我们的奋斗目标”。中国共产党来自人民、根植于人民，以“全心全意为人民服务”作为自己的根本宗旨。一百年来，中国共产党带领广大人民争取民族独立，实现民族复兴，既是为了人民利益而奋斗，也是依靠人民力量而胜利。改革开放以来，我国 7.7 亿农村贫困人口摆脱贫困，按照世界银行国际贫困标准，中国减贫人口占同期全球减贫人口的 70% 以上。一切为民者，则民向往之。2020 年 7 月，哈佛大学肯尼迪政府学院发布的一份民调显示，中国民众对中央政府的满意度高达 93%。正是因为始终以人民为中心，中国共产党才能汇聚磅礴之力，成就非凡之事，才能赢得人民发自内心的拥戴。

四、中国共产党始终勇于自我革命

习近平总书记指出：“中国共产党的伟大不在于不犯错误，而在于从不讳疾忌医，敢于直面问题，勇于自我革命，具有极强的自我修复能力。”在百年风雨沧桑中，中国共产党始终坚持勇于自我革命的优良传统和作风，不断自我净化、自我完善、自我革新、自我提高。党的十八大以来，党中央深入推进全面从严治党。勇于和善于自我革命，正是中国共产党作为百年大党百炼成钢、永葆先进性和纯洁性的一个根本原因。

2021 年 6 月 30 日

奋斗百年路、启航新征程，老区人民永远跟党走

王 健*

习近平总书记在党史学习教育动员大会上深刻指出：“历史充分证明，江山就是人民，人民就是江山，人心向背关系党的生死存亡。赢得人民信任，得到人民支持，党就能够克服任何困难，就能够无往而不胜。”

中国共产党的一百年，是救国、兴国、富国、强国的一百年。百年来，老区始终与党的事业紧紧相连，老区人民始终与党休戚与共。革命老区是党和人民军队的根，是新中国的摇篮，老区人民对党的认识最深、与党的感情最浓、同党的联系最紧，永远跟党走是一代又一代老区人民最真切的心声。

一、永远跟党走是老区人民百年来始终不渝的坚定信念

中国共产党成立伊始，就坚定地把马克思主义作为自己的指导思想，鲜明地把为劳苦大众打天下写在奋斗的旗帜上，矢志不渝地把为人民谋幸福、为民族谋复兴作为初心使命。从井冈山到宝塔山，老区人民感受到了做人的尊严、看到了过好日子的希望。不论斗争形势多么严峻，不管战斗牺牲多么惨重，老区人民相信党、拥护党、跟党走的信念始终不渝。

---

* 王健，第十三届全国政协常委，中国老区建设促进会会长，原北京军区中将副政治委员兼纪律检查委员会书记。

革命战争年代，2000 多万名为党的事业捐躯的英烈，大部分是老区儿女。1934 年 5 月，陕甘边红军主力转移外线作战，国民党反动派进犯南梁中心区。阎洼子村的老百姓连夜将红军留下的枪支、马鞍、粮食等全部埋藏到地下。第二天，敌人将附近村庄的干部、游击队员、农民群众集中在一起，逼问红军去向和红军物资埋藏地点，6 人被铡刀铡下头颅，36 人被活埋，但始终没有人开口。

聂荣臻元帅在《回忆录》中深情地写道："在抗日战争中，尽管我们处在敌人的封锁包围中，我们的司令部距敌人不过几十华里，有许多战火纷飞的场面，但是我们却有一种安全感，在群众的海洋里安全得很啊！""八路军英勇抗击侵略者保护了人民，人民同样尽心尽力地保护我们。"

二、永远跟党走是老区人民百年来不懈奋斗的力量源泉

从《井冈山土地法》到抗战时期"三三制"政权组织形式，从闽西蛟洋农民银行到繁荣发展的边区商贸事业，从苏区列宁小学到抗日军政大学，党在根据地的实践，让中国人民看到了中华民族伟大复兴的曙光，也让根据地人民切身体验了自己的命运与共产党、与革命是血肉相连、不可分割的。也正是缘于此，人民始终拥护中国共产党，始终向党靠拢，汇聚起革命、建设、改革的强大力量。

耸立在徐州市的淮海战役烈士纪念塔碑文记述："华东、中原、华北地方党政机关和广大人民全力支援，要人有人，要粮有粮，二百万民兵、民工，冒枪林弹雨，忍风雪饥寒，千里远征，随军转战。"

20 世纪 60 年代，为结束河南林县十年九旱的历史，10 万英雄儿女在万仞壁立、千峰如削的太行山上，用鲜血和生命建成了 70.6 公里"人工天河"——红旗渠；20 世纪 80 年代，伴随改革开放的春风，林县老区人民再度"十万建筑大军出太行"，一座座拔地而起的建筑，让"林州工匠"成为全国建筑行业里的金字招牌。具有光荣传统的林州人民"战太行、出太行、富太行、美太行"，竖起了人民力量的丰碑。

三、永远跟党走是老区人民百年来赓续传承的精神血脉

百年来，中国共产党团结带领全国各族人民，创造了举世瞩目的辉煌成就，形成了伟大的革命精神。这些精神，如同血脉之河、智慧之海、力量之源，鼓舞党和人民不断创造人间奇迹，激活古老中国不断焕发生机活力。老区人民在跟党走的奋进历程中，历经挫折不断奋起、历经磨难从不低头，这种笃定和坚持锻造锤炼出跨越时空的老区精神。

以洪湖为中心的湘鄂西苏区，历经七年鏖战，有 22 万人为革命牺牲，洪湖地区就有 10 万余人，其中有名有姓的洪湖烈士 3144 人。斜阳岛农军 300 余人浴血孤岛 5 年，全军牺牲，气壮山河。川陕苏区的孙沛兰一家是苍溪县的著名革命家庭，孙沛兰的丈夫牺牲后，她又把子女送去参加红军，等到 1949 年苍溪解放时，她却收到了 7 本写着儿女名字的“红军烈士证书”……

四、永远跟党走是老区人民百年来从胜利走向胜利的根本所在

习近平总书记指出：“中国特色社会主义不是从天上掉下来的，是党和人民历尽千辛万苦、付出巨大代价取得的根本成就。中国特色社会主义，既是我们必须不断推进的伟大事业，又是我们开辟未来的根本保证。”

今天，我们欣喜地看到，老区发展日新月异，福建增长 270 多倍，广东经济总量连续 30 年位居全国第一，深圳经济总量已超过了近邻香港。全国百强县中老区县占比始终保持 75% 以上。2020 年底，357 个贫困老区县全部摘掉贫困帽子，老区人民在党的领导下彻底摆脱贫困，“老区苏区一个都不能少”的庄严承诺得以实现。老区的建设发展成就，不仅创造了中华民族前所未有的辉煌，也刷新了人口大国快速发展的纪录。历经战火洗礼和历史考验，永远跟党走已成为老区人民从胜利走向胜利的根本所在，老区人民因坚定跟党走赢得辉煌，开启全面建设社会主义现代化国家新征程，老区人民坚定跟党走也必将赢得未来。

2021 年 4 月 21 日

历史只会眷顾坚定者、奋进者、搏击者

岑　旭*

历史是过去的现实，现实是未来的历史。了解历史才能看得远，理解历史才能走得远。

在历史前进的逻辑中前进、在时代发展的潮流中发展，是一个国家、一个民族振兴的必然选择。党的十八大以来，从号召“改革不停顿、开放不止步”，完善和发展中国特色社会主义制度，推进国家治理体系和治理能力现代化，到提出“小康不小康，关键看老乡”决胜全面建成小康社会、打赢脱贫攻坚战；从准确判断“我国社会主要矛盾已经转化为人民日益增长的美好生活需要和不平衡不充分的发展之间的矛盾”，着力解决发展不平衡不充分问题，到明确“我国经济已由高速增长阶段转向高质量发展阶段”，把发展质量问题摆在更为突出的位置，着力提升发展质量和效益；从强调“绿水青山就是金山银山”，推动生态环境保护历史性、转折性、全局性变化，到宣示“站在历史正确的一边”，维护和践行多边主义，推动构建人类命运共同体，这一桩桩、一件件壮举充分证明，科学把握规律，按历史规律办事，我们就能无往不胜。

历史只会眷顾坚定者、奋进者、搏击者，而不会等待犹豫者、懈怠者、畏难者。2021 年是“十四五”开局之年，开启了全面建设社会主义现代化国家新征程。我们学党史，就要始终胸怀“两个大局”，心怀“国之大者”，

* 岑旭，第十三届全国政协委员，解放军原总政治部主任助理，海军中将。

树立大历史观，系统研析新中国史、改革开放史、社会主义发展史，从历史长河、时代大潮、全球风云中分析演变机理、探究历史规律，更好地把握历史发展规律和大势，提出因应的战略策略，增强工作的系统性、预见性、创造性，在时代前进的洪流中书写中华民族发展新篇章。

2021 年 4 月 23 日

关键时刻要把握大势争取主动

房建国 *

回顾100年来中国共产党的壮阔征程，一路走来所历艰难困苦数不胜数。党多次濒临生死存亡边缘，都能够转危为机，不断从胜利走向胜利。这其中很重要的原因就是党中央总是在关键时刻能够把握住大势争取到主动，这不能不说是人类政党发展史上的伟大奇迹。这样的奇迹看似偶然，其实更蕴含着必然。

一、缘于马克思主义的真理性

我们坚守马克思主义信仰，就是从总体上把握住了人类历史发展的大势。因此，每当革命陷入低潮时，共产党人都没有怨天尤人甚至自暴自弃，而是认真总结反思正反两方面的经验教训，继续奋斗。就像20世纪90年代初苏联解体、东欧剧变后邓小平同志讲的："不要惊慌失措，不要认为马克思主义就消失了，没用了，失败了。哪有这回事！"30多年后再来看这段话，更能让人感受到伟人的远见卓识、英明伟大。

* 房建国，第十三届全国政协常委，空军原副政治委员兼政治部主任，空军中将。

二、缘于中国共产党思想路线的科学性

在中国革命、建设、改革的伟大实践中，中国共产党形成了实事求是的思想路线。正是因为始终坚持了这样的思想路线，我们才可能在实践中不拘泥于古、不拘泥于书、更不拘泥于洋，走出了中国特色社会主义的康庄大道。

三、缘于中国共产党的人民性

习近平总书记多次强调，人民对美好生活的向往，就是我们的奋斗目标。过去搞革命，中国共产党是为了劳苦大众得解放。现在搞建设，仍然是为了让人民过上好日子。人民，就是共产党人的初心所在、力量之源。只要我们坚持发展为了人民，发展成果由人民共享，那么谁也割不断我们和人民的血肉联系，我们党就始终立于不败之地。

历史的车轮滚滚向前，当前世界百年未有之大变局加速演进，新情况新问题不断出现，只要我们一如既往，始终坚守信仰坚定信心，坚持实事求是的思想路线，一心为着人民的利益去奋斗，就没有过不去的火焰山，没有战胜不了的困难。

2021 年 4 月 23 日

深刻感悟习近平新时代中国特色社会主义思想伟力

郭春富 *

学史明理，就是要明晰马克思主义中国化这一正确的大道理，进一步深刻理解马克思主义为什么“行”的问题。我们党在内忧外患中诞生，在磨难挫折中成长，在攻坚克难中壮大。思想作为行动的先导，共产党人对此始终高度重视。

学习好中共党史，要把“悟思想”的要求自觉融入用党的创新理论最新成果武装头脑的过程之中，深刻感悟习近平新时代中国特色社会主义思想的伟力。

一、在学深学透中下功夫，努力提高政治判断力

政治上的主动是最有利的主动，政治上的被动是最危险的被动。作为中共党员的政协委员，要始终坚定政治方向、政治立场，清晰划定并牢牢守住底线、不越红线、不碰高压线，切实做到一以贯之、表里如一、知行合一。

* 郭春富，第十三届全国政协委员，中央军委审计署原审计长，少将。

二、在常学常进中求实效，努力提高政治领悟力

在危机中育先机、于变局中开新局，靠的是强大思想武器的真理力量和实践伟力。要深刻学习领会新时代党的创新理论，跟进学习习近平总书记最新重要讲话精神，运用党的科学理论武装头脑，提高思想境界与水平，更好适应新时代要求。

三、在笃信笃行中见忠诚，努力提高政治执行力

旗帜鲜明讲政治、保证党的团结和集中统一是党的生命，也是我们党能成为百年大党、创造世纪伟业的关键所在。要从党史中汲取正反两方面历史经验教训，经常同党中央精神对表对标，切实做到党中央提倡的坚决响应、党中央决定的坚决执行、党中央禁止的坚决不做，自觉在思想上政治上行动上同以习近平同志为核心的党中央保持高度一致。

2021 年 4 月 9 日

用科学理论指导实践推动工作

常信民 *

中国共产党是在马克思主义指导下建立起来的无产阶级政党。马克思主义是党的思想旗帜、精神旗帜。习近平总书记多次深刻阐述，“马克思主义不仅深刻改变了世界，也深刻改变了中国。”马克思主义指引中国成功走上了全面建设社会主义现代化强国的康庄大道，中国共产党人作为马克思主义的忠诚信奉者、坚定实践者，正在为坚持和发展马克思主义而执着努力。

党的十八大以来，在习近平新时代中国特色社会主义思想指引下，我们党团结带领全党全国各族人民，统揽伟大斗争、伟大工程、伟大事业、伟大梦想，统筹推进“五位一体”总体布局、协调推进“四个全面”战略布局，坚持完善和发展中国特色社会主义制度，推进国家治理体系和治理能力现代化，解决了许多长期想解决而没有解决的难题，办成了许多过去想办而没有办成的大事，推动党和国家事业取得历史性成就、发生历史性变革，推动中国特色社会主义进入新时代。

习近平新时代中国特色社会主义思想，是对马克思列宁主义、毛泽东思想、邓小平理论、“三个代表”重要思想、科学发展观的继承和发展，是当代中国马克思主义、21世纪马克思主义，开创了马克思主义中国化的新境界。

时代是思想之母，理论是实践的先导。坚持和发展中国特色社会主义，

---

* 常信民，第十三届全国政协委员，中央军委纪委原驻中央军委训练管理部纪检组少将组长。

实现中华民族伟大复兴，一刻不能没有理论指导，必须时刻坚持以习近平新时代中国特色社会主义思想为指引。要把学习贯彻党的创新理论作为思想武装的重中之重，同学习马克思主义基本原理贯通起来，同学习党史、新中国史、改革开放史、社会主义发展史结合起来，同新时代我们进行伟大斗争、建设伟大工程、推进伟大事业、实现伟大梦想的丰富实践联系起来，在学懂弄通做实上下苦功夫，切实增强“四个意识”、坚定“四个自信”、做到“两个维护”，更好地用科学理论指导实践、推动工作。

2021 年 4 月 9 日

（本辑所选文章按委员界别排序）